왜

음식물의 절반이 버려지는데

누군가는 굶어 죽는가

Die Essensvernichter

Warum die Hälfte aller Lebensmittel im Müll landet und wer dafür verantwortlich ist

by Stefan Kreutzberger/Valentin Thurn

Copyright ⓒ 2011, Verlag Kiepenheuer & Witsch GmbH & Co. KG, Cologne/Germany

Photos ⓒ SCHNITTSTELLE Köln/THURN FILM, Andreas Schoelzel

All Rights Reserved.

왜 음식물의 절반이 버려지는데 누군가는 굶어 죽는가

초판 1쇄 발행일 2012년 7월 5일　　**초판 2쇄 발행일** 2012년 10월 10일

지은이 슈테판 크로이츠베르거 · 발렌틴 투른 | **옮긴이** 이미옥
펴낸이 박재환 | **편집** 유은재 이정아 | **관리** 조영란
펴낸곳 에코리브르 | **주소** 서울시 마포구 서교동 468-15 3층(121-842) | **전화** 702-2530 | **팩스** 702-2532
이메일 ecolivres@hanmail.net | **블로그** http://blog.naver.com/ecolivres
출판등록 2001년 5월 7일 제10-2147호
종이 세종페이퍼 | **인쇄·제본** 상지사

ISBN 978-89-6263-073-2 03330

책값은 뒤표지에 있습니다.　　잘못된 책은 구입한 곳에서 바꿔드립니다.

왜
음식물의 절반이 버려지는데
누군가는 굶어 죽는가

슈테판 크로이츠베르거 · 발렌틴 투른 지음 | 이미옥 옮김

에코리브르

어릴 적 우리 가족은 함께 식탁에 빙 둘러앉아 점심을 먹었는데 당시의 할아버지 모습을 나는 아직도 생생히 기억한다. 식사를 끝내면, 할아버지는 식탁보 위에 떨어진 빵 부스러기들을 조심스럽게 쓸어담아 입 안에 털어넣었다. 아직도 남부 이탈리아에 가면 바닥에 떨어진 빵조각을 주워 입을 맞추고 다시 식탁에 올려놓는 노인들을 흔히 볼 수 있다.

요즘 젊은이들은 빵 부스러기를 먹거나 떨어진 빵에 입을 맞추는 구세대를 조금 비웃을 수도 있다. 이런 형식으로 음식에 존경을 표하는 태도가 낯설 테고, 그들의 부모 세대들도―내가 기억하는 할아버지의 자식과 손주뻘 되는데―이미 오래전부터 음식에 존경심을 표하지 않았다. 이런 말은 이제 진부한 이야기처럼 들리지만 그래도 사실은 사실이다. 어떻게 이 지경이 되었을까? 어떻게 일말의 수치심도 없이 음식을 함부로 버릴 정도가 되었을까?

적어도 전 세계의 식품 가운데 3분의 1은 이미 수확 과정에서, 가공과 유통 과정에서 쓰레기통으로 들어간다. 소비자인 우리의 책임도 크다. 우리는 남은 음식을 너무 많이 버리고, 세일 식품도 너무 많이 구입한다. 왜냐하면 지나치게 게으르거나 낭비하는 습관에 푹 젖어 있는 소비주의의 희생자들이기 때문이다.

우리 시대의 근본 문제 가운데 하나는 가격과 가치를 구분할 능력이 없다는 것이다. 우리는 값싼 음식을 원하고, 이런 음식이 충분히 생산되기를 원한다. 그리하여 형편없는 음식을 먹게 된다. 음식을 더 이상 존중하지 않음으로써 식품의 품질이 떨어지기 때문이다. 음식은 이제 의미를 상실했고, 사람은 물론이고 자연과의 연계도 끊기고 말았다. 그리하여 음식은 사람들이 가벼운 마음으로 낭비할 수 있는 하찮은 것으로 전락하고 말았다.

그토록 많은 음식을 낭비한다는 사실에 분개하는가? 그렇다면 오늘날 우리가 음식을 다루는 행태에도 분개해야만 한다. 그러니까 파종하는 시기부터 슈퍼마켓의 진열장에 올리는 시점까지! 전 세계의 식량 생산 시스템이 얼마나 어이없을 정도로 낭비에 집중되어 있는지 알 수 있다. 전 세계의 식량 생산 시스템은 극단적인 상업화와 더불어 모든 문제의 상징이 되고 있다.

하지만 낭비는 기아와 영양실조로 고통 받는 수십억 지구인들을 고려할 때 단지 윤리적인 문제일 뿐 아니라, 경제 문제이자 생태 문제이기도 하다. 지역에 기반을 둔 농업과 현명한 소비를 바탕으로 하는 지속적인 시스템을 식량 생산에 도입함으로써, 얼마나 많은 돈과 에너지를 더욱더 효과적으로 투입할 수 있는지 모를 것이다. 이런 방향으로 나아가려 할 때 전통적인 농경 사회는 본보기가 될 수 있다. 이런 사회는 음식에 존경심을 표할 뿐 아니라 재활용에 탁월한 능력을 보여주었기 때문이다. 농경 사회는 만일 우리가 사물에 진정한 가치를 부여하면 음식의 향유가 전혀 다른 의미가 될 수 있음을 가르쳐준다. 물론 오늘날에는 음식의 향유가 사회적 지위의 상징이고 사치로 이해되고 있지만, 이런 차원을 넘어 삶에 대한 심오한 기쁨과 진정한 의미에서의 행복을 느낄 수 있게 해준다.

음식을 향유하면 낭비를 방지할 수도 있다. 이 경우 음식을 아주 복잡한 차원으로 볼 수 있기 때문이다. 여기서 복잡한 차원으로 본다는 것은 음식에 다시금 의미를 부여할 뿐 아니라 진정한 가치를 되돌려주는 태도를 말한다. 따라서 일상생활에서 우리가 무엇을 먹고 무엇을 버리는지를 생각해보기로 하자. 즉 우리가 먹는 음식의 배후에 무엇이 숨어 있는지를 파악하면, 삶은 더 아름다워지고 의미 있게 될 것이다. 이와 동시에 우리는 지구와 지구에 사는 주민들에게 뭔가 좋은 일을 하는 것이다.

카를로 페트리니(슬로푸드 인터내셔널 회장)

차례

이 책은 좀 특이하다. 딱딱한 사실과 개인적인 관찰이 혼합되어 있고, 인문서와 독창적인 영화가 섞인 하이브리드쯤 된다. 우리는 이 두 부분을 시각적으로도 다른 텍스트로 소개하겠지만, 두 부분은 나란히 흘러가더라도 서로 보완하고 얼마간 얽혀 있다.

- 영화 감독 발렌틴 투른의 경험에 관한 보고. 발렌틴 투른은 네 대륙을 대상으로 찍은 영화 〈쓰레기 맛을 봐(Taste The Waste)〉에 관해, 그리고 자신의 느낌과 개인적인 동기에 대해 이야기한다.
- 전 세계적으로 식량이 낭비되고 있는 상황의 원인은 물론이고 가능한 해결책에 관해서 기자이자 저자인 슈테판 크로이츠베르거가 소개한다.

당신은 이 두 가지 텍스트를 따로 읽어도 되지만 하나의 작품으로 간주해서 서로 보완해가면서 읽어도 무방하다. 두 사람의 작품이므로 반복되는 내용도 있을 수 있다. 이 프로젝트는 다큐멘터리 필름을 만들 생각으로 시작했으나, 지금까지 이처럼 어마어마한 낭비에 관한 자료가 한번도 출간되지 않았다는 사실을 알고 우리는 이를 책으로 펴내기로 결정했다.

따라서 《왜 음식물의 절반이 버려지는데 누군가는 굶어 죽는가》는 우선 현재 영화관에서 상영중인 〈쓰레기 맛을 봐〉와 관련된 책이다. 게다가 이 책은 더욱 적극적으로 행동하라고 권유하는 안내서이기도 하다. 우리는 이 책으로 사회에 변화의 물결이 일 수 있도록 자극을 주고 싶다. 따라서 이 책은 더 적극적으로 교육하거나 활동할 수 있도록 도와주는 자료 모음집이라 보면 된다. 환경단체와 저개발국 원조 단체와 공동으로 우리는 식량 낭비를 반대하는 캠페인을 펼쳤고, 그 캠페인의 첫걸음을 이 책에 기록했다.

음식 낭비는 우리의 정서를 건드렸고 따라서 우리는 이 문제를 다루면서 우리의 태도를 바꾸었다는 사실을 보여주고 싶다.

전 세계에서 사람들이 먹기 위해 수확하고 생산하는 식량의 3분의 1은 쓰레기통으로 들어가며, 선진국의 경우에는 심지어 절반이 버려진다. 매년 버려지는 쓰레기 더미도 점점 더 늘어나는데, 1970년대 이래 쓰레기는 거의 50퍼센트나 증가했다. 독일은 전쟁으로 인한 식량 부족을 이제 까마득히 잊은 게 틀림없다. 접시에 음식을 남기지 말라고 우리 어머니와 할머니가 잔소리를 하던 시대는 지났지만, 아프리카에 사는 아이들은 여전히 배를 곯고 있다. 오늘날 식량은 대량생산되는 제품이며, 할인매장은 가격을 낮춰서 온갖 식품을 제공한다. 우리는 슈퍼마켓에 가면 100가지도 넘는 요구르트 가운데 하나를 골라야 하지만, 요구르트는 냉장고에 넣어두더라도 너무 쉽게 상해버린다.

참으로 당황스럽다. 모든 것을 파악해서 날짜를 기입하고 수치를 어림잡고 정확하게 계산하는 세상에 우리의 식습관과 버리는 습관에 관해 신뢰할 수 있는 보고가 없다니. 우리는 다만, 우리가 실제로 섭취하는 음식과 거부하는 음식의 평균치는 알고 예측할 수도 있다. 그런데 생산과 소비 과정에서 일어나는 식량의 손실과 낭비에 대해서 조사하려는 사람은 아무도 없다. 그사이 달의 뒷면은 제곱미터마다 철저히 측량했지만, 식량을 버림으로써 어느 정도의 에너지, 물, 땅과 노동력을 무의미하게 허비하는지에 대해서는 누구도 말하지 못한다. 또한 산업국가에서 과도하게 생산하고 소비함으로써 지구의 남쪽에 사는 사람들과 동물들에게 정확하게 어떤 결과와 영향을 주는지도 제대로 말해주는 사람이 없다. 비록 외국에서 실시한 연구를 보면 현기증을 일으킬 영향을 미친다는 사실을 추측할 수 있지만 말이다. 독일에 사는 우리에게는 그런 수치가 필요하다. 예상되는 재앙을 막을 수 있는 전략을 세워 자원을 어디에 투입할 수 있을지 알기 위해서이다.

우선 근본적인 의문에 답을 해야 한다. 즉 낭비는 어디에서 시작되며, 나는 식품 쓰레기를 어떻게 정의할까? 바이오 연료 생산이나 고기 소비도 식품 낭비가 아닐까? 가축 사료로 쓰는 곡물이나 동물성 단백질을 고도로 높이는 데 들어가는 곡물도 낭비 사례가 아닐까? 지구상에 있는 수십억의 사람들이 비만에 속하며, 이들은 잘못된 식습관으로 인해 칼로리가 지나치게 높은 음식과 음료를 섭취한다. 이 역시 낭비에 속하는 것일까? 아니면 소비 증가와 과잉생산을 지향하는 경제 시스템에서 볼 수 있는 계획된 쓰레기 처리 형태일까? 식품을 생산하는 거대기업이 출자자들에게 수익을 안겨줘야 한다는 의무감 때문에 의도적으로 너무 많은 제품을 생산하고 낭비하는 것일까, 아니면 건전한 국민경제는 언젠가 도래할 위기에 대비해 어느 정도 과잉생산이 필요한 것일까?

우선 사람들이 먹기 위해 생산하는 식량의 손실과 낭비에 한정해서 살펴보겠다. 하지만 이렇게 한정해도 참고할 통계수치가 없다. 우리가 매일 쟁기로 엎어버리고, 수확 시에 버리고, 해충 피해를 입고, 창고에서 썩는 식량이 얼마나 되는지, 공장이나 시장으로 운반하는 도중에 상하는 양이며 생산지와 도매시장과 슈퍼마켓에서 골라내는 양은 또 얼마나 되는지, 그리고 마침내 소비자가 쓰레기통이나 변기에 버리는 양이 얼마인지에 관한 통일된 조사가 없다. 다만 근거나 추측만이 있을 뿐이다.

이는 마치 퍼즐게임과 같다. 다시 말해, 오스트리아에서는 가정에서 버리는 양을 추가로 계산해보았고, 미국에서는 공장에서 버리는 양을 그리고 이탈리아와 영국에서는 농사를 지을 때 버리는 농작물을 세어보았다. 그 결과 우리는 먹는 만큼 버린다는 사실이 구체적으로 드러났다.

왜 선진국에 사는 사람들은 음식을 존중하는 태도를 상실해버렸을까? 이는 식품이 점점 싸진다는 점과 관련이 있다. 오늘날 우리는 소득의 10퍼센트 정도만 식료품비에 소비한다. 50년 전만 하더라도 소득의 40퍼센트를 식료품비에 소비했는데 말이다. 매일 바쁜 생활을 하는 우리는 냉장고에 음식 재료들을 가득 채워두더라도 늦게 집에 와서 요리할 시간이 없거나 즉흥적으로 외식을 하기로 결정해버린다. 그러니 냉장고에 들어 있는 재료들 가운데 많은 양이 썩을 수밖에 없다.

우리는 슈퍼마켓에 가서 계절에 상관없이 원하는 물건을 구입하는데 익숙해져 있다. 이를테면 12월에 딸기를 사고 늦은 밤에도 신선한 빵을 구입할 수 있다. 또한 물건을 세심하게 배치해서 과잉으로 제공하는 바람에 실제로 소비할 수 있는 양보다 더 많이 구입하게 된다. 그러니 냉장고에 넣어둔 많은 재료들은 식탁에 한번 올라오지도 못한 채 곧장 쓰레기통으로 직행하기도 한다. 우리는 빨리 외출해야 하기 때문에 요리하는 시간이 조금밖에 안 걸리는 즉석식품을 선호한다. 규격 생산된 이런 즉석식품을 먹다가 남으면 쓰레기통에 버린다. 우리 대부분은 먹다 남은 음식으로 새로운 요리를 만들 수 있는 법을 배운 적이 거의 없기 때문이다.

또한 소비자의 손에 들어가기도 전에 쓰레기 더미로 던져지는 식품도 아주 많다. 상인들은 순전히 이득과 손실을 따져서라도 이런 낭비를 줄일 수 있는 법에 관심을 가졌더라면 좋았을 것이다. 하지만 구매자들에게 항상 동일하고 완벽해 보이는 제품을 제공할 수 있도록 상인들은 항상 신선한 제품만 선별한다. 그들은 양상추의 잎 하나가 뭉개졌으면 양상추 한 통을 그냥 버린다. 단 하나의 복숭아에 곰팡이가 폈지만, 이 복숭아가 담긴 판 전체를 내버린다. 상하지 않은 과일과 채소를 골라내는 일을 할 수 있는 직원을 고용하면 오히려 비용이 더 들기 때문이다.

유제품은 유통기한이 며칠 남았음에도 불구하고 진열장에서 수거되어 버려진다. 이들 대부분은 먹어도 되는데 말이다. 간단히 눈으로 보고, 냄새를 맡고, 맛을 보면 상했는지를 알 수 있는데도 말이다. 소비자들이 거의 모르는 사실이 있는데, 유통기한은 관공서가 아니라 생산자들이 정한다. 생산자들은 소비자보호단체의 눈치도 보면서 다른 한편으로 매상을 높이기 위해 유통기한을 점점 더 짧게 잡는다. 쓰레기통으로 들어갈지라도 과잉 제품을 생산하는 쪽이 기업에는 더 이익이 된다. 왜냐하면 버리는 것보다 더 심각한 문제는 경쟁회사에 고객을 빼앗기는 것이기 때문이다. 식료품업자들의 경쟁을 고려할 때 위험은 상당한 수준이다. 즉 언제라도 제품 전체를 제공하지 않으면 소비자들이 외면할 가능성이 있다. 재정상으로도 그리 큰 문제가 되지 않는데, 헐값으로 파는 물품과 제품 처리비도 이미 가격에 다 포함되어 있기 때문이다.

특히 극단적으로 많이 버리는 음식은 빵이다. 어떤 제품도 빵처럼 버리진 않는다. 빵집은 매일 만드는 빵의 평균 10~20퍼센트를 버리는 실정이며 잘해봐야 일부를 무료급식소나 동물 사료 생산자들에게 준다. 독일에서는 매년 50만 톤의 빵이 폐기된다. 이는 독일의 니더작센 주 주민들 전체가 1년 동안 먹는 양이다.

그런데 이 같은 낭비 시스템은 이미 들판에서 시작된다. 우리는 슈퍼마켓에 있는 과일과 채소들이 완벽하고 반짝반짝 빛날 정도로 깨끗한 데 익숙해 있다. 껍질이 울퉁불퉁한 사과, 고동색 점이 드문드문 보이는 바나나, 손으로 잡을 수도 없는 당근은 슈퍼마켓에서 받아들이지 않는다. 슈퍼마켓 진열장에 어울리지 않거나 약간의 하자만 있어도 농산품은 들판에 내팽개쳐진다. 상거래에 적합해야 한다는 이런 요구는 고품질의 영양 섭취나 식품에 대한 취향과는 아무런 상관이 없으며 오로지 시각적인 기준으로만 판단한 것이다.

우리의 낭비는 지구의 다른 편에서 겪고 있는 기아 문제를 더욱더

| 왜 음식물의 절반이 버려지는데 누군가는 굶어 죽는가 |

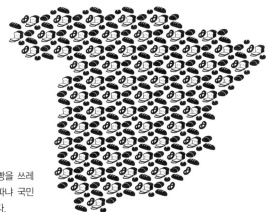

유럽은 매년 300만 톤의 빵을 쓰레기통에 버린다. 이는 에스파냐 국민 전체가 먹을 수 있는 양이다.

악화시킨다. 왜냐하면 밀, 옥수수, 쌀 같은 곡물의 거래 가격이 주식시장의 투기에 의해 결정되기 때문이다. 결국 쓰레기통에 꼴아박힐지언정 농산물에 대한 수요는 많아서 세계시장에서 가격은 올라간다. 하지만 농산물 가격이 높게 책정되더라도 이것을 생산한 가난한 국가의 농부들에게 수익이 돌아간다고 할 수는 없다. 그래서 가난한 나라에 사는 사람들은 기본 식량만을 살 수 있는 능력밖에 없다. 우리가 먹지 않는 가금류와 과잉 제품을 가난한 나라에 수출하면 해당국 시장을 파괴하고 그곳 농부들의 삶을 가난으로 몰아넣는다.

여기에서 중요한 것은 포기나 단념이 아니라 효율성과 의식이다. 그러니까 개별 기업에 유리한 메커니즘이 국민경제 차원에서는 엄청난 재난이 될 수도 있다는 점을 의식하는 것이 중요하다. 음식의 낭비는 소중한 인적 자원과 자연 자원을 낭비하는 것이기도 하다. 식품은 엄청난 에너지를 투입해야 생산할 수 있다. 지구상에서 소비되는 물의 4분의 1이 결국 폐기될 식품을 생산하는 데 들어간다. 전 세계의 기후에

도 무시무시한 결과를 초래하는데, 온실가스 배출량의 3분의 1이 식품을 생산할 때 나오기 때문이다. 이런 사실을 아는 사람은 많지 않다.

물론 음식물 쓰레기를 아예 없애기는 힘들겠지만 절반으로 줄일 수는 있다. 이렇게 하면 우리가 음식을 향유하는 수준을 극단적으로 줄이지 않고도 온실가스 배출을 줄일 수 있다. 이를테면 우리가 모는 자동차 두 대가 배출하던 온실가스 양이 한 대가 배출하는 양으로 줄어든다.

희망적인 제안들도 여럿 있다. 예를 들어, 많은 사람들이 공정하게 거래되는 제품 혹은 세일하는 계절상품을 구

전 세계 물소비의 4분의 1은 나중에 쓰레기통으로 들어갈 식품을 생산하는 재배지에 들어간다.

입하거나 지역에서 생산되는 제품을 선호하는 것이다. 식품을 존중하는 태도와 더불어 이런 방법으로 운반 및 보관 과정에서 생기는 쓰레기를 줄일 수 있다. 한 걸음 더 나아가, 잘 협조한다면 과일과 채소를 농부들한테서 직접 구입해도 된다. 이렇게 되면 상인들은 불필요한 존재가 된다. 이렇듯 직거래가 형성되면 농부는 매주 수확할 양을 정확히 계산할 수 있다. 또 팔고 남은 물건은 가장 신선하게 저장될 것이다. 땅 속이나 들판에.

슈퍼마켓도 저녁이나 주말에는 신선한 제품 가운데 시든 제품을 골

라서 세일하면 쓰레기로 버릴 양이 줄어든다. 슈퍼마켓 체인점은 식품 쓰레기를 줄이는 것이 회사의 목표라고 분명히 표명함으로써 이런 행동이야말로 기후변동에 대응하고 세계의 기아 사태를 극복하는 데 도움이 된다는 점을 설득할 수도 있다. 정부도 음식물 쓰레기봉투 가격을 올림으로써 이런 목표를 지원할 수 있다. 이는 슈퍼마켓이 제품을 버리지 않고 다른 방식으로 처리할 수 있는 길을 모색하도록 자극할 것이다. 다시 말해, 유통기한이 지나기 바로 전에 제품 가격을 낮춰 판매하거나, 지역 무료급식소에 기부하거나, 고객이나 직원에게 선물로 줄 수도 있다.

우리의 식습관 태도와 전 세계의 변화는 서로 연관되어 있다. 하지만 어떻게, 왜 연관되어 있는지를 우리는 분명하게 관찰하지 못한다. 이런 추이는 바뀔 터인데, 왜냐하면 전 세계의 자원이 남용되었고 이제 고갈될 상황이지만 그럼에도 점점 늘어나는 인구를 먹여 살려야 하기 때문이다. 해결책은 단 하나, 즉 아껴서 사는 수밖에 없다. 에너지를 더 효율적으로 사용하고 땅을 더 지속적으로 사용하며 환경을 의식하면서 살아가는 것 말고는 다른 방도가 없다는 말이다. 그러면 지금까지 무시당해온 식료품 가치가 다시 특별해질 것이다. 영양 섭취의 문제는 거의 모든 환경 및 개발 정책의 영역과 겹친다. 이 시급한 문제에 대해 사소하게나마 태도를 바꿈으로써 지구가 긍정적으로 발전하는 데 많은 기여를 할 수 있다.

2011년 6월 쾰른에서
발렌틴 투른과 슈테판 크로이츠베르거

1부

소비의광기와

폐기하는사회

음식은 삶이다

정말 믿을 수 없는 일이 눈앞에서 일어났다. 상인은 노란 복숭아가 들어 있는 상자를 옆으로 치워놓았다. 왜? 상자에 들어 있는 복숭아 두 개에 곰팡이가 펴서? 이제 영업 마감 시간이 거의 다 됐고, 아마도 상자에서 곰팡이가 피지 않은 복숭아를 꺼내고 싶은 생각이 없거나 그럴 시간이 없기 때문일 것이다.

복지사회에서 식품이 얼마나 낭비되는지를 내가 처음으로 예감했을 때가 열여덟 살이었다. 당시에 내 취미는 쓰레기통에 버려지기 전의 싱싱한 복숭아를 모으는 것이었다. 바나나, 키위, 샐러드용 채소, 버섯, 오이 등등 매일 뭔가 다른 게 있었고, 나는 오직 망이나 상자에서 썩은 제품을 골라서 버리는 일을 했을 뿐이었다.

우리와 함께 음식을 주워 모으는 사람들이 열두어 명은 되었지만, 양이 충분했기에 굳이 경쟁할 필요는 없었다. 그들 가운데 몇몇은 몰골이 형편없었으나 그래도 거지처럼 보이지는 않았다. 하지만 버로우 시장(Borough Market: 런던에 있는 아주 오래된 식료품 시장—옮긴이)을 한번 찾아가보라는 충고를 거지한테서 듣기는 했다.

여름방학에 나는 고등학교 친구였던 외르크와 함께 자전거를 타고 영국의 남부 지방을 돌아다니고 있었다. 마지막에 우리는 다시 런던에 도착했고, 개학을 열흘 앞둔 시점이었는데 마침 돈이 딱 떨어졌다. 독일로 돌아갈 차표를 미리 끊어두었기에 아무런 문제가 없었지만, 우리는 돈이 떨어졌다고 방학이 남았는데 독일로 돌아가기는 싫었다. 게다가 조지 오웰의 《파리와 런던의 바닥생활》을 막 읽었던 참이라 대도시에서 모험을 통해 영감을 얻고 싶었다.

그리하여 우리는 열흘 동안 무일푼으로 런던에서 지내보자는 결정을 내렸다. 그리고 이게 얼마나 간단한 일인지를 경험하고 정말 놀랐다! 먹을 만한 음식물을 버리는 곳이 런던에는 여기저기에 있었다. 단지 타이밍을 잘 맞추어 시장이 파하기 바로 전에 가서 관리인의 눈에 띄지 않도록 조심하면 되었다. 원래 나는 과일을 정말 좋아했는데, 솔직히 런던에서 이런 식으로 매번 끼니를 해결하자 나중에는 바나나가 내 귀에서 튀어나올 것 같았다. 그래도 열흘 동안 돈 없이 살아남기 연습은 꽤나 멋진 경험이었다.

방학이 끝날 즈음에 나는 배를 타고 영불해협을 건너면서 뭔가 이상하다는 느낌을 받았다. 얼마 후 독일도 영국과 전혀 다르지 않다는 사실이 드러났다. 그러니까 내 고향인 바이블링겐을 예전과는 다른 눈으로, 그러니까 음식을 모으는 수집가의 눈으로 관찰하자 런던과 다를 게 하나도 없었다.

내가 시장에서 남은 찌꺼기들을 가지고 왔다고 얘기하자 어머니 카타리나는 상당히 낯선 표정으로 나를 쳐다보더니 "그건 도둑질이야!"라고 말했다. 어머니에게는 상상할 수도 없는 일이었다. 내가 어렸을 때부터 어머니는 전쟁을 경험한 많은 사람들처럼 빵을 절대 버리지 않았다. 어머니는 너무 절약한 나머지 오히려 내 신경을 건드릴 때가 많았다. 그리고 우리 집 안에는 항상 '음식은 뭔가 신성한 것'이라는 생각이 감돌았다.

부엌에서 남은 음식은 없었다. 빵 찌꺼기는 말려서 나중에 우유와 섞어 먹든가 그렇지 않으면 달걀과 섞어서 구워 먹었다. 우리 아이들은 이런 것을 '달걀빵'이라고 하며 아주 좋아했다. 정원에서도 찌꺼기를 사용할 데가 항상 있었다. 예를 들어 자두나무에서 자두를 딸 경우에 우리는 세 개의 광주리를 사용했다. 광주리 하나에는 따서 좀 놔둘 수 있는 자두를 담고, 또 하나에는 먹기에 좋은 자두를, 마지막 광주리에는 약간 맛이 간 자두를 담았다. 약간 맛이 간 자두도 버리지 않았다. 이걸로 독주를 만들 수 있었다. 벚나무도 마찬가지였다. 우리 아이들은 특히 버찌의 씨를 빼내는 일을 지독히 싫어하기는 했지만, 그 일을 다 하고 나면 큰 상을 받았다. 버찌를 넣은 롤 파이를 먹을 수 있었으니까. 얼마나 맛있었는지, 지금 생각해도 입안 가득 침이 고일 정도이다.

우리 아이들이 접시에 담긴 음식을 모두 먹지 않으면, 어머니는 이렇게 겁을 주고는 했다. "아프리카 아이들이 그걸 먹는다면 정말 기뻐할 거야." 빵을 어떻게 아프리카로 보낼 수 있는지, 아마 보내더라도 중간에 다 상해버릴 거라면서 우리들은 어머니의 말을 실컷 비웃었다. 오늘날에야 나는 어머니가 당시에 벌써 오늘날 벌어질 일들을 예견하셨음을 알 수 있다. 당시에 아프리카 국가들은 세계시장에 점점 종속되고 스스로 식량 문제을 해결하지 못하는 상태에 놓이기 시작했다. 우리 역시 오늘날 전 세계에서 생산되는 음식을 먹고 있다!

그럼에도 불구하고 접시에 있는 음식을 깨끗하게 비우지 못했을 때, 어머니가 늘 대신해서 다 먹었다. 그래서 우리는 어머니를 '가족의 쓰레기통'이라고 비웃어주었다. 당시에는 어머니가 왜 그러는지 도통 이해할 수 없었을 뿐 아니라 심지어 그런 모습을 보면 역겹기까지 했다.

어머니는 먹다 남은 빵을 버리는 것을 죄라고 여겼다. 오랜 세월이 흐른 후에야 나는 이유를 알게 되었다. 어머니는 우리 아이들에게 절대 말해주지 않은 경험이 있었던 것이다. 노후에 이르러 자신의 삶에 관한 글을 쓰셨는데 그 와중에 우리도 알게 되었다.

어머니는 유고슬라비아에서 태어났다. 제2차 세계대전이 발발했을 때 첫 번째 생일 파티를 했다. 어머니의 가족은 독일어를 말하는 소수민족에 속했는데, 그들은 16세기에 당시의 오스트리아–헝가리 제국 지역으로 이주했다고 한다. 1944년에 불행이 닥쳤다. 러시아 군대가 발칸을 점령하자 유고슬라비아 유격대들이 독일계 민족들을 감금하여 피비린내 나는 보복을 하려 했기 때문이다.

어머니 카타리나는 당시에 여섯 살이었는데 자신의 어머니와 함께 수용소에 감금되었다. 우리 외할머니이자 어머니의 어머니도 이름이 카타리나였다고 한다. 1일 배급량은 약간의 보리를 넣어서 끓인 희멀건 콩 수프에 옥수수 빵 한 조각이었으니 어머니에게는 물론 딸에게도 부족한 양이었다. 아이들과 부모들은 서로 분리 감금되었지만, 어머니는 며칠에 한 번씩 아이들이 감금된 곳을 찾아가서 음식을 건네주었다. 자식이 살아남을 수 있도록 하기 위해서 말이다.

그로부터 1년이 지난 뒤 어머니 카타리나는 더 이상 오지 않았다. 너무나 굶어서 허약해진 나머지 장티푸스에 걸려 며칠 만에 돌아가신 것이다. 딸 카타리나는 그사이 일곱 살이 되었지만 살아남았다. 그리고 빵 한 조각의 가치를 평생 잊어버릴 수가 없었다. 경제기적을 이뤄내고 음식이 절대 부족하지 않은 독일에서 수십 년을 살았음에도 말이다.

우리 가족은 좋은 음식을 항상 귀중하게 여겼다. 축하해야만 하는 날이 있을 때면 우리 집에서는 생선 굴라시(소고기, 양파, 고추, 파프리카 등으로 만든 수프로 헝가리 전통 음식−옮긴이)를 준비했는데, 이 음식은 발칸 지방의 특별요리이자 죽을 만큼 맵고 왠지 모르지만 항상 불을 피워서 만든다. 심지어 겨울에도 밖에 불을 피워서 요리를 준비한다. 눈이 내려도 정원에서 불을 피우고 거기에 냄비를 달아놓고는 우리 모두가 빙 둘러 서 있었다.

나는 독일에서 자라났고 이런 전통은 나에게도 이국적이라 자식들에게 전수해줄 수 없을 것이다. 하지만 나는 이보다 훨씬 근본적인, 내 어머니로부터 배운 것을 전수해주려 한다. 자연의 선물은 매우 다양하며, 무엇이 좋으며 나쁜지를 알아보는 방법 말이다. 이렇게 할 수 있는 도구는 내가 직접 준비해야 하는데, 오늘날 도시에 사는 사람들은 잘 알 수 없기 때문이다. 품질이란 뭘까? 이런 고민을 할 때도 도시에 살면 이해하기 힘든 측면이 많다. 나는 전통적으로 독일에서 가장 풍부한 요리를 해 먹는 포도 재배 지역에서 성장했는데 이는 매우 유용했다고 볼 수 있다. 슈투트가르트 시 인근에 있는 렘스탈이라는 곳이다.

어머니는 오스트리아−헝가리 제국의 밀가루 음식을 먹는 환희를 우리 아이들에게 가르쳐주었다. 무엇보다 그런 음식의 가치를 계속 전해주었다. 배고픔과 죽음에 관한 이야기는 몇 년 전부터 해주기 시작했지만 말이다. 이런 이야기를 듣고 나는 정말 충격을 받았는데, 나에게 목숨을 앗아갈 수 있는 배고픔이란 텔레비전에서나 볼 수 있지 실제로는 상상조차 할 수 없는 것이기 때문이다. 그런데 어머니가 바로 그런 경험을 했다니!

전쟁은 우리 부모님의 모든 경험을 압도할 정도로 비극적이었고 따라서 우리도 잊을 수 없었다. 하지만 이런 배경이 있음에도 불구하고 오늘날 독일은 매년 2000만 톤이나 되는 음식물을 쓰레기로 버리고 있다. 어떻게 이런 일이 가능할까? 우리는 그토록 일찍 모든 것을 망각해버렸던가? 아니면 음식물을 버리게 만드는 또 다른 메커니즘이 있는 걸까?

그 이유를 알아내기 위해 나는 2009년에 영화 〈쓰레기 맛을 봐〉 프로젝트를 개발하기 시작했다. 나는 필름 프로덕션 퀼른 팀과 함께 공동 작업을 했다. 우리는 퀼른 시 남서부에 있는 쥘츠라는 구역에서 한때 공장으로 사용하던 건물을 빌렸다. 나는 이 사무실을 우리의 '창의적인 뒷마당'이라고 일컬었는데, 굳이 이곳을 사무실로 선택한 이유는 작은 테라스가 달려 있었기 때문이기도 했다.

동료들은 아무리 바빠도 매일 점심을 먹었고, 그것도 테라스에서 혹은 부엌에서 함께 식사를 했다. 그러다 보니 우리 모두는 음식을 먹는다는 게 결코 사소한 일이 아니라는 느낌을 받았다. 프로젝트 수행에 아주 중요할뿐더러 기본이 되는 일이었다.

우리의 제작자 아스트리드 반데케르크호베(Astrid Vandekerkhove)는 프로젝트를 '다큐멘터리 캠퍼스 마스터스쿨'(전 세계에 소개할 다큐멘터리 필름을 제작하는 사람들을 지원해주는 유럽의 프로젝트—옮긴이)에 제출해보자는 아이디어를 내놓았다. 이 프로그램은 자신이 제작한 다큐멘터리 필름이

국제적으로 어떤 반응을 보일지 알고 싶은 제작자들을 위해 마련되었으며, 이를 통해 필름을 판매할 수도 있다. 그래서 나는 유럽 여러 나라 출신의 제작자 열다섯 명과 함께 한 반에 들어갔고, 1년 동안 일주일씩 4회 집중교육을 받았다. 우리는 각자 자신의 영화를 찍고 비판적인 질문을 던지고 아이디어를 제공했다.

프로젝트는 소위 쓰레기통을 뒤지는 사람들로 시작했지만 곧 다음과 같은 중요한 질문으로 인해 주의를 끌지 못했다. 왜 우리 사회는 그토록 엄청난 양의 음식을 버릴까?

그리고 얼마 지나지 않아 〈쓰레기 맛을 봐〉는 전형적인 다큐멘터리가 될 가능성이 없다는 게 드러났다. 왜냐하면 조사를 해보니 이미 식품을 폐기하는 문제를 다루는 많은 운동이 있었기 때문이다. 물론 이런 운동은 전 세계에 걸쳐 분포되어 있었지만 서로 연계되어 있지는 않았다. 우리 프로젝트는 삶의 기본이 점점 평가절하되는 현실에 공동으로 항의하는 확성기가 될 가능성은 있었다.

우리는 이를 막기 위해 뭔가를 해야 한다는 점이 분명해졌다. 다큐멘터리 필름으로 가능할까? 그럴 수도 있지만 필름 하나만으로는 충분치 않을 것이고, 캠페인을 펼쳐야만 한다. 캠페인의 주요 내용이 필름에 담겨 있어야 하고 이 내용이 영화관과 텔레비전에서 방영되고, 이 책에도 소개되어야 한다.

우선 나는 이 문제가 왜 수십 년 동안 사람들의 주의를 끌지 못했는지 이해하고 싶었다. 주류 언론에서뿐 아니라, 환경단체와 세계적인 차원의 협조를 바탕으로 하는 '원 월드(One World)' 운동에서도 말이다. 규모를 고려해볼 때 참으로 이해할 수 없다. 우리는 먹는 양만큼을 버리고 있다! 다른 말로 하면, 생산된 식량의 50퍼센트가 밭에서 우리의 식탁으로 오는 가운데 버려지고 있는 것이다!

우리가 낭비하는 사회에 살고 있다는 사실은 진작부터 알고 있었지만, 그 규모는 한번도 상상해보지 않았다. 그런데 내 눈을 열어준 사람들이 있었으니, 바로 슈퍼마켓 컨테이너를 뒤져서 먹을 수 있는 음식을 꺼내는 일을 전혀 부끄러워하지 않는 젊은 정치운동가이자 쓰레기통을 뒤지는 이들이었다.

음식은 쓰레기가 아니다

옌스가 녹색 컨테이너 뚜껑을 열었을 때 냄새 때문에 우리 둘 다 고개를 돌렸다. "악취는 밑에서 올라오는 거야"라고 쓰레기통을 뒤지던 그가 말해주었다. "위에 있는 것들은 전혀 상하지 않았어. 여기, 홍당무 한 다발을 봐!" 그럼에도 홍당무는 쓰레기와 함께 있어서 그런지 역겹기는 했다. "물론 깨끗하게 씻어야 해. 나도 썩은 건 먹지 않거든." 옌스는 나를 진정시키려 했다.

옌스는 계속 뒤져서 콜라비, 오렌지가 들어 있는 망, 비닐 속에 들어 있고 전혀 상하지 않은 파프리카 세 개를 찾아냈다. 그는 이 모든 것을 비닐봉지에 넣었고 그 위에 꽃다발을 얹었다. 이 꽃다발도 쓰레기 컨테이너에 들어 있었다. 왜 슈퍼마켓은 그야말로 아무 하자 없는 물건들도 버리는 것일까? "아마도 신선한 제품이 도착했는데 진열장에는 자리가 없어서 그냥 버렸을걸", 옌스가 곰곰이 생각하더니 말했다. 좀

더 좋은 방법은 없을까? "글쎄, 힘들지 않을까 싶어. 우리는 항상 가득 찬 진열장에 익숙하잖아."

엔스는 계속했고 나는 뒤를 따랐다. 첫 번째 컨테이너는 누구나 뚜껑을 열어볼 수 있는 곳에 있었지만, 이번에는 극복하지 못할 장애물이 등장했다. 3미터 높이의 금속 문이 우리를 가로막았다. 엔스는 문 뒤에 흥미로운 보물들이 잔뜩 있다는 사실을 알았다. 그는 문을 타고 넘어갈지 어떨지를 잠시 고민하더니, 금세 다른 아이디어를 떠올렸다. 그는 바닥에 납작 눕더니만 문 밑에 나 있는 틈 사이로 팔을 하나 집어넣어 더듬거렸다.

휘익! 그의 입에서 짤막하게 휘파람 소리가 흘러나왔다. "웬 떡이냐?" 그는 대문 밑으로 상자 하나를 끌어당겼는데, 이런 음식들을 가져가는 사람들이 있음을 알고 슈퍼마켓 직원들이 담아둔 것 같았다. "정말 어떤 사람들한테는 고맙다고 인사를 하고 싶다니까!" 엔스가 기뻐했다. 훈제 연어와 홍합이 진공포장된 상태로 있었다. 생선과 해물은 잠시만 냉동하지 않고 두어도 상하기 십상이다. 그런데 오늘 밤에는 기온이 0도 정도였으니 엔스는 아무 걱정 없이 음식을 가져가도 되었다. "생선 한 마리와 홍합 한 팩이면 충분해. 나머지는 다른 사람들이 가져가도록 놔둬야겠어."

집으로 사용하고 있는 건설현장의 컨테이너에 돌아오자 엔스는 커다란 냄비에 물을 부어 전기 레인지 위에 올렸다. "홍합부터 일단 삶아야겠어. 유통기한이 내일이면 끝나거든." 국물에 채소를 약간 넣고, 후추가루와 백포도주, 그리고 생화를 식탁 위에 올렸다. 이렇게 멋진 식탁을 차리자 엔스는 금세 음식을 향유하는 사람으로 변해버렸다. 물론 그의 손톱에 낀 때가 그렇지 않다고 일러주었지만 말이다.

엔스는 벌써 10년 넘게 음식을 쓰레기 컨테이너에서 가져오는데, 가난해서 그러는 게 아니었다. 그는 직업 교육도 받아서 철물공으로 일했지만, 공장에서 이 일을 하다가 늙고 싶지 않아 철물로 예술품을 만드는 일도 하고 있었다. 하지만 이 일로 생계를 해결하지는 못했다. 어쨌거나 엔스가 사는 방식은 빈자의 삶이라기보다는 하나의 스타일이었다. "쓰레기 컨테이너에서 나는 할머니들을 많이 만나. 그분들도 먹을거리를 주워서 바구니에 담아 가지. 하지만 할머니들은 얘기하는 걸 좋아하지 않아. 수치스러워하는 것 같더라고."

"이것마저도 점점 힘들어지고 있지." 엔스는 불만을 털어놓았다. "큰 할인매장은 쓰레기를 압착해서 버리거든. 그러면 주울 게 없다니까." 이보다 더 화나는 일은, 슈퍼마켓이 아무도 가져가지 못하도록 먹을 수 있는 물건에 염소나 화학물질을 뿌리는 것이란다. "미친 세상 아냐? 식품에 독을 뿌리는 것은 허용하고, 컨테이너에서 식품을 가져가는 일은 금지하는 세상 말야."

독일 법에 따르면 식품이 이미 쓰레기통에 들어가더라도 슈퍼마켓의 재산이라고 한다. 따라서 쓰레기통에서 식품을 꺼내가는 사람은 쓰레기통을 털어가는 도둑인 셈이다. 정말 터무니없는 소리로 들리겠지만, 이미 독일 법정에서 여러 차례 판결이 난 바 있다. 예를 들어 작센주에 있는 되벨른에서 이런 판결이 나왔다.

"약식 처벌 명령. 2010년 4월 13일 피고인들은 …… 자신들이 사용할 목적으로 …… 커다란 쓰레기통에서 포장된 여러 개의 식료품을 가져갔다. 검찰은 형사소추에 대한 공공의 특별한 관심 때문에 단호한 조치를 취하는 것이 바람직하다고 보는 바이다.”

두 피고인 프레드릭과 크리스토프는 일일 할당 벌금액 10유로를 10~20일 동안 지불하라는 벌금형을 받아들이려 하지 않았다. 심지어 음식물 폐기를 반대하는 자신들의 노력에 대중들이 관심을 갖도록 벌금형이 아니라 징역형을 감수하려고 했다. 그들의 항의는 정치성을 띠었다. “전 세계에서 매일 영양실조로 2만 명 이상이 죽어가는데, 매일 식량을 폐기하는 짓은 그야말로 범죄와 같다!”

두 사람은 자신들을 도와줄 무리를 얻었는데, 이 무리는 공판이 있는 날 행동으로 보여줄 계획이었다. 텔레비전 팀이 변장을 하고 되벨른의 광장을 불안하게 만들었다. 이들은 홍당무를 마이크로 사용해서 지나가는 행인들에게 말을 걸었다. “이 지구상에서 참으로 기묘한 일이 일어나고 있습니다. 오늘 오후에 쓰레기통 안에 있는 물건을 훔쳤다는 이유로 사람들이 재판을 받게 됩니다. 여러분은 어떻게 생각하십니까?”

이런 행동으로 지나가는 여성 행인 몇 명이 정말 재판장에까지 오게 되었다. 그들이 법원에 도착했을 때, 또 다른 일이 벌어졌다. 행동주의자 두 명이 유서 깊은 법원 건물 앞에 있는 깃대로 기어 올라가—그들은 밧줄로 준비를 잘 해둔 상태였다—현수막을 펼쳤다. “쓰레기란 무엇인가? 식료품 폐기를 멈추어라!” 급히 소방차를 불렀으나 이미 늦었다. 경찰들은 깃대에서 내려오게 하려 노력했으나 행동주의자들은 거절했다. 작센 주에 있는 작은 도시에서 이런 일이 일어날 줄이야, 아무도 제대로 대처할 수 없었다.

재판관들은 약간 지체하다가 ‘쓰레기통을 뒤진 도둑’에 대한 재판을

| 왜 음식물의 절반이 버려지는데 누군가는 굶어 죽는가 |

하기 시작했다. 판사는 피고인들이 변호사 없이 참석했지만 법률 지식이 결코 없지 않다는 사실을 금세 알아차릴 수 있었다. 재판은 14시가 조금 넘어서 시작되었다. 프레드릭과 크리스토프는 엄청난 자료를 가지고 원래 1시간으로 정해져 있던 재판을 22시까지 끌고 갔고, 마침내 판사는 지쳐서 포기하고 재판을 연기하고 말았다.

이런 사건을 두고 사람들은 지방에서 벌어진 익살극이라고 말할지 모르지만, 유감스럽게도 이런 일은 끊임없이 반복되고 있다. 이로부터 6주도 채 지나지 않아 뤼네부르크 법정에서 또 이런 일이 일어났다. 피고인은 쓰레기통에 버려진 비스킷을 훔쳤다. 버린 비스킷을 훔친다는 게 말이 될까?

슈퍼마켓은 전국에서 자신들의 쓰레기를 보호하며, 법적으로도 이 일은 아주 간단하다. 왜냐하면 쓰레기는 슈퍼마켓의 재산이기 때문이다. 물론 몇몇 판사들은 자신들의 권리를 이용해서 이런 일은 지극히 사소한 사건으로 간주하여 사회봉사나 벌금형을 내리는 데 그친다.

이런 결과는 매우 독일다운 일이라고 할 수 있다. 우리는 전 세계를 돌아다니며 영화를 찍었고 많은 나라에서 쓰레기통을 뒤지는 사람들을 만났다. 빈에서도 뉴욕에서도 쓰레기통을 뒤져서 뭔가를 가져갔다고 해서 벌을 주는 판사는 없을 것이다. '쓰레기통을 뒤지는 사람'은 원래 영어로 "Dumpster Diver"(금속제의 대형 쓰레기 수집 용기―옮긴이)라고 한다. 독일에서는 이런 사람들을 '컨테이너인들'이라 일컬으며, 빈 사람들은 '쓰레기통 훔치는 자'라고 하고, 뉴욕 사람들은 '프리건(Freegans)'이라고 한다. 이 단어는 '자유롭다(free)'와 '채식주의자(vegan)'의 합성어인데, 그들 중 많은 사람이 엄격한 채식주의자이기 때문이다.

전 세계에서 일어나고 있는 이 운동은 심지어 인터넷에서도 서로 연계되어 있다. trashwiki.org에 들어가면 우리는 쓰레기통 다이버와 관련한 뜨거운 이슈를 구경할 수 있다. 이를테면 시드니, 베를린, 혹은 샌프란시스코에서 무슨 일이 일어나는지 알 수 있다는 말이다. 이 사이트의 웹마스터인 로무알드 보케이는 스톡홀름에서 살고 있다. 그의 구호는 이렇다. "한 사람이 버리는 쓰레기는 다른 사람의 보물이 될 수 있다."

〈쓰레기 맛을 봐〉를 만들기

스웨덴의 연구가 얀 룬트크비스트(Jan Lundqvist)가 아마도 최초로 전 세계적인 통계를 추정한 사람일 것이다. 즉 전 세계에서 식량 생산량의 절반이 폐기되며, 우리가 먹는 양만큼 쓰레기통으로 직행한다는 사실 말이다. 스톡홀름국제물연구소(SIWI)는 2008년에 그의 연구 〈들판에서 포크까지〉를 식량농업기구(FAO)와 함께 발표했다. 이로써 전 세계에서 소비하는 물의 4분의 1이 낭비된다는 사실도 드러났다. 건조 지역이 늘어나는 상황에서 이는 대재난이 아닐 수 없다.

낭비는 지난 수년간 더 늘어나서 1974년부터 음식 쓰레기는 50퍼센트 증가했다. 그토록 많은 국가에서 이런 일이 일어난다면, 어떤 규칙성이 있을 것이다. 이유는 도대체 무엇일까? 오로지 경영의 관점에서만 본다면 기업은 가능한 한 제품을 적게 폐기하는 데 오히려 더 관심을 가질 텐데 말이다.

| 왜 음식물의 절반이 버려지는데 누군가는 굶어 죽는가 |

나는 경제단체, 기업, 학자 들에게 물어보았다. 독일에서는 그 누구도 얼마를 폐기하는지 말해주지 않았고, 많은 사람들이 이렇게만 대답했다. "우리는 아무것도 폐기하지 않습니다." 하지만 이런 말은 틀렸다. 쓰레기통을 뒤지는 사람들이 보여주지 않는가. 하는 수 없이 나는 외국에서 조사하기 시작했다.

독일에서는 2010년 말까지 식량 낭비에 관한 이야기 자체가 금지되어 있었지만, 다른 나라에서는 이미 격렬하게 논쟁을 하고 있었다. 오스트리아의 경우에 가두에서 판매되는 대형 신문은 말할 것도 없고 아주 작은 지방 신문들조차도 지난 3년 동안 '버리는 광기'라는 제목으로 기사를 내보내지 않은 곳이 없을 정도이다.

영국에서는 쓰레기 버리지 않기 캠페인을 시작하지 않은 슈퍼마켓이 없을 정도이다. 예를 들어서 모리슨스(Morrisons)의 경우에 '맛은 탁월하고 쓰레기는 줄이고(Great Taste Less Waste)'라는 캠페인을 벌이고 있다. 슈퍼마켓 체인점들은 고객들에게 구입할 품목을 미리 계획하여 불필요한 품목을 사지 말라고 요청한다. 또 가능하면 오래 먹을 수 있도록 채소를 보관하는 방법도 알려준다. 그리고 남은 채소로 아주 맛있는 요리를 할 수 있도록 요리법도 가르쳐준다.

모리슨스는 낭비한다는 자사의 이미지를 교정할 필요가 있었다. 예를 들어 프리건스들은 슈퍼마켓 체인점들이 쓰레기를 대문, 쇠사슬, 자물쇠로 보호한다고 비난하기 때문이다.

그러자 이 기업은, 영국에 있는 다른 체인점과 마찬가지로, 대대적으로 캠페인을 펼치며 공격적인 반응을 보이고 있다. 이미 2000년에 정부는 '쓰레기와 자원 행동 프로그램(WRAP, Waste & Resources Action Programme)'

을 설립했는데, 이 단체는 식량 소비를 학문적으로 연구한다. 연구 결과는 그야말로 충격적이었는데, 영국의 가정에서 매일 버리는 쓰레기만 하더라도 다음과 같다.

- 포도 1320만 개
- 빵 700만 조각
- 감자 510만 개
- 사과 440만 개
- 토마토 280만 개
- 바나나 160만 개
- 버섯 140만 개
- 개봉하지 않은 요구르트 130만 개
- 소시지 120만 개
- 햄 100만 조각
- 자두 100만 개
- 초콜릿 70만 개
- 달걀 66만 개
- 완성된 요리 44만 가지

현기증이 일어날 정도의 이 통계는 '하루에 버리는 사과'라는 제목으로 공개되었다. 가장 많이 버리는 것은 샐러드용 채소였다. 두 개 중 하나가 쓰레기통으로 들어갔으니 말이다. 영국인들은 보통 해마다 자신의 몸무게에 해당되는 양만큼의 식량을 버렸고, 각 가정에서는 연평균 470유로를 버리고 있었다.

정부 연구소는 다음과 같은 결론에 이르렀다. 410만 톤 혹은 모든 식료품 쓰레기의 61퍼센트는 계획을 잘 세운다면 버리지 않을 수 있다는 것이다. 이 식료품 가운데 40퍼센트는 아예 건드리지도 않았고, 적어도 10퍼센트는 유통기한이 끝나기도 전에 쓰레기통으로 들어갔다. 연구자들은 그리 깐깐한 편이 아니어서 감자 껍질뿐 아니라 몇 톤에 이르는 빵 껍질도 쓰레기에 포함하지 않았다. 게다가 요리를 많이 해서 생기는 식료품 쓰레기 160만 톤도 계산에 넣지 않았다. 그 결과 영국의 소비자들은 자신들이 구입하는 식품의 3분의 1을 버린다. 여기다 상거래를 할 때 매년 800만 톤의 식품 쓰레기가 발생함으로써 쓰레기산은 더 높아진다.

영국 정부는 이런 통계 숫자를 두고 '경고를 하는' 그리고 '충격적인'이라고 언급했다. 베를린에 있는 정치가들은 한 명도 이런 문제에 관심을 갖지 않는데, 왜 런던 정부는 버려지는 음식 때문에 걱정을 할까? 이와 관련해서 알아야 하는 사실은, 영국은 식품의 40퍼센트를 수입하지만, 독일은 대략 20퍼센트만 수입한다.

2007년과 2008년에 밀의 거래가가 마구 오르고 이와 함께 대부분의 곡물 가격도 치솟자, 당시 영국 수상이었던 고든 브라운은 제3세계 국가들처럼 식량 확보 문제를 걱정하기 시작했다.

당시에 정부는 "음식을 사랑하고 쓰레기를 미워하자"는 슬로건을 내세워 대대적인 캠페인을 벌였다. 정부는 동네마다 캠페인을 벌이기 위해 여성단체(WI, Woman's Institute)와 협력했다. 이 여성단체는 '남은 음식의 날(Leftover Day)'을 홍보했는데, 그러니까 과거처럼 그 주에 남은 음

식을 그날 소비하자는 얘기였다. '러브 푸드 챔피언(Love Food Champion)'
은 현상금을 내걸어서 4개월 안에 음식물 쓰레기를 절반으로 줄이는
데 성공한 그룹에게 상금을 주겠다고 했다. 영국 남서부 글로스터셔
주에 사는 여성 세리 크로스랜드가 상을 받았다. "정말 재미있었어요.
끊임없이 새로운 사람들이 와서는 정보를 교환했거든요. 매일 부엌에
서 남게 되는 빵, 치즈나 시금치를 활용할 수 있는 정보였어요."

또한 고객들에게 제품을 팔기 위해 '원 플러스 원'으로 판매하는 슈
퍼마켓들도 격렬한 비판을 받았다. 굳이 필요하지도 않은데 덤으로 준
다고 하면 고객들은 물건을 사기 때문이다. 슈퍼마켓 체인 세인즈베리
스(Sainsbury's)는 아주 창의적으로 세일을 탈바꿈시켰다. 즉 "오늘 하나
를 구입하면, 다음에 다른 하나를 가져가기"이다. 이를테면 빵을 하나
구입하는 사람은 상품권 한 장을 얻게 되는데, 이것으로 나중에 빵 하
나를 가져갈 수 있다. 물론 필요할 때.

마침내 2009년에 당시 노동당 정부는 식품 낭비를 줄일 수 있는 20년
계획을 마련했다. '푸드 2030'이라는 이 계획안은 제2차 세계대전 이
후 식량 정책과 관련한 최초의 마스터플랜이었다.

수상 고든 브라운은 이렇게 말했다. "사람들은 매주 식량을 8파운
드나 낭비한다는 사실을 기억해야 합니다." 스코틀랜드 사람인 브라
운은 지나치게 꼬장꼬장한 사람이라는 비난을 아주 많이 받았다. 하지
만 새롭게 정권을 잡은 보수당 정부도 그의 캠페인을 이어받았다.

특히 예민하게 건드린 부분도 있다. 환경부 차관이었던 힐러리 벤
(Hilary Benn)은 감히 건드려서는 안 되는 유통기한을 언급하며, 상할 수
있는 제품은 'Use before' 기한만 표시해두는 게 어떠냐는 제안을 했

| 왜 음식물의 절반이 버려지는데 누군가는 굶어 죽는가 |

다. 이 기한은 반드시 필요하다는 이유로 말이다. 현재 불필요한 내용 'Best before'나 'Sell by'는 소비자들에게 오해를 불러일으키니 없애야 한다는 주장이다. 환경부 차관은 또 이렇게 말한다. "너무 많은 사람들이 식품을 버리는데, 그 식품을 먹어도 되는지 안 되는지 모르기 때문입니다. 제품에 붙어 있는 유통기한을 제대로 해석하지 못하거든요."

나도 그런 경우를 자주 겪는다. 독일에서도 비극이 벌어지고 있는데, 사람들은 유통기한(Best before)과 소비기한(Sell by)을 혼동한다. 소비기한─육류, 생선과 달걀에만 해당된다─은 반드시 지켜야 하는 반면, 유통기한은 기한이 지났다고 해서 못 먹는 것은 결코 아니다. 생산자들은 이 유통기한으로 제품의 품질을 보증할 뿐인데, 이를테면 요구르트는 공장에서 금방 생산했을 때처럼 크림 같다는 뜻이다.

왜 그 누구도 소비자에게 설명을 해주지 않을까? 상인들은 그런 점에 관심이 전혀 없다. 만일 알게 되면 소비자들은 물건을 더 적게 구입할 것이고 총매상은 줄어든다. 이는 생산자들도 마찬가지인데 더 많이 팔고 싶지 더 적게 팔고 싶지는 않을 것이기 때문이다. 정치? 정치권이야 경제계의 이익을 대변할 뿐이다.

이렇게 생각하자 우리도 독일에서 캠페인을 벌일 필요가 있다는 결론을 얻었다. 만일 국가가 영국에서처럼 앞장서야겠다고 느끼지 않는다면, 단체들이 연대하면 어떨까? 우리는 조사단원과 캠페인을 벌인 사람들로 팀을 모집했고 그들에게 아이디어를 소개했다. 함부르크에 있는 그린피스, 베를린의 옥스팜(Oxfam: 1942년에 건립된 원조 및 개발단체. Oxford Committee for Famnie Relief에서 따온 말이다─옮긴이), 그리고 '독일 타펠 연합'(Bundesverband Deutsche Tafel, 무료급식소─옮긴이)이었다. 나중에 기독교 개발봉사단, 세계기아원조(Welthungerhilfe: 독일의 비정부 구호기구—옮긴이), 독일자연보호협회, 환경과 자연보호 단체, 슬로푸드를 비롯한 많은 단체들이 동참했고 대체로 성공을 거두었다. 우리는 환경운동가들에게 음식물 쓰레기를 아끼면 얼마나 많은 것을 얻을 수 있는지 굳이 장황하게 설명할 필요가 없다. 그린피스에서 농업 전문가로 일하는 위르겐 크니르쉬(Jürgen Knirsch)는 이 주제의 핵심을 정확하게 짚어냈다. "여기에서 중요한 것은 바로 효율성이죠. 에너지 절약과 같습니다."

몇몇 제3세계 원조단체들은 식품 낭비가 전 세계의 기아를 유발하는 주요 원인이라고 설명할까 두려워 처음에는 주저했다. 아니, 그렇지 않다. 하지만 식품 낭비는 기아와 관련해 부끄러운 관계에 있기는 하다. 사람들은 이를 알아야만 한다. 그래야 바뀐다.

구부러진 오이와 하트 모양의 감자에 관하여

사진감독으로서 나는 이미 몇 장면을 같이 찍었던 카메라맨이자 예술담당 롤란트 브라이트슈에게 이번 촬영은 어떻게 해야 할지 물어보았다. 그는 둘러대지 않고 이번에 조명차와 카메라차가 투입되지 않더라도, 쉽게 이동 가능한 장치들을 이용하자고 말했다. 우리는 많은 장소를 찍어서 서로 연결하려면 뭔가 시각적인 발상이 필요하다는 데 의견을 같이하고, 음식 쓰레기 문제가 전 세계의 문제임을 보여주기 위해 4개 대륙에서 찍기로 했다. 그래서 다큐멘터리지만 주인공이 있어야 하는 게 아닌지 오랫동안 고민했다. 마침내 우리는 이미 주인공이 있다는 점을 깨달았다. 바로 음식이었다.

특히 맛있는 음식이 눈앞에 있을 때 음식에 손을 대서는 안 되었다. 음향 담당 랄프 그로만처럼 롤란트도 미식가였지만, 롤란트는 음식물을 건드리지 않은 상태의 접시를 사진으로 찍었다. 그는 푸드 사진사로 직업세계에 들어왔으니 결코 놀랄 일도 아니었다.

카메라맨은 가끔 안전한 작업복을 입더라도 도움이 되지 않는 장소에 가야 할 때가 있다. 하지만 나는 롤란트 곁에서 의구심을 떨쳐버릴 수가 없었다. 머리카락은 항상 흠 잡을 데 없이 깔끔했고, 빛이 날 정도로 흰 셔츠를 입고 있었으니 말이다. 이런 모습으로 쓰레기통으로 가나? 그런데 나는 곧, 메스꺼움을 유발하기 위해 굳이 쓰레기통을 뒤져 보여줄 필요는 없으며, 아주 세부적인 내용물, 예를 들어 고동색 죽 같은 액체가 컨테이너에서 뚝뚝 떨어지는 장면을 찍는 것으로도 충분하다는 사실을 깨달았다.

우리는 우선 촬영할 쓰레기통을 발견해야만 했다. 이는 특히 독일에서는 쉬운 일이 아니었다. 어떤 슈퍼마켓은 파렴치하게도 남은 식품을 모두 무료급식소에 보냈다고 주장하기도 했다. 우리는 이런 장면을 기꺼이 찍고 싶었다. 슈퍼마켓 직원들로부터 우리가 듣게 된 말은, 우리가 촬영하려는 날에 무료급식소가 최초로 슈퍼마켓에 들른다는 것이었다. 규칙적으로 무료급식소에 식품을 대주는 다른 슈퍼마켓에 가자 많은 식품들이 남아서 컨테이너로 직행하는 광경을 볼 수 있었다. 왜냐하면 무료급식소 사람들이 매일 찾아오지 않거나 모든 식품이 필요하지는 않았기 때문이다. 그래서 슈퍼마켓 직원들은 식품들을 커다란 통에 던져 넣어야만 했지만 우리는 이 장면을 찍을 수 없었다. 가장 큰 할인센터 체인점은 우리 카메라팀이 자신들의 매장을 찍지 못하게 했다.

슈퍼마켓 체인 가운데 통계를 제시한 곳은 전혀 없었다. "우리는 그것에 관한 통계를 가지고 있지 않습니다"는 답을 들을 수 있을 뿐이었다. 하지만 그들은 어느 정도의 양을 쓰레기로 처분하는지 당연히 알고 있을 것이다. 왜냐하면 모든 제품은 들여올 때 이미 스캐너로 확인하고 계산대에서도 스캐너로 체크하기 때문이다. 그 둘 사이의 차이가 바로 쓰레기의 양이다. 물론 도난당하는 사소한 물건이 몇 개 있겠지만.

우리는 독일 통계청에 문의해보았다. 쓰레기통으로 들어가는 식품의 양에 대한 통계가 있는가, 이에 대한 질문에 빨간불이 들어왔다. 바이오 쓰레기라는 목록이 있기는 했으나, 여기에는 정원에서 나오는 쓰레기, 깎은 잔디나 정원 식물의 나뭇가지가 포함되어 있을 뿐이었다. 독일 대학에 문의를 해도 뾰족한 답이 나오지 않았다. 대학에 있는 교수들 가운데 우리가 먹는 음식 가운데 어느 정도가 폐기되며 어디에 폐기되는지에 관심을 가진 사람은 아무도 없었다.

마침내 긍정적인 답변이 들려왔다. 독일 식품거래상협회 회장인 미카엘 게를링(Michael Gerling)은 이렇게 대답해주었다. "그렇게 많지 않아요. 슈퍼마켓은 총 1퍼센트를 버립니다." 무엇의 1퍼센트인가요? "제품 가치의 1퍼센트입니다. 더 정확하게 말하면, 순매상의 1.06퍼센트입니다." 무게가 아니라 가치로 계산한다면, 술 같은 비싼 제품이 문제를 왜곡시키는 것은 아닐까?

"통계가 약간 부정확한 이유는 음식이 아닌 제품도 포함되기 때문입니다"고 게를링이 말했다. 샴푸와 치약? 흥미로운 품목은 신선한 제품으로, 이를테면 우유가 있다. "우유는 물론 폐기하는 비율이 더 높지요. 만일 채소를 본다면, 대략 5퍼센트는 공제하게 됩니다."

슈퍼마켓은 제품을 선별해서 버리는 과정을 '공제한다'고 일컫는다. 우리는 베를린에서 장사를 하는 클라우디아 피셔를 하루 동안 따라다녀 보았다. 그녀는 운영하는 슈퍼마켓에서 유제품을 유통기한 이틀 전에 골라냈다. 스캐너에 찍힌 제품은 자동 주문이 들어간다. 주말에는 또한 예기치 않은 수요에 대비해서 더 많은 제품이 들어온다. 그런데 이런 예상과는 달리 더 팔리지 않는다면? "유감스럽게도 그런 제품은 공제해야죠. 원래 제품은 항상 남는데, 안전성을 고려해서 우리는 항상 더 많이 주문하기 때문입니다."

피셔 슈퍼마켓의 채소 칸에는 오늘의 품목이라는 물건들이 있었다. 파, 양파, 무, 상추와 같은 제품으로, 이들은 딱 하루 동안에만 팔아야만 했고, 그래서 하루가 지나자 피셔는 그 물건들을 골라냈다. 하루가 채 되지 않아도 골라낼 경우도 많았다. 나는 그녀가 비닐 포장된 상추를 진열대에서 내려놓는 것을 봤다. 이건 괜찮지 않나요? "아뇨. 여기를 보세요, 밑이 벌써 이상하잖아요. 고객들은 이런 물건은 사지 않는다고요. 뭐, 먹는 데는 전혀 지장이 없지만." 몇 장 뜯어내면 아무렇지도 않을 것 같은데요? "물론 그렇죠. 하지만 모든 물건은 하자가 전혀 없어야 해요." 여주인의 입에서 한숨이 흘러나왔다. "한 군데라도 상하면 안 된답니다. 딸기만 해도요, 딱 한 곳이라도 좀 이상하다 싶으면 버려야 해요."

"유기농 제품도 전혀 다르지 않죠. 사람들은 유기농을 원하지만, 시들었거나 이상한 게 있으면 사지 않아요." 피셔가 요지를 설명해주었다. 그런 다음 그녀는 살구버섯("이런 날씨에는 금세 축축해져요")과 서인도

우리는 먹는 양만큼 버린다. 유엔 식량농업기구에 따르면 전 세계에서 모든 식품의 3분의 1이 쓰레기통으로 들어간다. 선진국의 경우에는 심지어 식품의 절반이 쓰레기통으로 들어간다.

산 레몬이 들어 있는 망("망 안에 들어 있는 레몬 한 개의 색깔이 갈색으로 변했지만 이걸 모두 버려야 해요")을 진열장에서 내려놓았다. 이어서 그녀는 콜라비 두 개를 버렸다. "이 정도 상태라면 콜라비도 괜찮지만, 잎이 붙어 있지 않으면 아무도 안 산단 말이에요." 그녀는 고개를 절레절레 흔들며 말했다. "그런데 여기에 새싹이 나면, 고객들은 사려다가 또 내려놓고 말거든요."

　상황이 이처럼 엉망이 된 데에 누가 책임을 져야 할까? 우리 소비자들은 너무 까다로워서 그렇듯 완벽하게 흠이 없는 물건들만 구입하는 걸까? 아니면 슈퍼마켓은 점점 좋은 제품을 제공함으로써 소비자들의 버릇을 망치고 만 걸까? 이런 의문이 들 때마다 내가 내리는 결론은, 이 문제에 책임이 있는 누군가가 있다기보다는 죄다 시스템의 문제라는 것이다. 나 역시 소비자로서 습관과 선호도를 통해 이 문제에 한몫한다.

독일 식품거래상협회 회장인 게를링은 쾰른에서 EHI 소매상연구소(Retail Institute)를 운영하고 있으며 시장을 연구하기도 한다. "과거 1960년대를 돌아다보면, 우리에겐 배고픈 사람을 배불리 먹이는 일이 제일 중요했습니다. 하지만 오늘날 우리는 과잉의 시대에 살고 있어요. 그래서 배부른 사람을 배고프게 해야 하죠." 그는 지금까지 발전해온 과정을 콕 집어 이렇게 표현했다.

기업은 어떻게 성공할까? 나는 이런 문제를 풀기 위해 심리학자를 찾다가 마침내 라인골트(rheingold) 시장연구소를 설립한 슈테판 그뤼네발트(Stephan Grünewald)를 만나게 되었다. 그는 새로운 제품을 출시하기 전에 생산자에게 충고를 해준다. 첫 번째 목표는, 욕구를 불러일으킴으로써 우리의 요구를 늘 만족시켜주는 시장에서 신제품에 주목하게 하는 것이다.

"우리는 오늘날 반드시 필요한 물건이 아니라, 언젠가 필요할지도 모르는 물건들을 구입하고 있습니다. 생산자들은 소비자들이 어떤 기분, 어떤 상황일지를 잘 고려해서 제품을 소개하죠. 그래서 우리는 항상 매우 많은 물건들을 사게 됩니다." 심리학자가 분석한 결과였다.

이 심리학자에 따르면 소비자는 딜레마에 빠진다고 한다. "한편으로 소비자는 만일의 경우에 필요할지도 모를 모든 물건을 구비해놓기를 원하지만, 이와 동시에 꼭 그렇게 해야 하는지 의구심을 품습니다. 그래서 제품만 빤히 쳐다보다가 결국에는 도대체 무슨 물건을 사야 할지 모르게 되죠."

우리는 중간 규모의 슈퍼마켓에서 인터뷰를 했는데, 12미터에 달하는 냉장고 선반에는 온갖 종류의 요구르트들이 진열되어 있었다. 이런 모습은 더 이상 특별하지 않다. 우리는 왜 100가지 이상의 요구르트가 필요할까? 그뤼네발트는 싱긋 웃었다. "오늘날 우리의 냉장고는 기분을 달래주는 약국과 같아요. 사람들은 배가 고파서 요구르트를 구입하는 게 아니라, 삶의 배고픔을 달래기 위해서 삽니다. 다시 말해, 아침에 활동적이 되려고 요구르트 하나를 먹고, 오후에는 뭔가 균형을 이루기 위해 또 하나를 먹고, 면역력을 기르기 위해 먹고, 소화 기능을 촉진시키기 위해 또 먹어요. 그렇다 보니 온갖 종류의 요구르트가 생겨난 것이지요."

우리 소비자들은 끊임없이 필요한 것보다 더 많이 구입한다. 우리는 유혹을 잘 당할 뿐 아니라 실제로 필요한 양이 얼마인지 추정하는 능력을 잃어버릴 때도 많다. 우리의 구매 결정이 이성적이지 않다는 점을 마케팅 전문가들은 물론 잘 알고 있다. "우리는 자신이 어떤 기분일지라도 도움이 되는 제품을 원하고, 우리를 환각 상태에 빠뜨리며, 진정시키고, 충전시키는 제품도 원합니다. 하지만 일상에서 이런 옵션을 다 쓰진 못하죠. 시간도 없고, 위도 작아요. 그러니 언젠가 유통기한이 지나버리는 겁니다."

이 심리학자는 자신만의 독특한 방법으로 그런 인식을 얻게 되었다. 즉 설문지를 가지고 수많은 사람들을 방문하는 시장조사자들과 달리, 그뤼네발트와 라인홀트 연구소에서 일하는 그의 팀은 소수지만 소비자들과 아주 자잘한 대화까지 나눈다고 했다. 고객은 고전적인 방식으로 정신과 치료를 받을 때처럼 소파 위에 누웠다. "우리는 현대인들이 제기하는 반박을 더 잘 알아들을 수 있도록 일정한 범위를 정해둡니다." 이어서 심층 심리학적 인터뷰는 현실을 통해서 검증을 받는다.

조사팀은 시험 대상자들이 구매할 때 따라가서 어떤 결정을 내리는지 관찰하는 것이다.

사람들은 식품을 버릴 때 무슨 생각을 하고 어떻게 느낄까? "소비자들은 식품을 버릴 때 머리가 복잡합니다. 한편으로 양심의 가책을 느끼는데, 부모님께 전쟁 때 이야기를 듣기도 했고, 제3세계의 굶주림도 알거든요. 그러니 소중한 음식을 버리는 일은 나쁜 짓이라고 생각하게 되죠. 다른 한편으로는 온갖 제품들에 포위되어 있어요. 아침에 냉장고를 열면 제품들이 말합니다. '나를 먹어줘, 나를 먹고 힘을 내라고. 나를 먹으면 소화가 잘되거든……' 그들은 결국 이런 제품에 포위돼 있다고 느껴 화를 내고는, 이것들을 모두 버림으로써 마음이 훨씬 가벼워지는 것입니다."

심리학자의 말에 따르면, 유통기한은 양심의 가책을 떨쳐버릴 수 있게 해주는 기능이 있다. "제3세계 아이들이 굶주리긴 해도 유통기한이 지났으니까 이걸 버려도 그다지 나쁘진 않아. 건강을 위해서도 버려야지. 식탁이나 냉장고 안이 깨끗하게 비어 있으면, 나는 슈퍼마켓으로 달려가서 온갖 제품들을 탐닉하고 그 가운데 마음에 드는 물건들을 다시 사오면 돼."

그뤼네발트의 소파에 누워 정신분석을 받은 대부분의 사람들은, 유통기한이 지난 음식은 몸에 좋지 않다고 생각했다. "자정이 다 되어 냉장고 문을 열고는 유통기한이 얼마 남지 않은 음식을 남김없이 해치웠다고 말하는 소비자들을 많이 봤습니다."

우리는 틀림없이 자신의 감각을 신뢰하는 법을 망각해버렸다. 무엇이 좋은지 그렇지 않은지를 날짜로 찍어서 말해주는 업계의 손에 죄다 맡기고 있는 것이다.

슈퍼마켓에서 물건을 파는 판매자들도 흔히 모를 경우가 많다. 나는 이런 말을 자주 들었다. "법이 유통기한이 지나버린 제품을 파는 것을 금지하고 있죠." 그런데 독일의 경우 그런 법은 없다. 물론 상인에게는 결정적으로 바뀌는 것이 있다. 유통기한까지는 생산자가 제품에 하자가 없음을 보증하지만, 그후에 발생하는 일에 대한 책임은 상인에게로 넘어간다. 그러니 어느 누가 그런 책임을 떠맡으려고 하겠는가? 이 때문에라도 유통기한이 지나버린 제품을 아무도 팔지 않는 것이다.

하지만 상거래에서는 왜 실제로 판매할 수 있는 제품의 양보다 항상 더 많이 제공하는 걸까? 충분히 먹어도 되는 식품을 매일 몇 톤씩 폐기하는 일을 왜 막지 못할까? 재고품을 철저히 계산해서 비용을 절약할 수도 있는데 말이다. 경영의 입장에서 보더라도 상인들이 가능하면 적게 버리려고 노력해야 마땅할 텐데 말이다.

게를링은 사태를 다음과 같이 분석했다. "독일은 세계 어느 곳보다 1인당 식품 매장 면적이 넓답니다. 사람들의 요구 수준이 높아졌지요. 다시 말해, 경쟁이 매우 심하죠. 소비자들은 선택할 물건들이 무한한데 그 가운데 가장 좋은 제품을 선택하죠."

우리는 상품 진열장이 항상 가득 차 있는데 익숙하다. 하루 중 어느 때든, 일주일 가운데 무슨 요일이든 상관없이 말이다. 이 말을 신선한 제품에 적용하면 다음과 같은 뜻이 된다. 오늘 팔리지 않은 물건은 내일 버려야 한다. 상인에게는 어떤 고객이 좋아하는 제품을 진열장에서 찾지 못해 경쟁자의 가게로 가는 사태는 제품의 일부를 버리는 일보다 더 끔찍하다. 제품을 버리는 데는 비용이 들지만, 상인이 아니라 소비자가 지불한다. 왜냐하면 버리는 제품도 파는 제품의 가격 안에 당연히 포함돼 있기 때문이다. 만일 우리가 요구르트 열 개를 구입하면, 컨테이너로 직행하게 될 요구르트 하나의 가격도 포함해서 지불하게 된다. 상거래와 운반 도중에 발생하는 모든 손실분을 말이다. 이보다 훨씬 많은 양이 식품을 생산할 때 대량으로 폐기된다.

우리가 끊임없이 신선한 샐러드를 살 수 있도록 누군가 항상 더 많은 채소들을 재배해야 한다. 본 근처에 사는 롤프 아르크는 부모님의 가업을 이어 샐러드 채소를 재배한다. 그의 아버지는 밭에서 자라는 모든 것을 수확했지만, 아르크는 도매상의 주문이 있을 때까지 기다린다. 만약에 수요가 없으면 수확하느라 시간을 소비하지 않고 샐러드 채소를 그냥 쟁기로 파묻어 버린다. 그런데 이런 일이 매년 늘어나고 있기에, 채소는 어떤 형태로든 아무런 하자가 없는데도 식탁에 올라오지 못한다. 이런 채소는 한마디로 과잉생산된 것이다.

우리는 감자 농사를 짓는 농부와도 대화를 했는데, 쾰른의 주변 지역에서 인터뷰를 시작했다. 당신의 수확물 가운데 어떤 것을 골라내 버려야 합니까? "우리는 버리는 것 없이 모두 이용합니다"(이것은 사실 기술적으로 불가능하다!) "우리는 많은 양을 골라서 버려야 하지만, 이런 장면을 찍히고 싶지는 않습니다. 그러니 다른 농장에 가보시지요" 등의 대답을 들어야만 했다.

아마 버리는 일에 대한 얘기는 슈퍼마켓을 하는 상인에게나 농부에게나 그다지 즐거운 주제가 아닐 것이다. 농부들은 버리는 일을 좋아하지 않기 때문에 그런 말을 하지 않으려고 했다. 마침내 우리는 바링도르프라는 마을에서 감자 농사를 짓고 있는 프리트리히 빌헬름 그레

페(Friedrich Wilhelm Graefe)를 발견했다.

　우리는 올감자를 수확하는 때에 갔다. 2010년 여름은 너무 건조해서 이례적으로 8월 말에야 감자 수확을 시작할 수 있었다. 농부 그래페는 빨간색으로 칠한 거대한 트레일러 두 대가 매달린 트랙터 위에 앉아 있었다. 트레일러 위에서 두 사람이 체 위에 올려둔 감자를 고르는 일을 했다. 이들은 작은 감자와 큰 감자, 이상하게 생긴 감자를 골라냈다. "이런 감자는 팔 수가 없어요. 물건 품질이 좋지 않아서가 아니라, 눈에 거슬리면 안 됩니다."

　하트 모양처럼 생긴 감자는 내 마음에 들었지만 이것도 판매 대상에서 제외되었다. 녹색 점이 있거나 작은 흠이 있는 감자들도 제외되었다. 농부는 감자 하나를 들어보였는데, 오목한 곳이 길쭉하게 파여 있었다. 농부는 애정 어린 표정으로 이 오목한 부분을 쓰다듬었다. "영양가로 따진다면 전혀 문제가 없고 맛도 똑같지만, 상인들은 이런 물건은 가져가지 않아요." 농부가 계속 불평을 토로했다. "아 밭에서 농사지은 감자들 가운데 40~50퍼센트는 팔 수 없습니다. 그런 사실을 모르는 사람은, 여기는 아직 수확을 하지 않았다고 생각하지요."

　농사를 짓는 다른 농부들이 자신을 이단자라고 욕을 하지만 농부 그래페는 두려워하지 않았다. 그는 20년 이상 유럽의회에서 녹색당 의원으로 활동하고 있고 요즘은 농업 공동체 회장을 맡고 있다.

　중세시대의 건물처럼 보이는 농장에는 조상들의 비문이 있었다. "그래페라는 성은 백작이라는 귀족 작위가 아니며, 원래는 다이히그라프라는 성이었습니다. 따라서 우리 조상들은 홍수를 방지하는 일을 담당한 분들이었죠." 헛간 안에는 감자를 골라내는 도구들이 있었다.

"올감자의 경우에만, 시장에 내놓을 수 없는 감자를 밭에서 골라내죠. 왜냐하면 시장에 금방 내놔야 하니까요. 그 밖에는 여기에서 작업을 합니다."

그래페는 예순네 살로 지난 수십 년 동안의 과정을 모두 체험했다. 그는 상거래의 독재를 참을 수 없다고 생각하지만 이에 대항해서 어떤 행동도 취할 수 없다. 그렇다고 입을 꾹 다물고 있을 생각은 없다. "사람들은 식량으로 사용할 수 있는 것을 식량으로 사용해야 합니다. 하지만 상거래가 품질이라는 것을 결정해버리지요."

특히 하트 모양으로 생긴 감자가 내 마음에 들었는데, 이 감자를 보자 프랑스의 여성 감독 아네스 바르다(Agnès Varda: 리얼리티 다큐멘터리와 페미니즘적 주제를 주로 다룬다―옮긴이)의 영화 〈수집가와 나(The Gleaneer and I)〉(2000년)가 떠올랐다. 바르다 감독은 하트 모양으로 생긴 감자로 예술작품을 만들었다. 그런데 이곳에서 하트 모양의 감자는 일꾼들의 손에 걸려서 버려지게 되다니.

"상인들은 섭취할 수 있을 정도로 품질이 좋으냐에는 관심이 없어요. 거래할 수 있는 품질에만 관심을 기울이죠. 오로지 외적인 기준으로 구입하고는 이렇게 말합니다. '물건은 이 정도는 돼야 합니다. 제품의 외양이 이 정도가 안 되면 우리는 이 제품을 생산자에게 돌려줘야 해요! 만일 그러지 않으면 소비자들이 우리에게 반품을 신청한단 말입니다.'" 인상이 좋은 남자는 쓸쓸하게 미소 지었다. "점점 더 엄격해지고 있어요. 그러니 나이 든 농부에게는 아픔이지요. 굳이 돈 때문만이 아니라, 옳지 않은 일이기 때문입니다."

수확기의 막바지에 이르면 대체로 가족 전체가 2차 수확에 나선다.

밭 여기저기에 흩어져 있는 감자를 줍기만 하면 되니 어려운 일이 아니다. 일흔 살인 게르하르트 리베처럼 빨리 일하지 못하는 사람에게는 특히 그렇다. 은퇴한 이 분은 감자가 가득 담긴 바구니를 땅에 내려놓더니 이렇게 말했다. "이런 일은 오래전 할머니와 함께 해봤다네. 우리 가족은 신대륙에서 살았거든. 돈을 절약하게 해줘. 이틀이나 사흘 일하고 나면 나는 겨울 내내 먹고도 남을 감자를 얻을 수 있었지."

할아버지가 직접 바구니에 담은 감자를 지그시 쳐다보는 모습에서는 만족감이 묻어났다. 그는 2주 후에는 홍당무를 주우러 갈 거라며 밭은 어디에 있는지 설명해주었다. 나에게 기꺼이 정보를 주었는데 경쟁자가 생겨서 두렵다는 표정은 아니었다. "많은 사람들이 와. 그래도 모두가 다 가져가도 될 만큼 충분한 양이 있어." 인정 많은 할아버지의 말이었다. 그를 보자니 할아버지가 생각났다. 우리 할아버지도 농부였고 감자 농사도 지었다. 당시에는 동네 사람들이 찾아와서 감자를 주워가는 일이 아주 당연했다.

유럽의 많은 나라에서는 추수가 끝나면 들판에 남아 있는 것들을 가난한 사람들이 가져가도 무방했다. 우리 할아버지의 말에 따르면, 심지어 밀밭에도 이삭을 줍는 사람들이 있었다. 당시에는 큰 낫을 들고 수확을 했고, 그러다 보면 들판에는 수확하지 못한 줄기가 남았다. 그러면 여자들이 와서 그걸 모아갔다는 것이다.

나는 이런 농촌 세계에 관해 거의 아는 바가 없다. 그래서 할아버지는 당시에 통용되었던 농촌사회의 윤리적인 태도를 나에게 전해주었다. 즉 음식은 신성했다. 그래서 1차 수확 뒤에 남은 곡식을 주워 모으는 일은 마치 의무와 같았다. 프랑스 화가 장 프랑수아 밀레는 시골의 일상적인 장면을 〈이삭 줍는 사람들〉에서 잘 표현했다. 이 그림은 파리에 있는 오르세 미술관에서 가장 유명한 작품으로 꼽힌다. 이런 광경이 당시에는 일상이었으나 오늘날에는 더 이상 당연하지가 않다.

자신의 들판에서 생산된 농산물을 팔지 못하고 다른 사람들이 그냥 주워가는 모습을 모든 농부가 좋아하지는 않을 것이다. 그렇지만 그래페는 달랐다. "거의 10억 명이 굶주림으로 고통 받고 있는 세상에서, 사람들이 여기 와서 먹을 것을 주워가는데 어떻게 그걸 마다할 수 있겠는가. 먹을거리는 소중해. 나는 저렇게 주워가는 사람들이 있어서 정말 고맙다네. 죄책감에서 해방될 수 있거든."

소를 키우는 친구한테 감자를 줌으로써 농부는 쓰레기통으로 직행할 감자 자투리도 구할 수 있었다. 농부는 감자가 담긴 거대한 통을 지게차로 실어다가 외양간으로 가져갔다. 이렇게 감자를 주는 대신 농부는 친구에게 쇠고기를 얻어 이 고기로 믿을 수 없을 정도로 맛있는 바이오 쇠고기 소시지를 만들었다. 전통적인 베스트팔렌 지방의 요리법에 따라 약간 훈제를 해서 후추만 조금 넣고 다른 화학 조미료는 전혀 넣지 않았다. 만일 누군가 이 농장에 들르면 나는 소시지를 먹어보라고 추천하련다. 농부가 만든 소시지는 적어도 별 다섯 개는 줘야 하는 맛이기 때문이다.

"내가 키우는 돼지들에게는 유감스럽지만 익히지 않은 감자는 줄 수가 없어요. 돼지들의 위는 생감자를 소화시킬 수 없거든." 돼지는 감자를 익힌 상태에서만 먹을 수 있고, 돼지 사료로 줄 감자를 익힐 만큼 큰 솥이 농장에는 없었다. 그리하여 남아 있던 감자 한 무더기는 어쩔 수 없이 비료로 사용할 퇴비더미에 들어갈 수밖에 없었다.

유럽연합은 가장 많이 팔리는 과일과 채소 가운데 열한 가지를 골라 시장에 내놓아도 되는 규정을 정해두었다. 이 과일과 채소는 유럽에서 거래되는 양의 75퍼센트에 달한다.

그 밖에 팔리는 과일과 채소는 상거래 규정에 따른다.

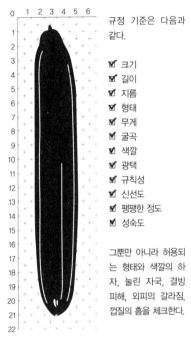

규정 기준은 다음과 같다.

☑ 크기
☑ 길이
☑ 지름
☑ 형태
☑ 무게
☑ 굴곡
☑ 색깔
☑ 광택
☑ 규칙성
☑ 신선도
☑ 팽팽한 정도
☑ 성숙도

그뿐만 아니라 허용되는 형태와 색깔의 하자, 눌린 자국, 결빙 피해, 외피의 갈라짐, 껍질의 흠을 체크한다.

규정은 품질, 조미료, 내용 성분에 대해서는 전혀 관심이 없다.

이 모든 일은 감자가 상거래가 정해둔 기준에 맞지 않다는 이유 때문에 벌어진다. 이렇듯 말도 안 되는 규범과 기준을 발명한 주인공이 유럽연합(EU)은 아닐까? 오로지 쭉 뻗은 오이만 팔 수 있고 구부러진 오이는 팔 수 없게 만든 주인공?

우리는 유럽연합 본부가 있는 브뤼셀의 베를레몽 건물을 방문하게 되었다. 안전문제 때문인지 쉽게 들어갈 수 없었고, 특히 무거운 삼각대와 거대한 카메라를 가져간 사람들은 더 그랬다. 모든 것을 검사한 뒤에 로저 웨이트(Roger Waite)는 그의 사무실이 있는 5층으로 우리를 데려갔다.

농업위원회 대변인으로서 그는 유럽연합의 농업정책을 옹호하는 데 익숙해 있었고, 특히 영국인이라 감정을 잘 통제했다. 하지만 오이 문제가 등장하자 약간 이성을 잃고 신경질을 부렸다. "항상 나오는 얘기가 구부러진 오이 이야기입니다. 여기에서 중요한 것은, 유럽위원회가 오이의 기준을 마련하게 된 이유는 오로지 상인들이 더 간단히 포장하기를 원했기 때문입니다." 브뤼셀 관료들은 10센티미터 길이의

| 왜 음식물의 절반이 버려지는데 누군가는 굶어 죽는가 |

오이에 최대 1센티미터 구부러진 오이까지 허용했다. 구부러진 오이가 슈퍼마켓에 팔리지 못한 지는 거의 20년 이상이나 되었다. 그리하여 이 구부러진 오이는 지나치게 기준에 연연하는 유럽인들의 광기의 상징이 되었다.

유럽연합의 관료들은 늘상 받는 비판에 피곤함을 느끼는 것 같았다. "우리는 2009년 7월에 기준을 바꿨습니다. 오늘날 누군가 구불구불한 오이를 팔려는 사람이 있으면, 유럽연합은 이렇게 말하지 않아요. '그렇게 하면 안 돼요!'" 유럽연합은 스물여섯 가지 과일과 채소에 대한 기준, 그러니까 시장에 내놓아도 되는 기준을 삭제해버렸다. 그래서 이제는 뿌리가 두 개 나 있는 무, 가지들이 나 있는 홍당무, 자연스럽게 구부러진 오이도 허용된다. 다만 슈퍼마켓이 그런 물건을 원하지 않을 따름이다.

뭐라고? 유럽연합 관료들은 규정을 완화했지만, 업계에서는 마치 아무 일도 일어나지 않은 것처럼 행동한다고? 어떻게 그런 일이 있을 수 있는가? 과일·채소생산자협회(BVEO) 회장을 맡고 있는 카를 슈미츠(Karl Schmitz)는 분명하게 얘기한다. "유럽연합이 규정을 폐지했지만 이런 조치는 예전부터 늘 실패하죠. 상인들은 그런 것과 상관없이 하던 대로 하자는 데 의견을 모았거든요." 로비스트들도 확신에 차서 말한다. "규정이 없으면 상인들 사이에서 행동할 수가 없어요." 그는 증거로 다음과 같은 말을 했다. "사람들은 구부러진 오이를 예전에 살 수가 없었습니다. 그런데 가게에 나가 보세요. 오늘도 구부러진 오이를 살 수는 없을 겁니다."

유럽연합에 근무하는 웨이트는 단순하게 설명을 해주었다. "슈퍼마켓은 실제로는 구부러진 오이를 원치 않아요. 상자에 잘 들어가지 않기 때문이죠." 상거래를 하는 사람들은 계속해서 소비자들에게 책임을 미룬다. 독일 식품거래상협회 회장인 게를링은 이렇게 말한다. "뭘 원하십니까? 그게 바로 소비자 민주주의라는 겁니다. 고객들은 매일 구매 결정을 통해서 투표를 하고, 좋지 않나요? 우리는 성숙한 소비자들이 있는 사회에서 살고 있죠."

정말 그럴까? 대부분의 소비자들은 오이가 구불구불하게 자랄 수도 있다는 사실을 전혀 모른다. 맛은 보통 오이랑 똑같지만 말이다. 나는 사실 상관이 없다. 심지어 동일하지 않은 물건들을 골라서 사기도 하는데, 예를 들어 크기가 들쑥날쑥한 사과를 담아둔 봉지 말이다. 봉지에 들어 있는 사과 가운데 어떤 것은 동그랗지 않다. 하지만 나에게 중요한 것은 사과의 향과 색깔이다. 다들 알고 있어야 한다. 즉 사과는 공장에서 생산되는 게 아니며 그래서 모양이 죄다 똑같을 수는 없다는 점을 말이다.

그럼에도 불구하고 대부분의 슈퍼마켓에서 파는 사과는 마치 공장에서 생산되기라도 한 것처럼 어쩌면 그리도 비슷해 보일까? 사과의 경우에 유럽연합이 사실상 개입하고 있는데, 매상을 가장 많이 올리는 과일과 채소 열 가지 가운데 사과도 포함돼 있어서 시장에서 팔려면 규정을 지켜야만 한다. 웨이트는 이렇게 설명해주었다. "예를 들어 지름이 6센티미터 이하인 사과는 팔 수 없게 되어 있지요."

유럽연합의 사과 판매 규정은 20쪽이나 되며 온갖 내용이 빼곡히 실려 있다. 사과 종류에 따라서 껍질도 특정 색깔을 지니고 있어야 하는데, 브레번(Braebum: 원래 뉴질랜드 산—옮긴이)의 경우에는 최소한 사과 표면의 33퍼센트가 빨간색을 띠어야 한다. 그래야만 1등급 판정을 받을 수 있다. 그리고 상인들은 이런 사과만 받아들인다.

딱지가 있더라도 0.25제곱센티미터 이상이면 안 된다(0.25센티미터 길이와 높이!). 약간 눌린 자국이 있더라도 변색만 되지 않으면 1제곱센티미터까지는 허용된다. 유럽연합과 상거래 업자들이 요구하는 까다로운 기준에 합격하지 못한 모든 사과들은 어떻게 될까? "그런 사과라고 해서 모두 폐기처분되어야 한다는 뜻은 아닙니다." 웨이트는 우리를 진정시켰다. "다른 가능성이 있지요. 예를 들어 그런 사과로 퇴비를 만든다거나 사료로 이용할 수도 있고 말이지요. 그러나 사람들의 식품으로 판매해서는 안 됩니다. 왜냐하면 그런 사과는 유럽연합의 표준에 적합하지 않으니까요."

너무 많은 식품이 쓰레기통에 버려지는 점이 안타깝다는 말을 여러 번 했던 식량 및 농업 소비자보호부 장관 일제 아이그너(Ilse Aigner)도 이렇게 말했다. "모든 오이, 모든 감자 혹은 모든 사과가 다 똑같아야 하는 것은 아닙니다." 물론 이런 말을 한다고 해서 그녀가 이 문제를 책임 있게 다루겠다고 밝힌 것은 아니다. "내 생각을 말하자면, 이 문제는 예나 지금이나 상거래 업자들이 알아서 할 일입니다. 국가가 모든 것을 규정할 필요는 없으니까요."

정치권이 경제계를 점점 덜 감독하는 시기에 아이그너 장관도 새로운 규정은 절대 원치 않는다. 유럽연합이 오이 규정을 폐기하겠다고 알리자 독일의 이 여성 장관은 반대의사를 표했다. 그녀는 책임을 계속 미루고만 있다. "나는 소비자들에게 호소하는 바입니다. 제품들 사이에 어느 정도 차이는 있어야 해요. 소비자들이 이걸 자꾸 요구해야 합니다."

슈퍼마켓에서 더 이상 제공하지 않는데 어떻게 소비자들이 규정에서 벗어난 과일과 채소를 찾는다는 말인가? 아이그너 장관의 임무에는 소비자보호도 포함돼 있으나 소비자보호는 현재 불리한 입장에 있다. 왜냐하면 소비자는 그야말로 그릇된 방향으로 끌려가고 있기 때문인데, 1등급 제품이 2등급 제품보다 더 낫다는 암시를 받아들이고 있다.

이는 순전히 속임수에 불과하다. 맛이나 수확한 물건의 품질은 전혀 중요하지 않다. 순전히 미적인 기준에 따라 등급이 정해지기 때문이다. 예를 들어 흰색 아스파라거스가 있다. 크베틀린부르크에 있는 율리우스 퀸 연구소에서 향을 연구하고 있는 데틀레프 울리히(Detlef Ulrich)는 미네랄이 풍부한 땅에 아스파라거스를 심었다. "이 아스파라거스는 향이 풍부하며, 부드럽고 달콤한 맛과 적당히 쓴맛이 납니다." 미네랄이 풍부한 땅이 아마도 새싹을 더 잘 자라게 하고 미네랄이 부족한 척박한 모래에 심을 때보다 향을 더 풍부하게 해주는 듯하다. 원래 아스파라거스는 모래에 심지만 말이다.

하지만 아스파라거스의 뿌리가 자라면서 작은 돌에 부딪히게 된다. "그 때문에 아스파라거스는 구부러지고 판매에 적합하지 않게 되는 겁니다." 향을 연구하는 울리히는 〈디 벨트〉지에 그렇게 말했다. 형태가 좀 이상한 아스파라거스는 사실 맛은 더 좋지만 아무도 이런 채소를 사가지 않는다고 한다.

"2등급 아스파라거스 자체는 결코 나쁘지 않아요." 1등급으로 제공되는 비싸고 굵은 아스파라거스는 향을 테스트할 때 심지어 자르기도 힘들며, 비타민과 미네랄을 더 많이 함유하고 있지도 않다. 그러니 판매 규정이라는 것이 더 건강한 채소 생산에 도움을 준 것은 아니었다. 오히려 정반대다. 옛날 아스파라거스는 부분적으로 푸른색을 띠었다. 그런데 이 푸른색은 요리를 하면 볼품없이 회색으로 변했기 때문에 푸른빛이 나는 아스파라거스는 시간이 흐르자 거의 팔리지 않게 되었다. "푸른색은 바로 항산화물질에서 나온 것으로, 우리의 혈관을 보호해주지요." 향을 연구하는 울리히가 설명해주었다.

어떤 품종이 없어져버린 이유는 제도적인 지침에 적합하지 않기 때문이다. 율리우스 퀸 연구소에서 일하는 귄터 슈만(Günter Schumann)도 비난 섞인 목소리로 이런 말을 했다. "동그란 모양의 당근이나 분홍색 당근은 지금까지 판매될 수 없었습니다. 맛도 괜찮고 플라보노이드(flavonoid: 식품에 널리 분포하는 노란색 계통의 색소—옮긴이)와 안토시아닌(anthocyan: 식물의 꽃, 열매, 잎 등에 나타는 수용성 색소—옮긴이) 같은 유용한 성분이 많이 포함되어 있지만 말이지요."

"다양하게 생긴 과일들은 그야말로 흥미롭고 여러 가지 맛이 납니다." 농학자의 말이다. 예를 들어 뿌리가 여러 개 달린 바이오 당근을 들 수 있다. 이 경우에는 흙에 있는 특정 선충류가 여러 개의 뿌리를 내게 한다. 하지만 이런 당근은 판매 규정에 따르면 시장에 내놓기에는 부적합하다. "하지만 벌레는 인간에게 전혀 해롭지 않거든요." 슈만의 말이다. 심지어 그런 뿌리를 보면, 농부들이 농약을 전혀 살포하지 않았음을 알 수 있다. 즉 보통 농부들은 선충류를 살충제로 죽이고 흠 없이 곧게 자란 당근을 수확하니까 말이다.

친환경 농사를 짓는 그래페는 이런 점 때문에 화를 냈다. 농사를 지은 과일을 빌레펠트에 있는 시장에 내다팔았을 때, 공무원이 와서 이렇게 물었다고 한다. "이건 상거래 등급이 뭡니까?" "종이에 적어두었는데요. '상거래 등급: 친환경 제품'". 이것을 본 공무원은 대뜸 비난했다고 한다. "이런 등급은 없어요!" 그러고는 규정을 지키지 않았다는 이유로 벌금을 부과하겠다고 위협까지 했다는 것이다. 하지만 공무원이 이렇게 나오자 농부도 참을 수가 없어서 언론에 연락했고, 그러자 공무원도 뒤로 물러났다.

모양이 이상하게 생긴 대부분의 농작물들은 사실 그럴 만한 이유가 없다. 무는 뿌리가 자라는 과정에서 땅에 있는 돌을 지나가기 때문에 구부러진다. 버찌도 너무 촘촘하게 달려 있어서 모양이 뒤틀리게 된다. 호박도 울퉁불퉁한 땅에서 자라면 조롱박 모양이 된다.

우리 가족이 도시에 오래 살면 살수록 자연제품에 대한 지식이 더 적어진다. 도시인들은 들판에서 자라는 과일이 얼마나 다양하게 자라는지 모를 때가 많다. 우리는 예쁘게 생긴 과일을 보면 건강에 좋은 제품이라고 생각한다. 하지만 겉보기에만 그럴 뿐 사실은 그렇지 않다.

지난 몇 십 년 동안 도시에서는 반짝반짝 빛나고 붉은 빛이 나는 토마토를 먹어보면 너무 싱거운 반면에, 옛날 품종 토마토는 외양이 좀 이상해도—노란색, 주름이 있거나 선이 처짐—정말 맛이 좋다는 말이 서서히 떠돌기 시작했다. 이런 소식은 널리 알려야 한다. 이에 관해서는 나중에 다시 언급하겠다.

매일 우리가 버리는 쓰레기—전 세계에서 낭비하는 차원

독일 및 다른 국가의 환경단체와 식량단체는 추측하기를, 몇 년 전부터 사람들이 먹을 목적으로 전 세계에서 생산된 식량의 3분의 1이 사라지거나 낭비되고 있다. (더 상세히 설명하자면, 만일 사람들이 들판이나 바다에서 우리의 식탁까지 이어지는 전반적인 식량사슬을 고려한다면, 산업국가 식량 에너지의 손실은 더 많아서 50퍼센트에 이른다.) 유엔의 식량농업기구(FAO)는 2011년 5월 중순에 전 세계를 대상으로 실시한 식량 손실과 식품 낭비에 관한 연구를 발표했다.[1] 이에 따르면 매년 총 13억 톤의 식량이 헛되이 생산되고 있다. 이는 사하라 남쪽에 있는 아프리카에서 생산되는 총량에 맞먹는다. 선진국 혹은 산업국가에서만 매년 2억 2200만 톤의 음식이 쓰레기통으로 들어가고 있다. 유럽과 북미에 사는 사람들은 연평균 95~115킬로그램의 식량을 쓰레기로 버리는 반면, 10억 명의 사람들은 극단적인 굶주림으로 고통 받고 있다. 결국 식품 생산에 투입했던 자원도 낭비되고 이로 인해 발생하는 온실가스도 불필요하게 대기로 방출되는 셈이 된다.

과일, 채소, 뿌리와 구근의 경우 전 세계적으로 손실되는 양이 전체의 40~55퍼센트나 된다. 소득이 낮은 나라의 경우에 식량은 수확 이후와 상거래 단계에서보다 공급망 초기와 중간 단계에서 손실이 많아진다. FAO[2]에 따르면 원인은 "주로 수확 기술, 저장과 냉장, 사회간접자본, 포장과 마케팅 시스템에서 재정적으로나 기술적으로 한계가 있기 때문"이다. 이와 반대로 소득이 중간이거나 높은 나라에서는 주로 공급망의 마지막 단계인 소비자에게서 손실이 나는데 이유는 "공급망에 개입하는 다양한 인물들 사이에 커뮤니케이션이 부족"하기 때문이다. FAO에서는 수요과 공급의 불일치, 고정된 공급계약서와 농업진흥 지원금을 통한 과잉생산, 그리고 규정으로 정해진 품질 표준 때문이라고 한다. "소비자들은 흔히 구매 계획도 없이 물건을 사거나 지나치게 유통기한에 집착함으로써 식품을 많이 낭비한다. 물론 이런 낭비를 해도 될 만큼 능력이 된다는 입장도 한몫을 한다."[3]

하지만 연구를 의뢰받은 스웨덴 과학자들은 유통기한의 허점을 강조하면서도 식량의 손실에 관해 더 폭넓게 연구해야 한다고 주장한다. 특히 개발도상국에서 볼 수 있는 식량 문제의 원인은 시급하게 연구해야 한다는 것이다. 끝으로 스웨덴 과학자들이 내린 결론에 따르면, 더 많은 식량을 생산하기보다 가치사슬(Value Chain) 전반에 걸쳐 손실을 막는 쪽이 훨씬 더 효과적이다.[4]

이로써 FAO는 2009년에 자신들이 표명했던 입장에서 한 발 뒤로 물러났다. 당시의 통계를 바탕으로 FAO는 세계 인구가 증가하는 가운데 기아 문제를 해결하기 위해서는 전 세계의 농업을 강화할 필요가 있다고 보았다. 그에 따라 2050년까지 식량을 70퍼센트가량 증산할 것을 요구했다. 하지만 많은 비정부기구(NGO)들은 그런 태도를 분명히 비판할 뿐 아니라 오히려 "식량사슬 전반에 걸친 효율적인 혁신"을 요구했다.[5] 세계자연보호기금(WWF)과 하인리히 뵐 재단이 새롭게 낸 통계에 따르면 "수확 후의 손실을 절반으로 줄이기만 하더라도 생산성을 70퍼센트 향상시킬 필요가 없으며 48퍼센트만 증가시켜도 된다".[6]

FAO는 생산으로부터 소비에 그리고 식량 손실의 감소에 중점을 두는 식으로 입장을 바꾸었다. 이는 '제2의 녹색혁명'이라는 성장 구호를 거부하는 태도로 이해해도 된다. 이 혁명은 이른바 비료, 살충제와 유전자기술을 통해 생산성을 놀라울 정도로 증가시키는 것을 목표로 삼았다. 새로운 인식에 따르면 우리의 태도를 변화시킴으로써 상황을 개선할 수 있다.

올해 초에—'쓰레기 맛을 봐' 캠페인과 〈신선한 식품을 쓰레기통으로〉라는 텔레비전 영화에 자극을 받아서—독일 비정부기구도 FAO와 같은 통계와 결과를 얻기에 이르렀다. 예를 들어 세계기아원조도 독일에서 매년 버리고 있는 식량이 2000만 톤—금액으로는 200억 유로 정도이다—에 이른다고 추정한다. 계획적으로 구매하고 음식을 덜 버리는 사람은, "이산화탄소 배출량을 더 늘리지 않고도, 2050년에는 30억 명을 더 부양할 수 있게 도울 수 있다"고 세계자연보호기금이 전해주었다.[7]

환경 정책 단체와 개발 정책 단체는 상대적으로 최근에 이르러 개발도상국의 기아를 식량 낭비와 연관 지었다. 이는 2011년 1월에 베를린 기자회견에서 소개되었던 FAO 연구 결과와 연관이 있다. FAO가 얻은 결과에 따르면, 전 세계의 여러 지역에서 겪고 있는 식량 부족은 많은 경우 식량 낭비가 원인이다. 유엔은 이에 대하여 설명하기를, 개발도상국과 선진국이 되려고 노력하는 국가의 식량 가운데 매일 40퍼센트 정도까지 소비자에게 도착하기도 전에 이미 상한다. 이와 반대로 유럽에서는 모든 식량의 30퍼센트까지 이용되지 않고 버려지거나 손실되는데, 생산과 상거래 그리고 소비자들의 손에서 사라지는 양은 매년 7000만 톤이나 된다. 이는 매년 1인당 300킬로그램에 해당된다.

국가마다 버리는 방법도 제각각

유럽연합 위원회의 조사에 따르면, 유럽에서는 나라별로 음식물 버리는 양에 상당한 차이가 있다. 즉 2011년 1월 중순의 보고에 따르면—이는 FAO의 계산보다 평균 통계수치가 더 높다—유럽연합 소속 국가의 전체 가계 쓰레기는 매년 1인당 520킬로그램으로 일정하게 유지되고 있다. 이 쓰레기 가운데 많은 부분이 식품의 찌꺼기다. 가계에서 구입하는 식품 가운데 4분이 1이 버려지기 때문이다. 유럽에서 음식물 쓰레기를 가장 많이 버리는 나라는 네덜란드로 거의 600킬로그램에 달하며, 이를 뒤따르는 나라로는 400킬로그램을 버리는 벨기에, 300킬로그램 이상의 식품을 버리는 사이프러스가 있다. 유럽 평균은 18킬로그램이며, 독일의 경우에는 150킬로그램을 버림으로써 유럽 국가들 가운데 중간에서 약간 뒤에 위치한다.[8]

왜 네덜란드 사람들은 독일 사람들에 비해서 네 배나 많은 음식물 쓰레기를 버리는지는 밝혀진 바가 없다. 다양한 조사 방식과 작성된 문서를 통해서 추측만 할 뿐이다. 그런 연구의 기초자료는 소비자들과의 인터뷰와 쓰레기를 조사한 결과이다. 이는 당연히 주관적이고 두루뭉술할 수밖에 없는데, 대부분의 소비자들은 자신들이 버리는 쓰레기의 양을 매우 적게 추정하기 때문이다.

다른 방법도 있다. 주민들의 평균 체중에서 출발하여 그들이 섭취하기 위해 준비해둔 음식의 칼로리와 실제로 소비한 에너지를 비교하는 것이다. 이 차이가 바로 사용하지 않고 쓰레기통으로 직행한 식량의 양이다.

미국에서는 구입한 식품의 40퍼센트가량이 쓰레기통으로 들어간다. '미국 국립 당뇨병, 소화기병, 신장병 연구소(NIDDK)'가 2009년 11월에 실시한 연구에 따르면, 모든 미국 시민은 매일(2003년을 말한다) 평균 3750킬로칼로리를 섭취할 만큼의 식품이 있다. 이 가운데 실제로 소비하는 양은 2300킬로칼로리이므로 1450킬로칼로리는 버린 것이다. 그러니 손실된 양은 39퍼센트이다. 국가에서 추정한 바에 따르면 최대 27퍼센트였는데 말이다. 이 어마어마한 양을 버린 책임을 오로지 소비자에게만 물을 수는 없겠지만 그래도 가장 큰 책임을 져야 한다. 미국의 사회 연구가들은, 식품 쓰레기의 20퍼센트는 생산과 판매 과정에서 그리고 60퍼센트는 소비자의 손에서 나온다고 본다.

일본도 사정이 비슷하다. 식량의 3분의 1을 외국에서 수입하는 일본은 미국과 함께 '식량 낭비의 세계 챔피언'이라는 타이틀을 두고 경쟁을 펼치고 있다. 이곳에서는 매년 900억 유로에 해당하는 식량이 쓰레기통으로 들어가는데, 이는 일본의 모든 농부들이 지은 농산물과 맞먹는 가치이다.[9] 일본인들은 만일 초밥이나 프라이팬에 볶을 채소가 그리 신선하지 않으면, 그 자리에서 버린다.

식량 에너지의 50퍼센트 이상이 낭비되고 있다

이미 2008년 5월에 스톡홀름국제물연구소는 FAO와 국제물관리연구소(IWMI)와 협력하여 전 세계에서 소비되는 칼로리와 엄청난 물 낭비를 연구한 바 있다.[10] 얀 룬트크비스트 교수를 필두로 하는 스웨덴 연구팀은 방향을 제시하는 연구 〈물 절약: 들판에서 포크까지〉에서 주제를 약간 바꾸어 전 세계에서 식용 곡식을 통해 매일 1인당 생산되는 칼로리 양과 개별 가계가 사용할 수 있는 칼로리를 비교했다. 생산 과정을 쭉 살펴본 팀은 에너지의 56퍼센트가 손실되고 있다는 놀라운 결과를 얻었다. 즉 수확 후에, 사료 단계에서, 생산 및 상거래를 할 때, 그리고 소비자들에게서 손실되고 있었다. 따라서 사용할 수 있는 식량 에너지의 절반 이상이 폐기되었다. 전 세계의 기아 문제를 고려해볼 때 실로 가공할 식량 낭비와 물 낭비가 아닐 수 없다.

"고기의 수요가 어마어마하다. 이는 곡물시장을 잠식하고 있으며, 토지는 감당할 수 있는 한계에 내몰리고 있다. 고기 애호로 가축들의 사료통은 곡물로 가득하지만 가난한 사람들의 접시에는 아무것도 올라가지 않는다." 서독방송의 환경 전문가 빌프리트 봄메르트(Wilfried Bommert)는 《세계를 위한 빵은 없다》에서 이렇게 썼다.[11]

유럽에서는 돼지에게 식품의 찌꺼기를 사료로 주지 않으며, 소들이 푸른 초원에 서서 풀을 뜯어먹는 목가적인 풍경은 알고이 지방에 있는 몇몇 방목지에서나 볼 수 있을 뿐이다. 오늘날 가축을 대량으로 기르는 농장은 어마어마한 양의 옥수수와 밀 그리고 단백질이 풍부한 사료를 가축에게 주며, 주로 남아메리카에서 콩을 수입해온다. 소와 돼지는 인간의 식량을 먹는 경쟁자가 되고 있다. 유럽에서는 이미 수확한 곡물의 57퍼센트가 가축의 사료로 사용된다.[12] 그리고 가축들은 인간의 식량으로 제공될 고기 무게보다 훨씬 더 많은 에너지를 소비한다.

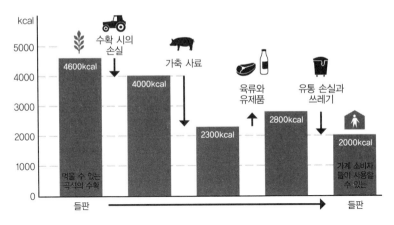

식량사슬에서 56퍼센트의 손실 발생

출처: 유엔환경계획(UNEP), 환경적 식량 위기, 2009년

축산업자와 도축업자들은 이를 두고 전문어로 가공이니 개량이라고들 하지만, 실제로는 식량의 엄청난 낭비일 뿐이다. 그릴용 닭 한 마리는, 1킬로그램당 2킬로그램의 곡물 가루를 먹어야만 한다. 돼지들은 3~4킬로그램을 먹어야 하고, 소는 1킬로그램당 8~9킬로그램의 곡물을 먹어야 한다. 보통 독일인들은 평생 소 네 마리, 돼지 마흔여섯 마리, 그리고 닭 945마리를 먹는다고 한다. 200그램 쇠고기 스테이크에는 1.6킬로그램의 곡물이 사료로 투입되어야 하는 것이다. 이 양이면 사람들은 커다란 빵 덩어리 한 개 반을 구울 수 있다.

이런 공식은 물론 전 세계적인 평균치이다. 개별적인 경우에는 축사와 비육법이 얼마나 효율적이냐에 달려 있다. 효율성 향상이 현재의 경향이기는 하다. 왜냐하면 사료를 잘 이용할수록 가축의 가치가 더 높아질 뿐 아니라 수익도 늘어나기 때문이다. 이 점에서 미국이 선구자라 할 수 있다. "돼지의 경우에 1950년에는 1킬로그램의 고기를 얻기 위해 4킬로그램의 곡물을 사료로 줘야만 했으나, 2000년에는 2.5킬로그램만 사료로 주면 되었다. 사료 비용이 돼지 생산 비용 가운데 대략 절반을 차지했기 때문에, 사료를 잘 이용함으로써 비용의 3분의 1 이상을 절약할 수 있었다."[13] 앞으로는 사료를 더 적게 줄 가능성이 많은데, 물론 유전자기술, 대량 사육 그리고 컨베이어벨트 생산 같은 방법을 사용할 것이다.

또 다른 문제는 식량 생산에 막대한 물이 들어간다는 점이다. 밀 1킬로그램을 생산하는 데 들어가는 물은 1100리터이고 쌀 1킬로그램을 생산하는 데 들어가는 물은 대략 2700리터이다. 쇠고기 1킬로그램을 생산하려면 총 1만 6000리터의 물이 들어간다. 또한 우리가 식량을 낭비함으로써 소요되는 물도 있다. 즉 우리가 먹지 않고 버리는 식량을 생산하기 위해 들어가는 물의 양은, 우리가 씻고 마시는 데 사용하는 물보다 두 배나 많다. 굳이 채식주의자가 되지 않더라도 다른 방법이 있다. 육류 소비를 가능한 한 적게 하는 대신에 일주일에 한 번은 해당 종에 잘 맞게 키운 고기를 구워서 즐겨라. 더 나아가 쇼핑을 할 때나 식사를 할 때 계획을 잘 짜서 덜 버리는 사람은 아주 큰 기여를 할 수 있다. 왜냐하면 유럽과 북아메리카에서 낭비되는 음식물을 절반만 줄이면, 전 세계에서 굶주리고 있는 모든 사람들이 1.5번 충분히 먹고 마실 수 있기 때문이다. 세계 경제와 전 세계의 분배에 책임이 있는 이들이 다른 데 관심을 기울이는 동안에는 이는 판타지로 남아 있을 수밖에 없다. 하지만 과잉사회에 살고 있는 소비자들인 우리가 소비 습관을 약간만 바꾸어도 중대한 변화를 가져올 수 있다!

스톡홀름국제물연구소, 국제물관리연구소 그리고 FAO는 이 주제를 협의 사항 리스트에서 높은 순위에 올려놓으려 한다. 그들은 국제 공동체를 이끌어가는 정부에 2025년까지 식량 낭비를 절반으로 줄여달라고 호소했다.[14] 물론 이를 실행할 수 있는 방안은 내놓지 않았다.

식량사슬을 따라서 생기는 손실

절반을 먹은 돼지고기 조각이나 시든 샐러드 채소가 쓰레기통에 들어갈 때까지, 식품은 아주 먼 길을 가고 많은 손을 거치게 마련이다. 들판에서 식탁에 이르기까지 다양한 경유지에서 사람들은 고르고, 자르고, 쏟아버리거나 던져버린다. 그 양이 어느 정도이며 손실은 어디에서 발생하는지 아는 사람은 아무도 없다.

개별 경유지를 우리는 구분할 수는 있다. 즉 수확할 때의 사전 선별, 수확, 분류와 사전 가공, 운송, 저장, 손질과 포장, 도매시장과 소매상으로 판매 등이 있다. 이어서 식품은 소비자의 세계로 들어가 요리 재료가 되고 사람들의 입으로 들어간다.

독일에서는 생산, 판매, 소비 가운데 어디에서 손실이 가장 많이 생길까? 질문은 이렇듯 구체적이고 분명하지만 대답은 전혀 그렇지 못하다. 지금까지 식량사슬을 따라서 실제로 손실이 어느 정도인지를 포괄적으로 관찰한 경우는 없다. 어떤 과학자도, 어떤 정치가도, 그리고 식량 조직의 어떤 전문가도 이를 구체적으로 언급한 적이 없다.

소위 수확 이후의 손실이라는 개념도 폭넓게 해석할 수 있다. 좁은 의미에서는 수확을 한 다음에 들판에서 잃어버린 손실을 말하고, 넓은 의미에서는 직접 소비자에게 갈 때까지 일어나는 모든 손실과 쓰레기를 의미한다. 또 가장 넓은 의미에서는 소비자에게서 발생하는 손실까지 포함된다. 이러한 형편이니 통계수치가 서로 다른 현실도 놀랍지 않다. 어림잡기로는, 여러 이유로 말미암아 이미 경작지에서 곡물의 40퍼센트까지 수확이 되지 않고 다시 쟁기에 의해 파묻히며 따로 분류된다.이런 곡물들은 비료로 쓰이거나 전분과 술을 만드는 데 사용되기도 한다. 가장 좋은 예는 바로 감자이다.

하지만 이런 방식으로 식량이 낭비되는 경우는 대체로 고려 대상이 되지 않는다. 우리는 실제로 수확해서 판매되고 가공되는 과일과 채소의 손실만을 고려한다.

수송과 저장을 할 때 발생하는 손실 그리고 공장에서 생산할 때의 쓰레기는 그냥 눈에 두드러지는 것만 조사한다. 그러니까 공장에서 생산할 때의 쓰레기야말로 식량 낭비라는 사슬에서 그야말로 블랙박스에 해당한다. 이런 관점에서 볼 때 식량을 생산하는 대기업은 투명성에는 전혀 관심이 없다. 수확한 사과와 배 가운데 어느 정도를 설탕에 절여 후식용 제품이나 주스를 만드는지, 어느 정도의 오이를 병조림용 제품으로 만드는지 알 수 없다. 그리고 압축한 다음에 남은 찌꺼기, 밀기울, 껍질, 양배추 따위의 굵고 짧은 줄기, 덩굴식물이 어느 정도로 남으며 이런 것들로 무엇을 하는지 누구도 알지 못한다. 본(Bonn)에 있는 과일·채소생산자협회는 완고하게 경제성만을 최우선시하여 고집스러운 주장만 한다. "과일과 채소와 관련해서 우리는 식품의 쓰레기라는 말을 할 수 없습니다. ……과일·채소생산자협회가 파악한 바에 따르면 순전히 경제적인 이유에서라도 버리는 식량은 없습니다."[15]

시장에서 나오는 쓰레기와 영업으로 인한 식량 쓰레기 역시 아무도 정확하게 들여다볼 수 없다. 시장에서 나오는 쓰레기를 정의하자면,

식량의 이동경로를 따라가며 보는 식량 쓰레기

농업	가공	상거래	가계
수확한 양의 40퍼센트까지	확실하지 않은 양	매년 1인당 14~50킬로그램	나머지 쓰레기의 6~12퍼센트 (음식 찌꺼기 제외)

출처: 슈미트/슈나이더 연구 보고, 2007년 12월 10일

식량을 거래할 때 나오는 쓰레기 혹은 식량의 도소매 거래 시 나오는 쓰레기를 말한다.[16] 어떤 경우에는 쓰레기가 너무 많이 나온다는 것을 사람들은 알고 싶어 하지 않는다. 식물과 동물의 찌꺼기가 혼합된 이 쓰레기는 나무나 상자 혹은 플라스틱으로 포장되어 있거나 원래 포장된 그대로인 경우도 있으며, 유통기한이 지났거나(혹은 지나지 않았거나) 너무 오래 저장된 식품일 때도 있다. 여기에서 "너무 오래 저장된"이라고 해서 사람들이 먹을 수 없다는 뜻은 결코 아니다. 다만 더 이상 거래해서는 안 되는 식품일 뿐이다.

2009년에 오스트리아 농림부의 보고에 따르면 대략 26만 7600톤의 시장 쓰레기가 나왔다.[17] 독일에서는 매년 영업으로 인한 음식물 쓰레기가 200만 톤에 달한다고 한다. 하지만 이를 정확하게 검사할 수 있는 사람은 아무도 없다.

예전에 우리는 계절식품과 지역에서 나는 식품을 먹었다. 하지만 오

늘날에는 도매시장을 통해 전 세계에서 물건이 들어온다. 우리가 슈퍼마켓 진열장에서 제품을 선택하기 전에, 제품은 평균 서른세 개의 손을 거친다.[18] 이 제품들은 대부분 오랫동안 컨테이너 속에 있었다. 아니면 배나 기차, 트럭 속에 있었을 것이다. 비록 독일의 식품이라 할지라도 대체로 전국을 돌아다니며 다양한 지역에 운송되고 새롭게 포장되거나 상표가 붙는다. 새로이 포장할 때마다 식품은 손실된다. 이런 일은 드물게 일어나는데, 왜냐하면 식품이 정말 형편없어야 하기 때문이다. 오히려 시장의 기준에 따라 합격품이 아닐 경우에 손실이 생길 경우가 더 많다. 즉 컨테이너에 실린 토마토가 충분히 둥글지 않다거나, 운반 도중 1시간 동안 냉장이 안 되었다거나. 그러면 물건 전체가 도매시장의 재고품이 되는 것이다.

온도 차이가 약간만 나더라도 식품은 상하기 십상이다. 식품을 운반할 때는 중간에 냉동이 안 되는 경우가 자주 생겨난다. 부족한 냉동 시간 때문에 과일과 채소처럼 쉽게 상하는 식품들 가운데 35퍼센트가 쓰레기통으로 들어간다. 독일 브레멘에 있는 야콥스 대학이 이를 조사했다.[19] 이유는 물건을 바꿔 실을 때 기온차가 너무 많이 나기 때문인데, 위생 규정을 지키지 않을 때도 그렇다. "이런 문제는 다음과 같은 이유로 더욱 심각해집니다. 많은 사람들이 운송사슬(transport chain)에서 약간의 온도 차이가 제품에 얼마나 나쁜 영향을 주는지 전혀 의식하지 못하기 때문이죠." 베레나 브렌너(Verena Brenner) 박사의 설명이다. 그녀가 미카엘 휠스만(Michael Hülsmann) 교수와 함께 공동으로 밝혀낸 사실은, 2시간 동안 냉장을 하지 않더라도 판매 가능한 딸기의 10퍼센트가 손실된다는 것이다.[20] 남독신문은 뮌헨 공항 근처에 있는 재활용 회사 베른트에 관한 보도에서 아주 생생히 설명했다. "땅이 우묵하게 파인 곳의 가장자리에 초콜릿이 가득한 종이 상자들이 있는데, 유통기한이 1년 전에 이미 지난 초콜릿이다. 토마토와 바질이 들어가 있으며 일찍이 냉동되어 있었을 바게트 빵, 겨자와 꿀 소스로 절인 새우가 가득한 플라스틱 통도 있다. 상표를 보면 유통기한은 아직 지나지 않은 제품이다. '아마 중간에 냉장이 안 되었을 겁니다'고 아달베르트 베른트가 말한다. '고속도로에서 냉장 제품을 실은 트럭의 냉장장치가 그만 고장나는 바람에 곧장 우리한테 와서 제품을 내려놓기도 하죠.'"[21]

운송 중에 식품이 손실되는 다른 원인도 많다. 상표를 틀리게 부쳤다거나, 포장이 더러워지고 손상을 입었을 경우도 있다. 소매상들은 묶음으로 구입하기 때문에, 다시 말해 꿀 한 병에 문제가 있으면 여섯 개로 묶인 상품 전체가 쓰레기통으로 직행한다. 운송 도중에 새로 포장하는 일은 비용이 너무 많이 들기 때문이다.

슈퍼마켓의 겉치레

광고를 할 때 투명하게 운영하고 소비자를 먼저 생각한다며 큰소리치는 슈퍼마켓 체인들은 식품 쓰레기라는 주제가 등장하면 슬며시 꽁무니를 뺀다. 매일 진열장과 채소 칸에서 얼마나 많은 양을 골라내서 버리는지는 밝히고 싶지 않은 비밀로 남아 있다. 대개 의도적으로 숫자를 낮추어서 말한다. 슈퍼마켓 체인 에데카(Edeka)의 마케팅 매니저는 회사 이미지가 추락하고 경쟁 슈퍼마켓으로 고객들이 이동할까봐 몹시 두려워한다. 좋은 슈퍼마켓이란 깨끗하고 반짝반짝 빛나며 신선한 물건들이 가득한 곳이다. 여기에는 시들고, 상하고, 곰팡이가 핀 제품들이 들어설 자리가 없다. 슈퍼마켓은 항상 이런 상태를 유지해야 하는데, 그러지 않으면 동네 할인매장과 다를 바 없기 때문이다.

실제로 매일 슈퍼마켓에서 얼마나 많은 식품을 골라내고, 돌려보내고, 버리고, 지역의 무료급식소에 나누어주는지는 비밀이다. 숫자가 발표되더라도, 독일 상거래의 경우에는 늘 전체 순매상에서 차지하는 비율만이 밝혀질 뿐이다. EHI 소매상연구소에 따르면, 망가지고 상한 제품은 순매상의 1.06퍼센트에 불과하다. "평균치는 캐시 앤드 캐리(Cash & Carry: 도매상, 가공업자, 식당 운영자 등이 주로 이용한다―옮긴이) 시장, 셀프 서비스 형태의 큰 상점(이를테면 Costco―옮긴이)과 다양한 크기의 슈퍼마켓 전부를 고려하여 나온 결과입니다."[22] 독일소매상협회(HDE)의 말이다. 이 수치는 또한 음식물을 팔지 않는 곳과 세제, 화장품, 도수 높은 알코올 음료나 잡지를 파는 슈퍼마켓의 진열장도 포함해 추산한 것이다.

식품 소매상에서 어느 정도의 식품을 무료급식소 같은 자선단체에 기부할까. 이에 대해서는 서로 모순되는 자료가 있다. 베를린 타펠만 하더라도 매년 6600톤가량의 식품을 나누어준다. 그런데 생산과 상거래 부문에서 기탁받은 신선한 제품과 빵도 자원봉사자들이 사전에 고르는 작업을 통해 절반은 버려야 한다. 독일소매상협회 회장인 카이 팔크(Kai Falk)에 따르면 전체 소상인들이 매년 무료급식소에 기부하는 양은 고작 150톤이다.[23] 아마도 실제 양을 알려주면 깨끗한 이미지가 손상될지 모른다고 생각했을 것이다.

단지 레베 그룹(Rewe Group: 1927년 설립되었으며 쾰른에 본사를 둔 기업연합이다―옮긴이)만이 사회참여를 공격적으로 알리고 있는데, 독일에서 870개의 무료급식소에 식품을 매일 제공하겠다고 홍보한다. 이 기업은 2010년 여름에 대통령이 개최한 축제에서 또다시 대통령에게 기부를 약속했고 베를린 타펠에만 10톤의 식료품을 기부했다. 판매망 빌라(BILLA)를 통해 레베 그룹은 오스트리아 식료품업계에서도 선두를 달리고 있다. 레베 그룹은 이웃 나라인 오스트리아에서도 빈 타펠과 저소득층을 위한 할인매장을 지원한다. 이런 특수한 매장은 매일 품질이 꽤 좋은 물건들을 대량으로 기부 받는데, 그 가운데는 유통기한이 지난 제품도 있기는 하다. 어쨌거나 이런 제품들은 품질을 철저하게 검사한 뒤에 매우 싸게 혹은 무료로—물론 한정된 양만—필요한 사람들에게 준다. 빵은 정규적으로 선물한다. 빈 원조단체의 저소득층을 위한 할인매장, 이와 동시에 장기 실업자들을 위한 취업 및 교육 프로젝트는 상당히 수준이 높은 것으로 알려져 있다. 그러므로 할인매장에서 제공하는 제품의 품질은 믿을 만하다. 매년 기부받는 식료품 571톤 가운데 525톤을 단골 고객들에게 나눠주며, 46톤만 버린다고 한다.[24]

진열장이 텅 비면 안 돼!

어떤 제품도 기초식품인 빵만큼 많이 버려지진 않는다. 빵집은 매일 만드는 제품 가운데 평균 10~20퍼센트를 버리고—달리 표현한다면 빵 다섯 개 가운데 하나는 버린다—남아도는 빵은 잘하면 무료급식소로 가거나 동물의 사료로 제공된다.[25] 그럼에도 어마어마한 양이 낭비되는데, 독일만 하더라도 매년 50만 톤이 쓰레기통으로 들어가기 때문이다. 이 양이면 독일 니더작센 주 인구 전체를 먹여 살릴 수도 있다.

"이같이 식품을 처분할 수 있도록, 제과점 체인은 판매되지 않은 모든 제품을 회수하기로 합의를 보았다. 저소득층을 위한 몇몇 할인매장은 그런 제품들 가운데 일부를 필요한 사람들에게 무료로 나눠줄 수 있다. 그리하여 과잉생산된 제품들은―오스트리아에서는 매년 7만 톤에 이른다―대부분 바이오가스 처리장에 버려지는데, 여기에 들어가는 비용은 대략 매년 700만 유로에 달한다." 빈 농과대학(BOKU) 쓰레기경제연구소에서 전하는 말이다. 과학자들의 지적에 따르면, 과잉생산과 쓰레기 처리 비용은 팔린 제품의 가격에 포함돼 있는데 따라서 처음부터 빵값에 불필요한 가격이 포함된다.

　이런 과잉생산은 버릇이 나빠진 소비자들의 욕구 때문이라고 상인들은 말한다. 다시 말해, 소비자들은 언제라도 모든 상품들이 다 구비되어 있고 진열장이 꽉 차 있기를 기대한다는 것이다.[26] 이에 관한 연구나 설문조사는 물론 없고, 소비자대표나 소비자단체가 진열장은 항상 가득 채워져 있어야 한다고 요구한 적도 없다. 그럼에도 불구하고 기업의 대변인들은 까다로운 소비자들의 요구를 되돌릴 수는 없다고만 반복해서 말할 뿐이다. 상거래 관계자들은, 물론 우리가 확인할 수는 없는데, 적절한 시스템과 완벽한 운송을 통해 가능하면 손실을 줄이기 위해 모든 노력을 기울이고 있다고 말한다. 하지만 상한 제품과 손실분이 어느 정도인지, 그리고 쓰레기 처리 비용 가운데 제품 가격을 통해서 소비자들에게 떠넘기는 액수가 얼마인지에 관해서는 한마디도 하지 않는다. 또한 소비자들의 수준을 이토록 까다롭게 만든 사람은 누구이며, 수십 년 전부터 그런 요구에 한껏 부응하고 심지어 부추기기까지 한 장본인은 누구인지에 관해서도 입을 꾹 다물고 있다. 그러니 고객이 판매 규정에 적합하며 반짝반짝 윤이 나는 과일이 최상품이라고 여기는 것은 결코 놀랄 일이 아니다.

노동조합과 소비자단체의 의견을 고려하지 않고 독일은 2006년에 많은 지역에서 22시까지 연장 영업을 실시했고 심지어 대도시에서는 24시까지 연장 영업을 실시했다. 이는 소매상들의 로비 때문이었지만 이런 사실에 대해 소매상들은 침묵한다. 이런 조치로 식품의 쓰레기가 얼마나 더 늘어났는지 연구해보면 매우 흥미로운 결과가 나오지 않을까 싶다.

진실은 간단하다. '독일 타펠 연합'[27] 회장을 맡고 있는 게르트 호이저(Gerd Häuser)의 말처럼, "상점에서 선택할 제품이 많을수록 낭비는 더 많아진다". 제품이 과도하게 생산되는 진정한 원인은 확인할 수 없는 소비자들의 바람 때문이라기보다 오히려 자본주의 소비세계의 우월함이 만들어낸 물신숭배 때문이다. 독일제과점협회 회장을 맡고 있는 헬무트 마르텔도 분명히 지적한다. "진열장이 비어 있는 경우도 있었지요. 예전에 말입니다. 동독에서 운영하던 HO(국영 소매상으로 1948년에 만들어졌다가, 1958년에 거의 사라졌다. 다른 상점의 물건과 많을 때는 가격 차이가 두 배나 났다고 한다―옮긴이) 상점들이지요."[28]

장식품 역할을 하는 이국적인 과일들

값싼 할인매장과 구별되기 위해 슈퍼마켓은 지난 수십 년 동안 이국적인 열대 과일을 꾸준히 전시해놓고 있다. 이 과일들은 흥미롭게 보이지만 사는 사람은 거의 없다. 슈퍼마켓은 매주 아시아와 중미에서 신선한 용과(dragon fruit)를 박스채로 들여와서, 슈퍼마켓 입구에 보기 좋게 진열해두지만 며칠 뒤에는 모두 버린다. 독특한 껍질이 있는 분홍색-녹색 과일, 혹은 피타야라고 불리는 이 용과는 선인장과에 속한다.

이 과일을 재배하는 국가로는 니카라과, 중국, 베트남과 이스라엘을 들 수 있다. 이런 나라에서도 이 과일을 먹는 경우는 매우 드물며 특히 뷔페를 장식할 때 사용하는 정도라고 한다.

용과는 압력에 민감하며 운송하기 힘든 과일이다. 물을 많이 함유하고 있으며 빨리 상한다. 그래서 아직 덜 익었을 때 따게 된다. 대부분 작고 검은색 씨가 들어 있는 흰색 과즙은 맛이 별로 없다. 뭐, 누군가 맛을 보기라도 했다면 말이다.

독일의 쾰른 서부에는 비교적 돈을 잘 버는 사람들이 살며, 이런 지역에 위치한 대형 슈퍼마켓에서는 용과 하나를 포장해 여름에는 4.35유로에 판다. 여름이 아닌 다른 계절에, 그리고 이 지역이 아닌 지역에서 판매하는 가격은 2.5유로이다. 쾰른의 슈퍼마켓에서 과일과 채소를 담당하는 직원의 말을 들어보면 참으로 끔찍하다. 즉 이런 과일들 가운데 80퍼센트는 팔리지 않고 오로지 장식용으로 이용되며, 며칠이 지나면 모조리 '본점 창고'로 보내진다고 한다. 물론 여기서 버리게 된다. 오렌지 색깔이 나는 작은 과일 금귤과 꽈리(Physalis)도 비슷한 운명에 처해지지만, 적어도 이런 과일을 구입하는 사람은 몇 명이나마 있다. 사람들은 이런 이국적인 과일들을 풍부하게 수확하고, 조심스럽게 포장하여 세계의 절반을 날아가게 한다. 그래놓고 며칠 후에는 쓰레기통으로 직행시키고 만다.

이런 깜짝 놀랄 이야기를 듣자 슈퍼마켓 임차인은 아주 진지하게 그런 일은 없다고 주장했다. 과일을 팔 수 없다면 무엇 때문에 들여놓느냐는 말이었다. 입은 다물고 눈은 감기! 아무래도 그런 작전인 것 같았다. 매주 떨어지는 열대 과일의 가치는 더 잘 팔리는 상품인 바나나,

| 왜 음식물의 절반이 버려지는데 누군가는 굶어 죽는가 |

파인애플 그리고 오렌지의 가격에 전가된다.

슈퍼마켓에서의 반감기

요구르트, 햄 그리고 사과가 슈퍼마켓으로 오는 길도 상당히 멀며 쓰레기통으로 들어갈 위험도 크다. 슈퍼마켓에 도착하더라도 식품들은 적을 만나게 되는데 바로 유통기한이다. "최소한 모월 모일 몇 시까지." 식품 포장지에 찍힌 정확한 날짜는 설탕과 요오드화한 소금처럼 그럴 필요가 전혀 없는 제품에도 찾아볼 수 있다.

이 개념 자체가 이미 틀렸고 그래서 매일 온전한 식품이 몇 톤씩이나 쓰레기통에 들어가게 된다. 왜냐하면 소비자들은 이 유통기한을 판매기한(쉽게 상하고 사람들의 건강에 문제를 일으킬 수 있는 잘게 썬 고기나 닭고기에 표기한다―옮긴이)과 동일시하기 때문이다. 유통기한은 표시해둔 날짜가 지나면 더 이상 먹을 수 없을 것 같은 느낌을 준다. 슈퍼마켓에서는 매일 그런 일을 체험할 수 있는데, 유통기한이 이틀 전인데도 불구하고 이미 제품들이 진열장에서 내려와 있다. 내일 유통기한이 끝나는 요구르트를 과연 누가 사겠는가? 당연히 이 요구르트는 아직 상하지 않아서 팔 수 있는데 말이다. 요구르트는 약간의 예외를 제외하고는 몇 주 동안 전혀 품질에 이상이 없으며, 생산한 뒤 30일이 지나도 괜찮다.

식품의 부호에 관한 규정(7항)에서 정의한 바에 따르면 이러하다. "식품의 유통기한이란, 이 기한까지 식품을 적절한 보관 조건하에 두면 특수한 특징을 유지하게 된다는 뜻이다." 이때 특수한 특징이란 맛, 냄새와 영양소를 의미하거나 요구르트나 저지방 치즈의 경우에는 크림 같은 농도 유지 혹은 유청(乳淸)의 침전을 의미한다. 다른 한편으로 어떤 제품은 유통기한 이전에 상할 수 있는데, 잘못 저장했거나, 훼손했거나 규정에 따라 냉장하지 않았을 경우이다.

소비자는 자신의 감각, 그러니까 보고, 냄새 맡고, 맛을 보는 감각보다는 오히려 생산자가 표기한 날짜를 더 신뢰하는 듯하다. 그리고 생산자는 제품에 어떤 날짜를 찍을지 마음대로 결정할 수 있다. 이와 관련해서 법적인 규정이나 학문적인 지침서가 있는 것도 아니고, 순전히 시중에서 사용되는 시간이 있을 따름이다. 따라서 생산자 A의 요구르트는 생산자 B의 요구르트보다 일주일 늦게 유통기한이 표시될 수도 있다. 이처럼 제품을 더욱 빨리 소비하게 하려는 유통기한 외에도 제품 속에 들어간 물질과 화학적인 내용물도 식품 폐기에서 나름의 역할을 한다. 우유식품은 거품고정제, 산조절제와 인공 감미료를 많이 함유할수록, 제품이 지닌 개별 특징을 잃을 위험이 더 커진다. 독일 저지방 치즈의 경우에 질소를 마구 넣은 제품은 그렇지 않은 보통 저지방 치즈에 비해서 훨씬 빨리 상한다.

이와 정반대는 소위 말하는 판매기한이다. "모월 모일 몇 시까지 판매할 수 있음". 빨리 상하는 제품, 예를 들어 잘게 썬 쇠고기, 가금류나 훈제한 생선에는 이런 표시가 붙어 있다. 판매기한을 넘긴 식품들은 더 이상 판매해서는 안 되며 건강을 위협할 수 있다. 따라서 우리는 유통기한과 판매기한을 혼동해서는 절대 안 된다.

구부러진 오이의 귀환

1988년 유럽연합 국가들의 규정에는, 오이는 "자연스럽게 생기고 가지런해야" 한다고 나와 있었다. 10센티미터 길이의 오이에 최대한 10밀

리미터까지는 구부러진 상태가 허용되었다. 비슷한 규정이 서른다섯 가지 과일과 채소와 관련해서 만들어졌다. 이로써 유럽연합 관료들은 농업 관련 로비스트들의 바람을 들어주었다. 왜냐하면 운송업, 가공 산업과 소상인들은 규격화된 채소를 원했기 때문이다. 길이와 모양이 같은 오이는 일정한 상자에 넣기도 쉽고 가공하기도 수월하다. 그 밖에도 통일된 품질 규정은 단일한 유럽 시장을 열 수 있게 해준다. 지역의 다양성과 취향을 희생시켰지만. 대형 슈퍼마켓 체인과 할인 체인들이 에스파냐, 독일 혹은 헝가리에 동일한 제품으로 자신들의 시장을 구축한다면 상당한 이점이 있다. 제품이 규격에 맞지 않으면 생산자는 들판에서 이미 솎아내고 버리거나 땅에 다시 묻어버리게 된다. 이때 관심의 대상에서 제외되는 것은 식품의 품질, 감미료와 내용물이다.

이처럼 혼란스러운 규정이 20년 이상 효력을 발휘함으로써 과일, 호두와 곡식들이 엄청나게 낭비되었다. 유럽연합은 2009년이 되어서야 비로소 이런 혼란을 바로잡는 결정을 내렸다. 당시 농업과 농촌개발을 담당했던 유럽연합의 마리안 피셔 보엘(Mariann Fischer Boel)은 다음과 같이 설명했다.[29] "2009년 7월 1일에 구불구불한 오이와 마디가 있는 당근이 진열장에 돌아올 수 있었어요." 불필요한 관료주의는 줄여야 한다고 그녀는 말했다. 같은 날 유럽연합은 스물여섯 가지 식품에 대한 규정을 폐지했다. 즉 살구, 아티초크, 슈파겔, 가지, 아보카도, 콩, 방울다다기 양배추(아주 작은 양배추같이 생긴 채소), 당근, 꽃양배추, 버찌, 호박, 오이, 양식버섯, 마늘, 개암나무 열매와 껍질째 들어 있는 호두, 양배추, 파, 멜론, 양파, 완두, 자두, 다년생 샐러리, 시금치, 수박과 치커리의 새순이다. 여전히 폐지되지 않은 특수한 판매 규정은 이제 열 가지 식품에만 적용되는데, 이것들은 유럽 내 상거래에서 75퍼센트를 차지한다. 즉 사과, 감귤류, 키위, 샐러드 용 채소, 복숭아와 승도(혹은 천도)복숭아, 딸기, 파프리카, 특선 포도와 토마토이다.

유럽연합 농업 부문 위원이었던 보엘은, 소비자들이 가능하면 여러 가지 제품들 가운데 선별해야 하며, "단지 모양이나 크기가 다르다고 해서 하자가 전혀 없는 제품을 버린다는 것은"[30] 지극히 무의미하다고 강조했다. 유럽연합은 또한 남아 있는 규정들은 회원국들의 판단에 맡겼다. 이때부터 유럽 각국은 규정에 맞지 않는 과일과 채소를 허락할지 말지를 직접 결정할 수 있다. 예나 지금이나 최상급, 1등급 그리고 2등급으로 분류하는 방식과는 다르게 구분할 수 있도록 하기 위해서다. 이는 소비자에게 자율권을 안겨주는 방향으로 한 걸음 나아갔다고 볼 수 있다. 물론 오늘날에도 사람들은 기껏해야 재래시장이나 유기농 상점에 가야 구부러진 오이를 구경할 수 있다. 왜냐하면 구부러진 오이는 비용 때문에 판매되지 않기 때문이다. 농업과 상업은 지금까지의 방식을 고수하고, 소비자도 반듯한 오이에 익숙해져 있다.

왜 빈의 쓰레기통은 맛있는 음식으로 가득할까

우리는 오스트리아도 촬영해야겠다고 처음부터 생각했다. 독일 쓰레기통과는 반대로 오스트리아의 쓰레기통은 조사하기 정말 좋았기 때문이다. 이는 모두 펠리치타스 슈나이더(Felicitas Schneider) 덕분이었다. 그녀를 만나기 위해 우리는 온갖 곳을 다 뒤진 끝에 마침내 그녀가 일하는 강당을 찾게 되었다. 지붕만 있는 이 강당에는 쓰레기가 담긴 컨테이너로 가득했고, 중간에는 기다란 책상이, 그 곁에는 글씨를 붙여 놓은 플라스틱 통이 있었다. '음식물 찌꺼기', '원래 포장된 상태의 식품' 혹은 '포장'이라는 글씨들이었다.

쓰레기경제연구소에서 쓰레기를 연구하는 여성 슈나이더는 세 명의 동료들과 함께 컨테이너 하나의 두껑을 열었다. 아주 달콤한 냄새가 흘러나왔다. 그녀가 끼고 있는 마스크는 최소한 곰팡이 포자들로부터 그녀를 보호해주었다. 슈나이더는 인상을 찌푸리지 않았고 컨테이너 가장자리를 팔로 받치더니 위로 올라갔다.

균형을 잡고 있는 튼튼한 그녀의 모습을 보자 스포츠에 능한 사람이라는 생각을 할 수밖에 없었다. 그녀는 허리만 꼿꼿하게 세우고 상체와 다리는 허공으로 쭉 뻗어서 탄력 있게 움직였다. 이런 방식으로 컨테이너 깊숙한 곳에서 쓰레기 자루를 끌어내 동료들에게 건네주었다.

동료들은 자루를 열어 기다란 책상 위에 쏟아부었다. 과학자들은 장갑을 끼고 쓰레기를 뒤졌다. "원래 포장된 상태 그대로인 피자햄인데, 아직 유통기한도 반달이나 남았군요."

"여기 감자 한 자루가 그대로 있어요. 아직 먹을 만하고, 심지어 유기농이네요. 이집트에서 수입한 거고. 여기까지 가져오려고 많은 에너지를 소비했을 텐데." 슈나이더는 이런 무분별한 사태에 머리를 절레절레 흔들었다. 햄뿐만 아니라 감자도 충분히 먹을 수 있는 상태였기 때문이다.

"여기에 처배터(ciabatta: 밀, 소금, 효모, 물, 올리브유로 만든 길쭉한 모양의 이탈리아식 빵—옮긴이) 빵 한 꾸러미가 그대로 있군요. 아마도 새 제품이 들어오자 밀린 모양입니다." 레스토랑과 슈퍼마켓 같은 영업소에서 나온 쓰레기에는 원래 포장된 상태 그대로인 식품들이 대량 포함되어 있었다.

슈나이더는 빈 지역에 있는 할인매장 소속 소규모 지점들이 버리는 쓰레기 컨테이너를 10주 동안 검사했다. 지점마다 충분히 먹어도 되는 식품을 매일 대략 45킬로그램을 버렸다. 그녀는 이유를 알고 있었는데, 과거에 식품가게에서 일해본 적이 있기 때문이다. "포장지의 한쪽 구석이 열려 있다거나, 유통기한이 얼마 남지 않은 우유 제품들은 모두 진열장에서 내려놓죠."

슈나이더는 일을 하면서 아주 침착하고 냉정했다. 하지만 우리는 그녀의 절실한 바람을 분명히 감지할 수 있었다. "물론 과학자로서 원인을 이해하려고 노력해야죠. 만일 내가 소비자가 되어 슈퍼마켓에 가면 어떻게 행동할지 생각해보면 말이죠, 나도 얼마나 비판적으로 주시하는지 알게 돼요. 이를테면, '여기 눌린 부분이 있는 사과는 다른 사람이나 사면 돼, 나는 흠이 하나도 없는 사과를 살 거니까.' 여기서 우리 자신의 요구가 얼마나 의미 있는지를 자문해볼 수 있어요."

슈나이더는 어떻게 해서 쓰레기통에 있는 음식물을 조사하려는 생각을 하게 되었을까? 그녀로부터 또다시 매우 이성적인 대답이 돌아왔다. "여기에 식품이 버려진다면, 이 식품이 만들어질 때 들어간 모든 것들이 버려지는 셈이죠. 과학자인 저로서는 식품 쓰레기에서 자원과 에너지를 엄청 절약할 수 있다는 생각을 하게 되었습니다. 또한 노동시간도 줄일 수 있겠지요."

그사이 가장 조사하고 싶은 대상은 집에서 버리는 쓰레기가 되었다. 가구당 평균 먹을 수 있는 식품을 버리는 양은 매년 100킬로그램이다. 슈나이더가 밝혀낸 바에 따르면, 가구에서 버리는 쓰레기 가운데 10퍼센트가 먹을 수 있는 식품이다. "포장된 상태 그대로거나 포장을 뜯었거나, 부분적으로 사용한 식품을 말해요. 우리는 아직 음식물 찌꺼기까지는 계산해보지 않았는데, 그것까지 합한다면 5퍼센트는 더 늘어나겠죠."

이 숫자를 생각하면 지금도 나는 깜짝 놀란다. 집에서 버리는 쓰레기 가운데 15퍼센트가 식품이라니. 이런 결과는 빈의 쓰레기 처리장에 경고를 보냈다. 오스트리아에서도 유럽의 거의 모든 국가에서처럼 가정에서 배출되는 쓰레기는 소각한다. 하지만 식품 쓰레기는 쓰레기 소각장에서 태울 때 문제가 되는데, 물기를 많이 함유하고 있기 때문이다. 그러니까 식품 쓰레기를 태우려면 더 많은 연료가 필요하고, 이는 에너지 낭비로 연결된다.

때문에 쓰레기연합은—빈뿐만 아니라—공세를 펼치기 시작했다. 오스트리아에서는 니더외스트라이히 주가 앞장을 섰다. 쓰레기를 수거하는 통에는 이런 문구가 적힌 스티커를 붙였다. "먹이를 주지 마세요—쓰레기통에 식품은 그만!" 텔레비전에서 요리 솜씨를 자랑하는 알로이스 마테르스베르거(Alois Mattersberger: 오스트리아 출신 요리사—옮긴이)는 이 캠페인에 고용되어 차를 타고 곳곳을 누비며 식품 찌꺼기로 요리를 만드는 법을 전하고 다녔다. 그러니까 공공장소에서 사람들에게 식품 찌꺼기로 창의적인 요리를 만드는 법을 가르쳐주었던 것이다. 그리고 옥수수 전분으로 만든 봉지를 사람들에게 나누어주었는데, 이 봉지 안에 채소, 과일, 빵과 과자를 넣어두면 다른 곳에 싸두는 것보다 며칠 더 신선하게 보관되었다.

주택단지의 컨테이너에서 음식물 쓰레기가 가장 많이 발견되었기 때문에 연구원들은 주민들에게 설문조사를 하기 시작했다. 물론 슈나이더와 동료들을 동반한 채 말이다. 그들은 놀라운 결과를 얻어냈다. "많은 가구들이 식품이 상하기 전에 벌써 버렸어요. 필요가 없다는 이유로 말이죠. 그리고 정작 버린 재료가 필요하면 다시 구입한다더군요."

여성 과학자는 주민들로부터 정직한 답을 듣지 못한다는 점을 금세 알아차렸다. "사람들은 처음에는 식품을 버린다는 사실을 인정하지 않았습니다. 왜냐하면 우리 문화권에서 그런 일은 도덕적으로 나쁜 짓이라는 평가를 받기 때문이죠." 그녀는 이런 질문을 하면서 동시에 쓰레기 컨테이너를 검사했기 때문에, 현실과 직접 조사는 크게 차이가 난다는 점을 재빨리 알아차렸다.

"스스로 추정하는 양은 대부분 너무 적었답니다. 사람들은 자신들이 식품을 적게 버린다고 추정했지만, 실제로는 많이 버리는 거죠." 몇 달 뒤에 다시 방문한 연구자들은 놀라게 되었다. 조사를 했던 1000가구는 그사이 식품 쓰레기를 10퍼센트가량 적게 버렸다. 설문조사만으로도 사람들의 의식을 바꾸는 계기가 되었던 것이다.

연구자들이 행동에 나서고 쓰레기 처리장에 이어 오스트리아에 있는 전 언론이 식품 쓰레기 문제의 해법을 찾기 위해 대대적으로 합세했다. 과잉생산된 식품을 필요한 사람들에게 나누어주는 일을 도와줄 구호단체들이 속속 결성되었다. 그러는 가운데 이 구호단체는 해서는 안 될 일도 했다. 예를 들어 빈의 구호단체는 저소득층을 위한 할인매장에 유통기한이 지난 물건을 제공하기도 했다.

유통기한이 지난 뒤에는? 독일의 무료급식소에서 이런 말을 들을 수 있다. "법적으로 금지되어 있어요." 빈에서 저소득층을 위한 할인매장을 관리하는 카르스텐 체르히는 그런 점을 잘 알고 있다. 독일에서 태어난 그는 두 국가의 법적인 조건은 비슷하다는 사실을 안다. "이 봉지에 들어 있는 수프는 유통기한이 두 달 지났어요. 하지만 앞으로 두 달이 더 지나서 이 수프를 먹어도 전혀 문제가 없습니다."

경박한 사람이어서 그렇게 장담하는 게 절대 아니었다. "우리는 생산자들에게 증명서를 받아요. 이 증명서에는 유통기한이 지나고 반년 뒤에 먹어도 된다는 내용이 들어 있죠." 식품을 그처럼 한참이 지난 뒤에 먹어도 된다면, 유통기한이라는 게 무슨 의미가 있단 말일까?

체르히는 매일 생산자들과 접촉함으로써 유통기한이 무엇을 의미하는지 알았다. "생산자들은 자신들의 제품이 얼마나 오래갈지를 검사합니다. 그리고 안전을 고려해서 어느 정도의 기간을 빼는 거죠. 이로부터 안전을 보증해주는 유통기한이라는 게 나옵니다."

저소득층을 위한 할인매장을 위해서는 유통기한이 지난 뒤에 언제까지 먹어도 되는지 생산자가 가르쳐주면 좋을 것이다. 왜냐하면 이런 할인매장은 다량의 식품들을 취급하기에, 특정 제품들이 실제로 언제까지 안전한지 알면 훨씬 유용할 테니까 말이다. 체르히는 고객의 이익을 고려해서 생산자의 추정에만 맡겨놓지는 않았다. "우리는 현재 생산자한테만 의지하지 않고, 항상 테스트하고 있습니다."

예를 들어 그는 봉지 수프를 끓여서 맛을 본다. "이렇게 하면 우리는 확실하게 보증할 수가 있습니다. 우리 매장에 있는 모든 제품은 유통기한이 지나더라도 충분히 먹을 수 있다는 것을요." 다른 제품들은 훨씬 빨리 테스트할 수 있다. 즉 식초는 한번 냄새를 맡아보면 되고, 국수나 소금은 눈으로 보면 되니까.

"우리 제품들 가운데 90퍼센트는 과잉 제품이죠." 체르히의 말이었다. 매일 아침 저소득층을 위한 할인매장 소속 트럭들이 식품을 생산하는 공장에 가서 통조림, 주스, 요구르트 혹은 빵이 들어 있는 상자들을 가져온다. 공장은 왜 팔 수 있는 양보다 더 많이 생산하는 걸까? "그 이유는 제조업자가 자신의 고객인 상인들을 언제라도 만족시켜주기 위해서랍니다. 물품을 항상 창고에 준비해두려는 거죠. 만일 고객이 원하는 제품을 제때에 주지 못하면 다른 경쟁자한테 갈까봐 두려운 겁니다. 바로 이런 이유로 더 많이 생산합니다."

생산자도 마찬가지다. 고객을 잃느니 몇 톤이든 제품을 버리는 게 낫다. 적어도 과잉생산된 제품은 할인매장에서 의미 있게 활용될 수 있지만 모든 공장이 이런 가능성을 이용하는 것은 아니다.

할인매장에 변치 않고 공급하는 회사로 안커브로트(Ankerbrot: 1891년에 창립했으며 1년 총 매상이 1억 유로가 넘는다—옮긴이) 주식회사가 있는데, 이회사는 오스트리아에서 가장 큰 제과류 생산자로 170여 개 지점을 거느리고 있다. 우리 집안의 내력인데 나는 항상 오스트리아 밀가루 음식을 좋아했다. 특히 건포도와 응유를 넣은 과자는 정말 맛이 좋았다. 하지만 이제 나는 일 때문에 이곳에 왔고 그래서 회장님의 비서인 클라우디아 프라이탁 양과 얘기를 나누었다.

안커브로트는 저소득층을 위한 할인매장에 식품을 공급할 뿐만 아니라, 반품되는 제품이 줄어들도록 노력한다. 이것은 저녁까지 팔리지 않아 남는 제품들이다. 오스트리아에서는 독일과 비슷하게 엄청난 양이 남는데, 매일 생산하는 양의 10~15퍼센트가 버려진다.

빈에는 큰 제빵 공장이 네 군데 있는데, 각 공장 입구에는 빵을 버릴 수 있는 컨테이너가 준비되어 있다. 매일 트럭이 와서 이 컨테이너를 싣고 니더외스트라이히 주에 있는 산업 구역으로 운반해 간다. 이곳에 있는 커다란 창고에 빵을 쏟아놓으면 지게차가 빵을 들어올린다. 그러면 참으로 특이한 장면을 목격할 수 있다. 수천 개의 빵 조각이 대량으로 쌓여 있는 광경이다. 바게트, 해바라기씨 빵, 브레첼 등 온갖 빵들이 뒤섞여 있다. 어디를 쳐다봐도 오로지 빵만 보인다.

오스트리아에서 발생하는 빵 쓰레기 가운데 절반, 그러니까 100톤이 매일 이곳으로 들어온다. 이 빵들은 가축 사료로 가공된다. 나머지 빵 쓰레기 절반은 이런 방식으로 가져올 수도 없다. 소규모 빵집에 남은 빵들은 그냥 쓰레기통으로 들어간다는 것이다.

제빵 공장은 왜 그렇게 많은 빵을 버리는 걸까? 안커브로트의 프라이탁은 이렇게 설명해주었다. 고객들은 가게가 문을 닫는 시각까지 모든 제품을 구입하는 데 익숙하다는 것이다. 안커브로트에서 생산되는 빵 종류는 100가지가 넘는데, 큰 빵, 작은 빵, 케이크, 과자가 있다지만 17시부터 종류를 줄여서 쉰 가지 제품만 제공하기로 했다. 1년 전에 결정된 일이다. "다른 제품들은 17시 이후에 어떤 때는 있고 어떤 때는 없지요."

"우리는 판매하는 여직원들에게 교육을 시킨답니다. 그래야 고객들에게 없는 제품을 대신하여 다른 제품을 권할 수 있으니까요." 참으로 쓰레기를 줄일 수 있고 돈도 절약할 수 있는 멋진 조치이다. 즉 이렇게 함으로써 안커브로트는 1년 동안 반품을 30퍼센트나 줄일 수 있었으니까 말이다. 다만 빵집은 17시 이후엔 모든 제품이 구비돼 있지 않다는 점을 손님에게 감히 설명할 수 없었는데, 고객들을 빼앗길까 두려웠기 때문이다.

이 말을 듣고 나는 생각해보았다. 만일 내가 빵집에 들어가서 좋아하는 과자를 사려고 하는데, 다 팔렸다는 말을 들으면 어떻게 행동할까? 만일 빵집에서 쓰레기를 줄이고 환경친화적으로 행동하려고 취한 조치라는 설명을 듣는다면 기꺼이 받아들일 것이다. 아마 다른 사람들도 그럴 것이다. 누구든 일단 시도부터 해보기 바란다.

의사소통을 탁월하게 이해하는 분이 있었는데 베르너 람페르트(Werner Lampert)라는 사람이었다. 유기농 마케팅의 선두주자였던 그는 레베(Rewe)에서 유기농 상표 '그래, 자연이야!'로 큰 성공을 거둔 바 있으며, 오늘날 오스트리아에서 유기농 제품이 시장에서 10퍼센트 이상을 차지하는 데 기여를 했다. 유럽에 있는 어떤 나라보다 많은 양이라고 할 수 있다.

지금 그는 호퍼(Hofer) KG 사에 근무하고 있는데, 이 회사는 알디 쥐트(Aldi Süd: 전 세계에서 영업하는 독일 할인 슈퍼마켓 체인점―옮긴이)의 자회사이다. 하필이면 알디라니! 하지만 오스트리아에서 이 할인 슈퍼마켓은 유럽의 어떤 슈퍼마켓도 감행하지 못하는 환경보호 프로젝트를 가동하는 것으로 유명하다. 이는 모두 람페르트 덕분이다. "이산화탄소에 관해서 사람들은 항상 추상적으로 논쟁을 합니다. 공장이나 자동차와 연계해서 말이죠. 사실 이산화탄소는 우리가 섭취하는 음식과도 관계가 있는데 그런 생각은 전혀 못 해요."

슈퍼마켓 호퍼에서 유기농 분야는 규모가 작아서 아주 좁은 공간만 차지한다. 그러나 모든 제품에는 이산화탄소 스티커가 붙어 있다. 몇 밀리그램이라는 추상적인 수치가 적혀 있는 게 아니라, 우리가 충분히 이해할 수 있는 방식으로 표기되어 있다. "이 달걀을 생산할 때 절약한 이산화탄소의 양은 49퍼센트."

베르너 람페르트는 환경보호 스티커 "원래 상태로 돌아가자"를 고안해내기도 했다. 우리는 오스트리아 슈타이어마르크 지방의 구릉지에 위치한 양계장에서 만났는데, 이곳은 지상에서 1000미터나 높은 곳에 있었다. 람페르트는 무뚝뚝해 보였다. 나는 그가 털보라서 처음에는 농부라고 생각했다.

양계장은 넓은 땅과 이어져 있었는데, 거기에서 1300마리나 되는 닭들이 원하면 땅을 파헤치고 마음대로 음식을 쪼아 먹을 수도 있었다. 여자 농부 게트루데 하이더는 지역에서 생산되는 곡물을 닭의 모이로

사람들을 위한 곡식
전 세계 106만 7000톤

독일에서 생산되는 빵의 경로

매년 700만 톤

60%

대규모
빵공장

40%

빵공장

소비자

슈퍼마켓

쓰레기 10%

쓰레기 15%

쓰레기 20%

매년 200만 톤

빵 찌꺼기

연료

기부

가축 사료

찌꺼기
쓰레기

바이오가스
시설

생산된 빵 가운데 28퍼센트가 과잉으로 모두 버려진다. 이 가운데 가장 많은 양은 가축 사료로 가공되고, 나머지 빵 쓰레기는 연료나 바이오가스 시설에서 사용된다. 또 기부되거나 쓰레기로 버려진다. 과잉 생산을 줄임으로써 원자재를 절약할 수 있고, 노동, 사회간접시설과 기계 같은 생산수단 및 운송 비용도 줄일 수 있다.

물에 미치는 영향	음료수 낭비		
환경에 미치는 영향	온실가스		
사람에게 미치는 영향	원자재 낭비	식품부족	기아

가축 사료를 위한 곡물
전 세계 7억 7200만 톤

| 곡물 8kg | 고기 1kg | 고기 1kg | 똥거름 15kg | 곡물 1kg | 가용 물 |

대략 서른 명을 배부르게 함

대략 다섯 명을 배부르게 함

고기 1킬로그램을 생산하는 데 15킬로그램의 똥거름이 생겨나고, 이로 인해 질산염으로 지하수를 오염시킨다.

고기 1kg

100배 더 많이

쇠고기 200그램은 한 명을 배부르게 한다. 1인분을 생산하기 위해, 곡물 1.6킬로그램이 필요하다. 동일한 양으로 여섯 명의 배를 부르게 한다.

세계 인구　　배설물

고기 1킬로그램을 생산하는 데 100배나 더 많은 물이 필요하다. 이로 인해 음료수는 막대하게 낭비된다.

미국 가축

130배 더 많이

물　　가축

미국의 가축들만으로도 전 세계 인구보다 130배 많은 배설물이 나온다.

대량 사육 때문에 전체 음료수의 50퍼센트가 소비된다.

 지하수 오염　　 음료수 낭비

 산불의 위험　　 숲의 죽음

 기아

주었다.

　바로 이것이 차이점이었다. "이 달걀을 생산할 때 이산화탄소를 49퍼센트 적게 배출해요. 바로 사료 때문이랍니다. 왜냐하면 지금까지 농부들은 남미에서 수입한 콩을 사료로 주었거든요." 람페르트는 계속설명했다. "하지만 우리는 오직 이 지역에서 나는 곡물 사료만을 줍니다. 바로 이것이 절약하는 방법이지요. 유기농이 의미가 있으려면 지역적으로 행동해야 한다고 봅니다. 그러지 않으면 유기농이란 전 세계에서 활동하는 농업 거래의 수치스러운 면을 감춰주는 무화과 잎사귀밖에 안 되겠지요."

　자신의 비전을 실행에 옮기기 위해 그는 어쩔 수 없이 대기업 할인체인점인 알디와 손을 잡았다고 한다. 이렇게 하여 고안해낸 스티커를 오스트리아에서 가장 큰 할인매장의 진열장에서도 볼 수 있다. "우리가 무엇을 먹느냐에 따라 식품이 생산되는 방식이 결정됩니다. 소비자는 자신의 막강한 힘을 의식해야만 합니다."

　하이더는 어떻게 이 지경에 이르렀는지 이해하지 못했다. "정말 슬픈 일이죠. 오늘날 슈퍼마켓은, 소비자들이 많이 구입하면 그만큼 더 싸게 구입할 수 있는 구조를 만들어두었어요. 그러면 더 많이 버리거나 더 많이 썩을 텐데 말이죠. 만일 품질 좋은 제품을 구입하고 계획을 좀더 잘 세운다면, 많이 구매해서 절반을 버릴 때에 비해 적게 버릴 수있겠죠."

　람페르트는 닭들이 꼬끼오 울어대는 가운데 나무 그루터기에 앉았다. "분명 변화가 올 것입니다. 전 세계에서 값싼 물건을 마구 들여오는 미친 짓은 곧 끝날 겁니다. 왜냐하면 사람들도 머지않아 실제 들어가는 비용을 의식할 테니까요. 만일 우리가 싼 물건을 브라질에서 수입해 여기서 폐기한다면 무슨 소용이 있겠습니까? 그러니 식품들은 곧 합리적인 가격을 되찾을 것입니다. 따라서 품질 좋은 식품 생산이 그만한 가치가 있게 되는 것이지요."

우리는 얼마나 버릴까

이런 상상을 해보라. 당신이 슈퍼마켓에 가서 1시간 동안 물건을 구입하여 모두 차에 싣고 집으로 간 다음 4층까지 물건을 넣은 봉지를 질질 끌고 올라간다. 거기에 도착해서 모든 물건을 쓰레기통에 집어 넣는 것이다. 웬 미친 짓? 유감스럽게도 통계로 보면 그게 바로 현실이다. 최근의 설문조사 및 연구도 독일의 상황이 얼마나 심각한지를 인정해 주고 있으며, 영국과 오스트리아에서는 몇 년 전부터 이런 경향이 이미 잘 알려져 있다. 즉 개인은 음식과 관련해서는 죄인이며 보통 자신이 구매한 식품 가운데 20~30퍼센트를 버린다. 분명 그 가운데는 음식을 준비하면서 어쩔 수 없이 나오는 찌꺼기도 있다. 이를테면 달걀 껍질, 커피 찌꺼기, 닭뼈와 생선 가시 등이다. 하지만 버리는 식품 쓰레기의 가장 많은 부분을 차지하는 것은 원래 포장된 채로 뜯지 않은 제품이거나 포장을 뜯은 식품이다.

　이미 언급한 빈 농과대학 쓰레기경제연구소가 조사한 바에 따르면, 식품 쓰레기는 일반 쓰레기(음식물 쓰레기통을 제외하고)의 6~12퍼센트를 차지했다.[31] 슈나이더를 필두로 한 오스트리아 연구팀은 2005년부터 2008년까지 니더외스트라이히, 잘츠부르크와 빈에 있는 많은 주거 지

　　　│ 왜 음식물의 절반이 버려지는데 누군가는 굶어 죽는가 │

역의 쓰레기 컨테이너를 조사 분류하고 또 분석했다. 이런 쓰레기는 구매할 때 좀더 계획을 세심히 짜고 잘 보관한다면 버리지 않을 수도 있다. 여기에 음식물 찌꺼기도 있다. 즉 다 먹지 못한 점심식사, 시들어버린 샐러드 채소, 약간 회색빛을 띠는 소시지나 곰팡이가 조금 핀 네덜란드 치즈 등이다. 제대로 저장하고 규칙적으로 냉장고를 살펴봄으로써 그런 쓰레기도 방지할 수 있다.

인터뷰를 하며 슈나이더는 조사를 통해 무엇을 발견했는지 설명해주었다. "우리는 그야말로 온갖 것을 다 찾아내죠. 직접 만든 잼이며 신맛이 나는 채소, 비교적 저렴하게 구입할 수 있는 열 개들이 버터빵, 3분의 1만 마신 음료수, 과자, 값비싼 유기농 제품들, 진공 포장된 상태의 캐비어, 연어 등등 모든 거요. 우리가 발견하지 못한 식품이 있을까 의심스러워요. 마리아첼(Mariazell)에서 파는 성수(聖水), 심지어 독한 술까지. 안 버리는 식품이 없어요."

그녀의 팀은 일반 쓰레기를 분석하는 데에 그치지 않았다. 그들은 주민들이 왜 그토록 많은 식품을 버리는지 알고 싶었다. 그래서 주민들에게 원인과 배경을 물었다. 그러자 매우 다양한 답이 나왔다. "만일 너무 많이 요리하면, 국수를 비닐에 싸서 냉장고에 보관하지만, 사람들은 벌써 알고 있는 거죠. 냉장실에 넣어둔 국수는 절대 먹지 않을 거라는 점을요. 그러면 양심의 가책을 느낀다고 합니다. 그래서 버리기 전에 충분히 보관하고 마침내 먹을 수 없게 되면 버린다고 해요. 더 이상 먹지 않을 거라는 사실을 일주일 전에 알고 있음에도 불구하고, 곰팡이가 끼었을 때 식품을 버리면 양심의 가책을 던다는 얘기죠."

생산자가 포장한 제품과 통조림이나 병조림 같은 저장식품의 경우는 또 다르다. 이런 제품들은 유통기한이 되기 2년 전에 쓰레기통에서 발견되기도 했다. "사람들이 신선한 식품을 버리는 것과는 다른 원인이 있는데 우리는 그걸 천천히 찾아보려 했죠. 하지만 매우 어려웠는데, 단 한 가지 원인이 아니라 여러 원인이 동시에 작용한 듯했습니다." 이 점과 관련해서 슈나이더는 흥미로운 관찰을 했다. "우리는 조사를 하면서, 교육 수준이 높은 지역, 온종일 일을 하는 주민이 많이 사는 지역, 소득이 많은 주민이 사는 지역에는 버려진 식품이 더 많다는 사실을 밝혀낼 수 있었어요." 그렇듯 경제 능력이 있는 사람들이 식품을 더 많이 버리는 것이다.

쓰레기를 조사했던 동네에서 사람들은 식품을 덜 버리자는 캠페인을 펼쳤다. 학교는 라디오에 광고를 내보냈다. 쓰레기 분석 결과는 지역에 현수막으로 알렸고 올바른 저장과 구매에 관한 정보를 실은 전단도 뿌렸다. 집회가 열렸고, 신문에는 기사가 실렸으며, 남은 음식으로 만들 수 있는 요리법을 인터넷 사이트에 올릴 수 있는 가능성도 생겼다. 이런 행동들은 성공을 거두었다. 주민들은 더 이상 다른 사람이 낭비했다고 책임을 전가하지 않았다. "그런 조치로 사람들은 의식이 살아났고 설문만으로도 영향을 미쳤다는 사실이 드러났어요. 하지만 그럼에도 매우 힘들었는데, 식품을 버리는 것은 결코 확고한 의도에 따른 행동이 아니기 때문이에요. 누구도 식품을 버리기 위해 구입하지는 않거든요."

빈의 쓰레기 연구자들 외에 영국 정부가 지원하는 '쓰레기와 자원행동 프로그램(WRAP)'은 2007년에 영국의 가정에서 나오는 쓰레기를 조사했다. 이들은 오랜 시간을 두고 2000가구 이상의 쓰레기를 감독했

부엌에서 나오는 쓰레기들

음식을 준비하면서 나오는 쓰레기		피할 수 없음
고유한 식품		피할 수 있음
포장을 뜯은 식품		
음식 찌꺼기		대부분 피할 수 있음

출처: 슈미트/슈나이더 연구 보고, 2007년 12월 10일

다. 이로부터 믿을 수 없는 결과가 나왔다. 즉 영국인들은 매년 최대 670만 톤의 식품을 버리며, 이는 그들이 구입하는 식품의 3분의 1에 해당된다. 물론 연구자들은 식품 쓰레기 전체를 관찰했기에 버릴 수밖에 없는 사과 껍질, 티백과 뼈들도 포함돼 있었고, 이들은 19퍼센트를 차지했다. 이 양을 빼버려도 여전히 540만 톤이 남는데 이론적으로는 사람들이 원래 먹어야 하는 양이다. 이 양은 가정에서 사들인 모든 식품 가운데 25퍼센트에 해당된다. 연구자들은 이 가운데 130만 톤은 '피할 수 있는 쓰레기'로 분류했다. 예를 들어 빵의 가장자리 부분과 감자 껍질을 말하는데, 충분히 먹을 수는 있으나 아주 드문 경우에 먹거나 먹지 않는 부분이다.

어쨌거나 410만 톤은 어떤 경우에도 먹을 수 있는 양이니 구매한 식품의 3분의 2에 달한다.[32] 영국의 연구자들은 무엇이 쓰레기통으로 들어가는지 정확하게 계산하고 신중히 검토했다. 가장 많은 쓰레기는 바로 감자였다. 영국인들은 매년 35만 9000톤의 감자를 먹지 않고 버린다. 거의 절반이 전혀 손을 대지 않은 식품이다. 쓰레기 연구자들은 빵 조각 32만 8000톤, 사과 19만 톤, 고기와 생선 16만 1000톤을 일반 쓰레기통에서 발견했다. 모든 식품 쓰레기의 4분의 1, 그러니까 100만 톤이 손도 대지 않은 채였다. 구입해서 가장 많이 버린 식품은 샐러드 채소인데, 거의 절반인 45퍼센트가 쓰레기통으로 들어갔다.

독일이 깨어나다

독일에서는 수년 동안 비교할 만한 연구가 없었다. 독일 통계청은 음식물 쓰레기, 일반 쓰레기, 비료로 사용할 수 있는 쓰레기, 식당 쓰레기 등등에 관한 목록을 준비하고는 있지만, 이런 쓰레기 중에서 소비할 수 있는 식품의 양은 어느 정도인지에 관한 기록은 제공하지 않는다. 국영 텔레비전 방송인 ARD에서 '음식은 삶이다'는 주제로 내보내는 방송 가운데 2010년 10월에 방영된 우리의 다큐멘터리 〈신선한 채로 쓰레기통에〉를 보고 자극을 받았는지, 정부와 포장산업계가 나서서 이에 관한 정보를 얻으려고 노력한다. 2010년 12월에 노르트라인-베스트팔렌 주의 환경부 장관 요하네스 렘멜은 이 주제와 관련하여 회의를 소집했고, 식량 및 농업 소비자보호부 장관인 일제 아이그너는 "독일에서 매년 쓰레기통에 들어가는 식품의 종류와 양에 대해서 최초로 구체적이고도 부담스러운 통계"를 보고해달라고 연구를 위탁했다고 한다. 이로부터 나올 최초의 결과는 2011년 말에 알 수 있다.

FAO의 세이브 푸드(SAVE FOOD) 국제회의와 2011년 5월 독일 뒤셀도르프 박람회에서 이 주제와 관련하여 두 가지 새로운 설문조사와 통계가 나왔다. 하나는 식품의 신선도를 유지시켜주는 알루미늄 호일을 생산하는 코프레스코(Cofresco)—특히 멜리타(Melitta)와 토피츠(Toppits)라는 상표로 유명하다—에서, 다른 하나는 포르사(forsa, 사회연구 및 통계 분석을 위한 단체. 정식 명칭은 forsa Gesellschaft für Sozialforschung und statistische Analyse mbH—옮긴이) 설문조사에서 나왔다. 이들은 조사를 통하여 비슷한 결론을 얻었으며 영국과 오스트리아의 연구 결과를 더욱 확고하게 입증해주었다. 2011년 5월 초에 독일 정부는 최초로 독일에서 매년 쓰레기로 버려지는 식품이 2000만 톤에 이른다고 발표했으며, 이로써 2010년 '쓰레기 맛을 봐' 캠페인에서 "들판에서 식탁까지 1000만~2000만 톤"이 버려진다며 조심스럽게 밝힌 내용도 인정해준 셈이 되었다.

아이그너 장관은 〈빌트〉 지와의 인터뷰에서 이렇게 말했다. "우리는 과잉사회에 살고 있습니다. 너무 많이 버리고 있어요. 이런 경향은 이제 멈춰야 합니다. 예측에 따르면 독일에서는 매년 2000만 톤의 식품이 쓰레기통에 버려진다고 합니다. 시민 한 명당 330유로어치를 버리는 셈이죠."[33] 식량 및 농업 소비자보호부에서는 버리는 양을 언급할 때 들판에서 식탁까지 식량사슬의 전 단계를 모두 고려했다. 하지만 장관의 고문들이 쓰레기통에 버린 식품을 어떻게 돈으로까지 구체적으로 환산했는지는 분명하지 않다. 다른 통계, 그러니까 시장조사연구소인 Gfk(Gesellschaft für Konsumforschung: 소비 연구 단체—옮긴이)에 따르면, 가구당 버리는 식품은 매년 390~400유로에 달한다고 한다.

식품의 신선도를 유지하기 위한 위생백을 만드는 토피츠가 2011년 1월부터 3월까지 독일, 프랑스, 에스파냐, 스웨덴, 벨기에, 러시아와 오스트리아를 대상으로 실시한 설문조사 결과를 보자. 온라인 질문, 쓰레기일지를 비롯해 여러 주제를 선정해 실시한 설문조사 평가를 기반으로 해서 시장조사연구소가 얻어낸 결론은, 획득한 식품의 20퍼센트 이상이 쓰레기통에 들어간다는 사실이었다. "이 20퍼센트 가운데 평균 50퍼센트 이상이 버리기 전에 보관할 수 있는 식품이었다." 한 가지 점에서 토피츠 연구는 빈 농과대학과 WRAP의 결과를 보충해주었다. "포장된 모든 식품들 가운데 대략 30퍼센트를 개봉하지 않은 채 혹은 전혀 건드리지도 않고 버렸다."

시장 연구자들은 일반 가정에서 버리는 식품 쓰레기의 가치가 2500만 유로임을 알려주었다. 또한 설문조사 결과 가계에 관한 새로운 통계도 나왔다. "독일에서는 매년 660만 톤의 식품이 쓰레기로 버려진다. …… 모든 독일 남자는 매년 자신의 몸무게에 해당되는 식품, 즉 80킬로그램을 버리는 셈이다."[34] 이 식품 쓰레기의 59퍼센트는 쓰레기로 버리지 않을 수 있다고 한다.

기초자료가 불분명할지라도, 이처럼 상대적으로 높은 수치가 실제로 틀리지 않을 수 있는데, 영국과 오스트리아에서 조사할 때는 집 밖에서 버려지는 식품은 고려하지 않았기 때문이다. 즉 학교에서 먹지 않고 버린 점심 도시락용 빵, 학교와 공장의 구내식당, 그리고 식당과 간이식당에서 매일 그릇에 남아 있어서 분리수거해야 하는 음식물 찌꺼기는 고려하지 않았다. 또 다른 조사기관이 연구한 바에 따르면, 학교 식당에서는 24~35퍼센트가 쓰레기통으로 들어가고 공장의 식당에서는 5분의 1이 낭비된다.[35] 이런 분야에서 확실한 자료는 없고 다만 추측할 따름이다.

'식품 및 음식물 찌꺼기 활용 협회'는 매년 독일 식당에서 버리는 음식물 쓰레기는 대략 200만 톤에 달한다고 추정하는데,[36] 이는 일반 가구에서 버리는 쓰레기 양의 3분의 1에 달한다. 이 수치는 공장의 구내식당과 학교, 양로원, 병원에 있는 큰 식당, 간이식당, 그리고 레스토랑에서 남긴 음식과 절반이나 남은 뷔페 음식을 고려하면 매우 낮게 잡았다고 볼 수 있다.

실제로 사람들은 쓰레기의 양을 정확하게 잴 수 있었을 것이다. 왜냐하면 EU 규정에 따르면 상업에서 나온 음식물 쓰레기는 다른 쓰레기와 분리해서 저장하고 등록된 기업만이 수거할 수 있기 때문이다. 영업의 부산물인 음식물 쓰레기는 '동물성부산물처리법'에 따라 일반 쓰레기에는 물론 음식물 쓰레기에도 버릴 수 없다. 게다가 가축의 사료로도 허용되지 않는다. 위의 법은 영업용 음식 쓰레기의 전반적인 처리 과정의 문서화 및 특성 표시를 요구한다. 대체로 음식물 쓰레기는 바이오 연료 시설에 운반되어 재활용된다. 여기에서 변환되어 나오는 메탄가스는 미래의 쓰레기 처리 방법으로 간주되고 있다. 또한 이런 처리법은 재생에너지법의 지원을 받고 있는데, 음식물 찌꺼기를 재활용함으로써 상당히 돈벌이가 되는 장사를 할 수 있기 때문이다.

우리의 식품 쓰레기가 도대체 무엇이 된다는 것일까

우리의 식품 쓰레기가 정말 어디에 도착하는지를 제대로 아는 사람은 없다. 사람들이 확실하게 아는 것은, 아직 먹을 수 있는 음식 찌꺼기도 더 이상 돼지의 위 속에 들어가지는 않는다는 점이다. 예전에는 당연한 일이었으나 오늘날에는 전염병 때문에 허용되지 않는다.

이에 상응하는 EU 규정은 2002년에 나왔으며, 음식물 찌꺼기의 가축 사료 사용에 관한 독일의 예외규정은 2006년 10월 말에 효력이 끝났다. 오늘날까지도 예외로 남아 있는 것은 개와 고양이에게 주는 사료와 도축장에서 나머지 고기를 가공하여 개와 고양이의 통조림을 만드는 일이다. 그 밖에도 수십억 유로 규모에 달하는 애완동물업계는 쓰레기 처리 쪽에서는 완전히 조명을 받지 못하고 있어 통계에서 완전히 빠져 있다. 옥수수가루, 완두겨와 도축장의 부대고기, 그러니까 위, 비장과 젖통 같은 부위는 물론 소시지와 치즈의 남은 찌꺼기 외에도 가루로 빻은 닭발, 가축의 부리와 주둥이 부위는 고양이와 개들의 통조림에 들어간다. 독일에서만 보더라도 "매일 2300만 마리의 개와 고양이 그리고 새들에게 사료를" 줘야 하는데, 이는 돈으로 계산하면 엄청나다. "독일 사람들은 2009년에 대략 27억 유로를 애완동물 사료로 지급했으나, 갓난아이의 식품비로는 그 액수의 4분의 1만 소비했다."[37] 추수감사절에 먹는 칠면조의 경우에는 매우 불투명하며 생산자들만이 추이를 알 것이다. "칠면조가 주제로 등장하면, 물론 그에 관한 흔적이 남아야 할 것이다. 칠면조 요리의 찌꺼기는 아주 적은 4퍼센트이다. 이런 것은 물론 EU 규정의 적용을 받는다. 이런 규정을 읽어보면 마치 사료산업이 이를 함께 만든 것처럼 보인다. 여기에 들어 있지 않으면 굳이 보고할 필요도 없는 것이다."[38]

EU는 음식물을 가축 사료로 쓰는 것을 금지한 조항에 관해서 오랫동안 협상을 한 뒤에 마침내 결단을 내렸는데, 부엌 쓰레기와 음식물

| 왜 음식물의 절반이 버려지는데 누군가는 굶어 죽는가 |

2004년 스웨덴의 한 연구에 따르면, 회사나 공장의 구내식당에서는 남은 식품의 20퍼센트가량을 버렸다.

회사나 공장의 구내식당에서 버리는 20퍼센트의 쓰레기

이만큼의 식량을 생산하기 위해서는 4만 헥타르(1만 제곱미터)의 농지가 필요하다(스웨덴 농지의 약 1.5퍼센트에 해당한다).
당시에 유럽연합에 속해 있던 15개국의 수치를 모두 합산하면 150만 헥타르쯤 된다. 벨기에에 있는 농지 전체에 맞먹는 넓이인데, 단지 큰 식당과 회사나 공장의 구내식당에서 나오는 음식물 쓰레기에 해당하는 식량을 생산할 수 있는 넓이일 뿐이다.

특히 끔찍한 것은 쓰레기로 버리는 고기이다. 즉 이것은 쓰레기의 양에서 20퍼센트밖에 차지하지 않지만, 가축의 사료로 주기 위한 곡물을 재배하는 땅은 낭비되는 경작지의 91퍼센트를 차지한다.

식품 쓰레기 총량		낭비되는 경작지
고기 20%		가축 사료 91%

쓰레기, 레스토랑과 행사 음식 제공업체가 사용한 기름 등은 전혀 계산에 넣을 수 없었기 때문이다. 여기에서 최우선하는 것은 소비자보호인데, 많은 식품이 다이옥신이나 다른 독소로 인해 오염되어 있을 수 있기 때문이다. 독소 외에도 광우병, 구제역 그리고 돼지 콜레라의 발병도 들 수 있다. 다른 말로 하면, 쓰레기가 어디서 왔는지 알 수 없기 때문에, 사료로 먹여서는 안 된다는 말이다. 그 전에 아무리 가열하고 소독을 했더라도 말이다.

매장 전에 화장

레스토랑에서 절반만 먹은 스테이크, 직접 요리한 굴라시 수프, 너무 많이 구입한 아침용 빵, 원산지에서 포장한 그대로인 송어 살코기 혹은 냉장고의 제일 아랫칸에서 말라 쭈글쭈글해진 당근은 매우 다양하게 종말을 맞는다. 즉 어떤 것들은 쓰레기 소각장의 지옥 같은 불속으로 들어가고, 다른 것은 하수구 구멍으로 들어가거나 아니면 어둡고도 역겨운 냄새가 올라오는 구덩이에 들어가 발효된다. 이 구덩이의 바닥에는 칼처럼 날카로운 모서리가 달린 압쇄기의 실린더가 커다란 소리를 내며 음식물들을 으깨고 있다. 우리가 거부한 식량들이 난방에너지나 바이오가스로 탈바꿈하지 않았다면, 다행스럽게도 천천히 곰팡이가 피면서 비료가 되는 행운을 누릴 수 있다.

식품의 구체적인 운명이 이처럼 다양하듯이 우리가 버린 식품이 들어가는 '관'도 참으로 다양하다. 즉 재활용되지 않는 검은색 쓰레기통, 흰색 변기통, 음식물을 버리는 갈색 바이오통 혹은 슈퍼마켓과 레스토랑 뒤에 마련해둔 파란색 컨테이너이다. 이 가운데 마지막에 나오는 통두 개만 있다면, 우리의 음식 쓰레기를 얼마나 구체적으로 파악할 수 있을까. 왜냐하면 사람들은 적어도 이에 관해서는 제대로 된 통계자료가 있다고 생각하기 때문이다. 통계청에 따르면 독일 시민들은 2008년에 1인당 총 448킬로그램의 가정 쓰레기를 버렸고 이 가운데 51킬로그램이 유기체 쓰레기를 버리는 갈색통에 들어갔다.[39] 유감스럽게도 이때 정원에서 나오는 쓰레기와 식품 쓰레기는 구분되지 않고 있다. 또 다른 이유로 말미암아 이 통계는 도움이 되지 않는다. 즉 독일의 바이오통에 무엇이 들어가고 들어가지 않는지는 지역마다 다르며 심지어 규정이 정반대로 실시되고 있기도 하다.

독일 바이오쓰레기규정에 따르면 나뭇가지와 정원 쓰레기 외에도 빵과 제과 찌꺼기, 고기, 생선과 소시지 찌꺼기, 뼈, 치즈, 유제품, 감귤류와 음식을 준비할 때 나오는 모든 종류의 찌꺼기를 바이오통에 넣게 되어 있다. 이와는 달리 본(Bonn) 시(市)는 예를 들어 모든 음식 찌꺼기와 상한 식품을 바이오통에 넣는 것을 분명하게 금지한다. 가정집에서 나오는 바이오 쓰레기를 모으는 일은 각 지방이 관할하는 문제이므로 해당 지방의 쓰레기 활용과 취급 가능성에 따라서 해결될 수밖에 없다. 또한 바이오통을 비치해두는 일도 법적인 의무조항이 아니며 자발적으로 그리고 무료로 시행된다.

본 시(市)에서는 대부분의 다른 지방에서처럼 바이오 쓰레기를 거의 모두 퇴비 만드는 시설로 보낸다. 빈 시와 근처 지방에서 모은 바이오통에 들어 있는 내용물은 컨베이어 벨트에서 사람들이 손으로 분류해서 플라스틱 쓰레기를 골라내는데, 마지막에는 커다란 압쇄기 속에 들어가서 분쇄된다. 이 과정이 끝나면 물기가 빠진 식품 찌꺼기들은 넓은 강당에 옮겨진다. 이 강당 바닥에는 특수한 환기 시스템이 작동하고 있어서 사람들은 퇴비를 신속하게 혹은 천천히 만들 수 있다. 여기에서 나오는 부식토는 매우 귀한 비료로 사용될 수 있다. 양념이 되어 있고, 소금간과 식초가 들어 있는 음식 쓰레기는 이런 과정을 방해하고 이로써 부식토의 품질을 떨어뜨린다. 그래서 본 시처럼 요리가 다 되어 있는 음식 쓰레기는 바이오통에 넣지 못하게 하는 것이다. 다른 지역에서는 바이오 쓰레기를 산소를 차단하여 발효시키고 이로부터 바이오가스를 생산해낸다. 이럴 경우에는 음식물 쓰레기가 전혀 방해가 되지 않는다. 이와 달리 많은 지역에서는 식품 쓰레기를 분류하여 비료뿐만 아니라 가스를 생산해낸다.

유기체 식품 쓰레기의 양을 대충 파악하게 되는 또 다른 원인은 은폐되는 정도에 따라 달라지기 때문이다. 즉 독일에서 '쓰레기를 관할하는 단체'의 80퍼센트가 바이오통을 도입했지만, 주민의 절반만이 이러한 분리수거에 참여한다.[40] 따라서 가정에서 버리는 식품 쓰레기 대부분은 통계적으로 파악할 수 없으며 일반 쓰레기나 화장실 변기에 버려진다고 봐도 된다. 유럽공동체 위생규정에 따르면 레스토랑, 행사에 음식을 제공하는 업체 그리고 대형 주방과 가정의 주방—따라서 직접 사람들이 먹는 식품을 만드는 모든 시설—에서 나오는 모든 음식물 찌꺼기는 일괄적으로 '주방 및 음식물 찌꺼기'로 정의된다. 많은 연구조사에서 일반 가구의 주방은 점차 관심의 대상에서 멀어지고 있다. "이런 종류의 음식물 찌꺼기는 대부분 바이오통에 들어가서 재활용되거나 일반 쓰레기통에 들어가서 에너지원으로 더 이상 사용되지 않기 때문이다".[41]

아마도 식품 가운데 실제로 무엇이 재활용되고 무엇이 쓰레기소각장에 들어가는지를 정확하게 알려고 하는 사람은 아무도 없는 듯하다. 지금까지 나온 통계 가운데 관련 자료는 전혀 없으니까. 물론 추측은 할 수 있고 상당히 근거 있는 자료도 있기는 하지만, 바이오통에 들어 있는 감자 껍질, 사과 껍질과 바나나 껍질의 무게만 나와 있을 뿐이다. 그러나 가구에서 나오는 식품 쓰레기 가운데 절반 이상이 바이오통에 들어가서는 안 되기 때문에, 사람들은 수고롭지만 일반 쓰레기를 조사해야만 한다. 오스트리아 빈의 농과대학에서 일하는 슈나이더처럼 해야 한다. 마스크와 장갑, 장화와 작업복까지 착용하고서 그녀는 쓰레기통 컨테이너에 올라갔다. 독일 연구자들은 지금까지 그렇게까지는 노력하지 않았다.

과잉의 역사

독일의 영양학사를 들여다보면 과잉, 버리는 정신과 패스트푸드는 최근에 유행한 현상이다. 모든 것은 족히 50년 전에 시작되었고 세계화의 물결이 최초로 불어닥쳤을 때 미국으로부터 넘어왔다. 1957년에 결성된 '유럽경제공동체(EEC)'는 최초로 회원국들에게 식품과 관련해서 단일화된 규범을 장려했다. 당시 독일의 슈퍼마켓과 할인매장의 시스템은 아주 새로웠는데, 그 전까지만 하더라도 아주머니들이 물건을 파는 가게가 훨씬 더 많았던 것이다. 독일의 경우에 슈퍼마켓은 이미 1949년에 오스나브뤼크에 최초로 들어섰지만, 셀프서비스 원칙이 통하지 않아서 금세 가게 문을 닫았다. 1950년대 중반에 이르러서야 비로소 몇몇 상점, 예를 들어 에데카가 셀프서비스를 체계적으로 실행했다. 이는 과소비 나라로 나아가는 첫걸음이었다. 이어서 속속들이 등장한 셀프서비스 가게들은 카운터에서 주인이 계산하는 가게를 점점 몰아냈다. 이로써 사람들은 원래 계획보다 더 많은 물건을 사게 되었고, 새로운 욕구를 불러일으키게 되었다.[42] 드디어 식탐풍조가 독일 전역을 유린했다.

이와 동시에 국가에서 보조금을 지원하는 정책이 생겼는데, 독일의 농부들은 식량을 너무 적게 생산했기 때문이다. 예를 들어 우유 인수 가격 보장을 비롯한 장려책으로 말미암아 곡물 생산은 폭발적으로 늘어났고, 축산은 물론 버터와 같은 유제품도 늘어났다. 1970년대 말에 이르자 생산은 이미 수요를 능가했고, 이른바 버터 산과 우유 바다가 생겨났다. 유럽 시장에서 가격은 내려갔고, 국가는 점점 남아도는 제품을 사들여서 창고에 쌓아두었다. 1984년에 비로소 우유 할당제를 도입했고―제품을 생산할 때 최대한도를 정해서 이 한도를 넘어 생산된 제품의 경우에 세금을 부과함―이로써 과잉생산의 광기가 줄어들었다.

사계절 만날 수 있는 이국적인 과일들

새로운 슈퍼마켓은 그때까지 전혀 모르고 있었던 다양한 식품을 제공했다. 특히 이름이 무엇인지조차 모르는 이국적인 과일들이 그랬다. 그 전까지만 하더라도 금세 상하는 과일은 수확하는 계절에만 먹을 수 있었고, 지중해 국가로부터 들어오는 감귤류는 희귀하고도 비쌌다. 그런데 계절성과 지역성이라는 전통적인 원칙이 넓은 영역에서 무너졌다. 이것이 바로 과소비 사회로 넘어가는 두 번째로 중요한 걸음이었다.

이렇듯 일찌감치 세계화된 식품 거래에 관한 좋은 예로 중국 남쪽에서 나온 과일 구즈베리를 손꼽을 수 있다. 이 과일은 1950년경에 뉴질랜드에서 처음으로 재배하기 시작했고 1959년부터 '키위'라는 이름으로 유럽과 북아메리카에 수출되었다. 키위는 똑같은 이름의 새에서 따온 이름이라고 한다. 비타민 C 폭탄이라 불리는 키위는 독일에 1970년대에 들어왔다. 이때부터 키위는 사과, 오렌지와 바나나 외에 가장 인기 있는 과일이 되었다. 바나나와 파인애플은 바다를 건너서 오고, 남쪽 과일은 지중해에서 그리고 딸기와 채소는 1년 내내 네덜란드에서 들어왔다.

독일 사람들은 1970년대까지 계절 채소를 구입하는 데 익숙해 있었고 추운 계절에는 전통적으로 겨울에 먹는 채소인 배추와 감자만 구입했다. 그런데 통조림과 병에 음식을 저장하고 이어서 냉장고를 사용하는 바람에 겨울과 봄에도 음식을 다양하게 해 먹을 수 있게 되었다. 우선 네덜란드 기업이 앞장을 섰고 나중에는 남유럽의 기업이 여러 과일과 채소를 온실에서 키우기 시작했다. 이런 방식으로 기업은 1980년대 말까지 1년 내내 중요한 과일과 채소를 시장에 내놓을 수 있게 되었다.

높은 온도에서 가열되고 냉동되었던 식품들이 쓰레기통으로 굴러가다

식품산업의 세계화로 인해 신선한 제품을 쉽게 상하지 않게 보관하는 문제가 새로이 등장했다. 전통적인 방식인 훈제, 병조림, 돼지고기를 소금에 절이고 말리는 방법은 비용과 노동력이 많이 들어 새로운 방법을 모색하게 되었다. 이미 1795년에 프랑스의 요리사이자 제과공이었던 니콜라스 프랑수아 아페르(Nicolas François Appert)는 열을 가해서 살균하여 병조림을 만드는 법을 발명했다. 이는 통조림 깡통을 만들 수 있게 해주는 과정이기는 했으나, 맛과 비타민이 떨어졌다. 왜냐하면 채소는 수확하자마자 이미 쇠퇴 과정이 시작되기 때문이다. 비타민은 없어지고, 박테리아와 곰팡이가 증가하며, 효소와 더불어 상하는 과정이 진행된다. 신선한 시금치는 사흘이 지나면 벌써 절반의 비타민을 상실한다.

주석으로 도금한 깡통에 들어 있는 음식은 맛도 없고 중금속으로 오염된 반죽이라는 말은 옛날 말이다. 오늘날에는 신선한 채소는 수확이 끝나면 즉시 위생적인 통조림이나 병조림으로 가열되어 포장된다. 여기에는 방부제도 들어 있지 않다. 따라서 통조림 속에 들어 있는 식품은 악명에 비해서 훨씬 좋은 식품이다. 이는 과학적으로도 입증되었다. 즉 "지용성 비타민 A와 E, 그리고 수용성 비타민 B 그룹과 엽산의 경우에 통조림 식품에서도 신선도를 유지할 수 있다. 비타민 손실―비타민 C는 예외―은 매우 적다. 통조림에 들어 있는 음식의 단백질, 탄수화물, 지방과 발열량은 신선한 제품과 비교할 때 거의 비슷하다."[43]

그래서 현대의 통조림 식품은 식품을 상하지 않게 보관할 수 있는 이상적인 방법이며, 빛, 공기와 동물로 인한 피해를 막아주고, 보관도 쉬울뿐더러 냉장을 하지 않더라도 5년은 끄떡없다. 과소비 문제를 이상적으로 해결할 수 있는 통조림은 앤디 워홀의 '캠벨 토마토 수프'라는 그림이 나온 이후부터 단지 미국이라는 과잉사회의 상징에 그치지 않았다. 이처럼 음식물을 오랫동안 상하지 않게 보관하는 에너지 집약

　　　| 왜 음식물의 절반이 버려지는데 누군가는 굶어 죽는가 |

적인 새로운 방법으로 과잉생산이 가능해졌다. 그뿐만 아니라 이를 촉진시키기도 했다.

통조림으로 된 인스턴트 식품이 독일 시장에 처음 선보인 것은 1958년이었다. 바로 토마토소스가 든 라비올리(Ravioli: 속이 채워진 파스타—옮긴이)였다. 이 통조림은 오늘날 특히 잘 팔리는 값싼 인스턴트 음식으로 가정에서 나오는 라비올리 쓰레기는 그야말로 몇 톤씩이나 된다. 전 세계가 과소비사회로 넘어가는 길에 또 하나의 이정표 역할을 한 것은 통조림 외에 냉동식품을 들 수 있다. 즉 신속하게 식품을 냉동시키면 미생물의 번식이 중단된다. 그러면 식품은 몇 주, 아니 어떤 식품은 심지어 1년 이상 보관이 가능해진다. 비타민과 미네랄의 손실도 다른 통조림과 병조림에 비해 적은 편이다(몇 달이 지난 후에도).

독일에서는 이글로(Iglo) 사가 최초로 냉동 시금치를 시장에 내놓았다. 1876년에 독일 물리학자이자 엔지니어였던 카를 폰 린데(Carl von Linde)의 발명으로 냉장고 시대가 열렸다. 그는 암모니아를 농축하여 액체화하는 데 성공했으나 연이은 제품 생산은 1916년에야 비로소 가능해졌다.[44] 냉동이 널리 사용된 것은 납작한 냉동실이 발명되고 공장에서부터 상점의 냉동고까지 냉동식품의 저장 및 수송 체계가 등장한 1930년부터였다. 하지만 그런 냉동기가 독일 부엌을 점령하기까지는 수십 년이 더 걸렸다. 50년 전에 독일에는 피자가 무엇인지 아는 사람은 거의 없었다. 그러니 냉동 피자를 아는 사람은 당연히 없었다. 이탈리아 사람들이 좋아하는 음식이 미국을 거쳐 독일에 들어오게 된 것은 1966년이었는데, 프랑크푸르트에서 열린 주부 박람회에서 냉동 피자가 모습을 드러낸 것이다. 1970년 4월에 독일에서 생산된 냉동 피자가 시장에 최초로 선을 보였다.

오늘날 같은 소비사회를 초래한 또 다른 획기적인 사건은 1962년에 일어났다. 즉 이 해에 카를 알브레히트(Karl Albrecht)와 테오 알브레히트(Theo Albrecht)는 아버지가 운영하던 식품사업을 할인매장으로 전환했다. 복잡하지 않은 가게 형태, 한눈에 쉽게 볼 수 있는 품목들, 제3국을 통한 신속한 상품 수송, 낮은 가격으로 할인매장은 대대적인 성공을 거두었다. 이러한 규칙에 따라 오늘날 알디(Aldi) 시장 말고도 더 많이 할인해주는 리들(Lidl)도 있고 네토(Netto)처럼 슈퍼마켓 체인점이지만 할인을 하는 매장도 있다. 이런 사업의 절반은 식품 소매상으로 이루어져 있다.

오늘날 같은 소비사회이자 과소비사회로 나아가기 위해 내디딘 다섯 번째 걸음이자 아주 폭이 넓은 걸음은 1970년대 초에 나타났다. 1971년에 미국의 패스트푸드 기업연합 맥도날드의 지점이 뮌헨에서 최초로 문을 열었다. 이어서 버거킹이나 피자헛 같은 체인점들이 독일로 들어왔고, 독일식 체인으로는 닭고기 요리를 판매하는 비너발트(Wienerwald)가 등장했다. 늦어도 1980년부터 독일의 식습관은 미국화되었고, 과잉이 자리 잡았다. 또 특색 있는 지역 요리와 계절 요리도 점차 사라지고 표준화되고 빨리 먹을 수 있는 음식이 정상으로 간주되었다.

우리는 어떻게 영양을 섭취하고 있는가, 왜 그러는가

우리는 우리사회의 영양 섭취에 관해 놀라울 정도로 아는 게 적다. 지금까지 음식과 음료라는 주제를 문화적으로나 사회적인 측면에서 연구한 사례는 충분치 않다. 비용을 많이 들이는 시장연구에도 불구하고, 소비자들이 어떤 물건은 구입하고 어떤 물건은 구입하지 않는 과정을 추적하는 소위 신경(Neuro) 마케팅에도 불구하고, 소비자는 확실히 예측할 수 있는 개인이 아니라는 점이 드러나고 있다. 새로이 개발된 편리하고 완전히 익힌 제품 가운데 거의 80퍼센트는 1년 안에 시장에서 회수되는데, 소비자들이 사지 않기 때문이다. 성별에 따라 소비 패턴이 다르지만, 실제로 소비하는 경우를 관찰해보면 생각보다 차이가 적다.

우리가 알고 있는 것은 그야말로 소비자에 관한 통계 그 자체이다. 즉 2008년과 2009년에 독일 소비자들은 매년 평균 곡물 88.3킬로그램, 감자 60.6킬로그램, 백설탕 33킬로그램, 채소 90.7킬로그램, 과일과 열대 과일 70킬로그램, 감귤류 45킬로그램, 고기와 고기로 만든 식품(이 가운데 돼지고기가 54킬로그램) 88.2킬로그램, 생선 15.7킬로그램, 기름과 지방 19.8킬로그램, 우유 및 유제품 103.4킬로그램, 치즈 22.7킬로그램 그리고 달걀 211개를 소비한다.[45] 이 수치에는 공급 과정에서 상실되거나 판매되지 않고 쓰레기통에 들어가는 음식도 모두 포함되어 있다.

성별과 나이에 따라 섭취하는 식품에 대한 통계를 살펴보는 편이 시사하는 바가 훨씬 많다.

이 같은 통계에 따르면 독일 남자 한 명은 매일 음료를 제외하고 1.45킬로그램의 식품을 먹는다.[46] 이 가운데 대략 27퍼센트는 유제품이고, 21퍼센트는 채소, 15퍼센트는 과일, 11퍼센트는 빵 및 제과류, 10퍼센트는 고기 그리고 9퍼센트는 감자이다. 통계는 우리가 얼마나 많이 먹는지를 냉정하게 조명해준다. 즉 쉰 살 된 독일 남자는 평생 10만 번의 식사를 하며, 이는 대략 계산해보면 20톤의 식료품을 섭취한다는 얘기다. 독일 여자들 가운데 66퍼센트 그리고 남자들 가운데 51퍼센트가 과체중이다. 그럼에도 불구하고 69퍼센트는 자신들이 건강하게 영양을 섭취한다고 생각한다.

남자들은 여자들에 비해서 두 배나 많은 고기를 먹는다

식품 소비를 순전히 양으로만 봤을 때 그렇다. 하지만 누가 정확하게 어느 정도를 먹으며, 무엇을 그리고 왜 먹을까? 남자들은 무엇을 더 잘 먹으며, 여자들은 무엇을 더 많이 먹을까? 교육과 직업은 또 식습관에 어떤 영향을 미칠까?

이런 의문을 해명하기 위해 독일 정부는 영양 섭취와 식품에 관해서 연구하는 막스 루브너 연구소(Max Rubner Institut)에 대규모 조사를 위탁했다. 이 연구소는 2005년 11월부터 2006년 12월까지 2만여 차례나 깊이 있는 인터뷰를 통해 사회통계학적인 질문을 했다. 즉 나이, 성별, 가족 상태와 교육 및 직업에 관련해서 총 250여 개의 항목에 걸쳐 조사한 것이다. 설문지의 라이프스타일의 경우, 예를 들어 다이어트, 구매 태도, 요리 능력, 흡연, 운동과 일반적인 건강에 대한 태도와 같이 거의 400여 가지 다양한 항목을 포괄했다. "우리는 범국민 음식물 소비 연구 II를 통해 매우 중요하지만 모르고 있었던 부분을 보완하고자 합니다. 현재 우리의 음식물 섭취 습관에 관해서는 생생한 정보가 없습니다. 즉 피자나 식초에 절여 구운 고기를 누가 얼마나 먹는지, 집에서 주로 식사를 하는지, 레스토랑이나 패스트푸드 체인점에서 먹는지. 뭐 이런 문제에 관해서 정확하게 아는 사람은 아무도 없다는 거죠." 국회의원으로서 '식량 및 농업 소비자보호부'의 차관을 역임한 게르트 뮐러 박사는 비용이 많이 드는 조사를 해야만 했던 이유를 이렇게 설명했다.[47]

범국민 음식물 소비 연구의 2부[48]는 2008년에 발표되었는데, 이 연구에 따르면 남자들은 여자에 비해서 고기, 소시지와 고기가 들어간 식품을 두 배나 더 많이 먹는다. 남자들은 매일 103그램을 먹는 반면에 여자들은 53그램만 먹는다. 물론 젊은 남자들은 젊은 여자들보다 우유와 유제품을 더 많이 먹는다고 나왔다. 어쨌거나 모든 독일 사람들 가운데 60퍼센트가 과일을 너무 적게 먹고 있다. 나이 어린 사람들은 성인에 비해서 단것을 더 좋아했다. 흥미롭게도 매일 1.5리터 음료를 마셔야 한다는 충고는 목표 이상을 달성했다. 이때 마신 음료의 절반 이상이 물이었다. 알코올의 경우에 남자들은 매일 300그램을 마심으로써 여자들보다 거의 네 배를 더 마셨다. 이 가운데 80퍼센트는 맥주이며 15퍼센트만이 와인이었다. 이와 달리 여자들은 와인과 맥주를 비슷하게 마셨다. 그 밖에 교육을 받은 사람들은 물을 더 많이 마시고 코카콜라 같은 달콤한 음료는 덜 마셨다. 빈곤층 남자들은 교육을 잘 받은 남자들에 비해서 달콤한 음료를 세 배 반이나 더 많이 마셨다. 서민층에 속하는 여자들과 남자들은 상류층에 비해서 채소와 과일처럼 영양소가 많은 식품을 적게 섭취하고, 대신에 소시지와 달콤한 것처럼 지방과 설탕이 많이 들어간 음식을 더 많이 먹었다.

유감스럽게도 설문지에 답한 가구들이 식품을 얼마나 버리는지에 관해서는 조사하지 않았다.

실험실 슈퍼마켓

우리의 슈퍼마켓은 온갖 유혹과 무한한 종류의 상품, 온갖 상표로 가득해서 곧 터질 것만 같다. 소비자들의 눈이 닿는 구역, 몸을 굽히는 구역, 그리고 몸을 쭉 뻗는 구역에 상품들을 쌓아두고 배치하는데, 그냥 하는 게 아니라 심리학적인 학설을 바탕으로 한다. 우리는 카메라의 감시를 받고 정선된 음악을 들으면서 마치 실험실의 토끼처럼 진열장을 통과해서 지나간다. 우습게도 반시계 방향, 즉 늘 오른쪽에서 왼쪽으로 돈다. 슈퍼마켓은 연구 대상이며 통제가 가능하고, 쇼핑은 거의 학문이 되었다. 만일 소비자가 특정 제품을 구입하면, 그는 "유혹하는 상품이 많은 상점에서 다수의 구매 목표를 달성했다".[49] 이는 이미 입구에서부터 시작된다. 고객이 카트를 밀고 가는지 아니면 바구니를 들고 가는지 혹은 빈손으로 쇼핑을 시작하는지는, 그가 얼마나 구입하는지를 결정한다. 즉 고객은 부피에 맞게 채우는 것이다.

슈퍼마켓 주인은 고객이 가능하면 오랫동안 가게에 머물기를 원하고 그러므로 넓은 가게를 선호한다. 왜냐하면 고객은 다양한 제품을 보면 볼수록, 그만큼 더 많이 구입하기 때문이다. 구매는 대개 사전에 계획하지 않는다. 70퍼센트는 즉석에서 구매 결정을 내리기 때문이다. 슈퍼마켓은 이런 점에 대하여 잘 준비한다. 왜냐하면 소비자들은 쉽게 영향을 받기 때문이다. 예를 들어 와인코너에서 들려주는 클래식 음악을 꼽을 수 있다. 고객들이 와인을 고르고 있을 때 비발디의 〈사계〉를 들으면 훨씬 비싼 와인을 구입한다고 한다. 그런데 마돈나의 노래가 흘러나오면 이런 구매 충동을 불러일으키지 않는다는 얘기다. "미국의 포도주 상점에서 실시한 실험으로부터 나온 결과랍니다. 가벼운 클래식 음악을 들으면, 고객들은 팝 음악을 들을 때보다 세 배나 더 비싼 포도주를 샀다고 합니다."[50]

10년 동안 독일 슈퍼마켓에서 제공된 제품은 130퍼센트 늘어났고 제품의 다양성은 심지어 420퍼센트까지 늘어났다. 이와는 반대로 개별 제품의 수명은 80퍼센트로 줄어들었다.[51] 많은 제품들은 일주일이 지나면 다시 보이지 않는가 하면, 어떤 제품은 이상하게도 부활하곤 한다. 왜냐하면 슈퍼마켓 전략가들은 고객들이 진정으로 원하는 것이 무엇인지 모를 때가 많기 때문이다. 슈퍼마켓은 실험실이 된다. "쿠프 (Coop: 스위스에서 두 번째로 큰 소매상 기업─옮긴이) 사의 인스턴트 식품 목록에는 매달 20~30가지 품목이 삭제되거나 새롭게 기록된다. 쿠프 사의 모든 제품 목록에서는 매년 대략 1만 3000가지 품목이 변경되는 형편이다. 그러니 슈퍼마켓은 지속적으로 바퀴를 갈아가며 전 속력으로 달리는 탱크가 된 것이다." 스위스의 기자 레토 U. 슈나이더(Reto U. Schneider)는 이렇게 적고 있다.

우리 모두는 그야말로 조종되고 있는 것일까? 슈나이더 기자는 이렇게 묻는다. 우리는 "비밀스러운 힘에 의해 반시계 방향으로 가게를 돌아다니는 무기력한 쇼핑 좀비들일까?" 다행스럽게도 그렇지는 않다. "쇼핑 연구를 실행할 때 가장 큰 방해물은 바로 당신이다. 당신은 다른 모든 사람들처럼 습관의 동물이고, 쇼핑학의 최신 전략에 따라 슈퍼마켓 직원이 바나나 응유를 더 이상 눈에 띄지 않는 곳에 두더라도 그런 전략에 관심조차 없다. 바나나 응유를 몸을 구부려야 볼 수 있는 진열장에 놓아둔 데 수학적인 이유가 있다고 하더라도 말이다."[52]

소비자들은 광고심리학자들이 간주하듯 그렇게 멍청하지는 않으며, 따라서 자신만의 생각을 할 줄 안다. 2010년 중반에[53] 프레세니우스 연구소(Fresenius-Institut: 비의학적 실험 분석 연구소. 1973년부터 식품, 화장품, 위생품 등에 프레세니우스 품질인증을 한다—옮긴이)가 위탁하고 알렌스바흐 인구통계학연구소가 실시한 연구로부터 놀라운 결과가 나왔다. 즉 설문에 답한 사람들 가운데 55퍼센트가 허위 과대포장을 두려워하며, 절반 이상은 생산자들이 주장하는 것처럼 건강에 좋다는 말을 믿지 않는다고 했다. 또한 거의 절반의 사람들은 내용물에 대한 중요한 정보는 솔직하지 않거나 혹은 전혀 정확하지 않다고 간주하며, 그런 정보는 이해하기 어렵거나 전혀 이해하지 못한다고 대답했다. 그리고 감미료나 색소가 건강에 해롭다고 간주하는 사람들도 절반이나 되었다. 모든 독일사람들 가운데 4분의 3이 포장지에서 제공하는 정보를 바탕으로 식품이 건강에 좋은지 그렇지 않은지를 판단할 수는 없다고 보았다.

하지만 식품 생산자들에게 더 거북한 결과도 있다. 열 명의 설문 답변자 가운데 오로지 한 명만이 식품 현안에서 식품산업(그리고 정치권)의 주장을 신뢰한다는 것이다. 73퍼센트가 제품을 테스트하는 재단인 바렌테스트(Warentest)의 평가를 신뢰하며 소비자단체의 정보를 신뢰하는 사람들도 그만큼 많았다. 심지어 38퍼센트는 독일의 식품 감독이 충분치 않다고 생각한다. 연구에 따르면 전반적으로 여자들이 남자들에 비해서 훨씬 더 비판적이고 건강을 의식해서 구매한다. 새로 유행하는 트렌드도 있다. 즉 소비자들의 절반가량이 구매할 때 지역 제품인지를 살피고, 43퍼센트는 유전자기술이 적용되지 않은 식품을 좋아하며, 40퍼센트는 지방이 적게 포함된 제품인지를 살펴본다는 것이다.

식품을 생산하는 기업은 그런 불신과 역풍 속에서 소비자들에게 제품을 팔기 위해 그렇듯 음험한 수단을 사용해야만 한다. 특히 기업은 아이들을 과녁으로 삼는다. 소비자 권리 단체인 푸드워치(Foodwatch)의 회장을 맡고 있는 틸로 보데(Thilo Bode)는 특히 설탕 소비와 관련해서 비난을 토해낸다.[54] 우리 아이들은 네슬러와 페레로 같은 기업에 의해 체계적으로 살이 찌고 있으며 그들의 제품에 종속되어 있다. 〈슈피겔〉지와의 인터뷰에서 그는 오도(誤導)로 인한 신체 상해를 불러일으킬 뿐 아니라 낭비까지 부추기는 예로 광고 캠페인을 지적했다. "아이들은 페레로에서 나온 초콜릿을 구입함으로써 월드컵 축구대회 때 입을 수 있는 응원복 추첨에 응모할 수 있는 점수를 모을 수 있습니다. 여기에 응모하기 위해 초콜릿을 구입해야 하는데, 여기에는 무려 설탕 5.5킬로그램과 버터 열여덟 덩어리에 해당하는 지방이 들어가 있습니다! 위선자 중에 위선자인 페레로는 아이들을 위한 스포츠 배지를 후원합니다."[55]

게으름뱅이의 천국에서 볼 수 있는 기아 상태

인간은 수천 년 동안 죽도록 일하고서도 겨우 먹고살았다. 매일 식량을 구하기 위해 길을 나서야 했으며, 모자라는 비축량으로 입에 풀칠을 하거나 몇 주 동안 굶어야 했다. 식량이 남아도는 광경은 동화에나 나올 법한 천국이나 굶주림과 걱정이 없는 낙원으로 간주되었다. 즉 실개천과 강에는 물 대신에 우유와 포도주가 흐르고, 튀긴 닭이 날아다니는 곳으로 말이다. 정작 현실은 음울하고 지극히 궁핍하게 보였다. 사람들은 미리 준비해야만 했고, 소중한 식량을 오랫동안 보관해서 겨울을 날 수 있는 방법을 개발해야만 했다. 신중한 운반, 올바른 저장, 설치류와 해충, 부패에서 식량을 보호하는 일은 살아남기 위해서 반드시 필요했다. 배 불리 먹을 수 있을 때는 수확이나 도축을 마친 직후뿐이었다.

　하지만 오늘날 우리는 매일 게으름뱅이들의 천국에 사는 듯한 착각을 하면서 살아간다. 슈퍼마켓의 문턱을 넘어가면, 곧장 다른 세계로 들어가는 것이다. 다시 말해 신선한 장소이자, 젊고 영원한 과잉이 넘쳐흐르는 장소로 말이다. 어떤 것도 시들거나 오래되어서는 안 되며 쪼그라들어서도 안 된다. 또 더럽고, 무색이거나 맛이 없어도 안 된다. 우리가 슈퍼마켓으로 들어가는 것은 익숙한 환경에서 나가는 것이며, 우리는 세계화된 음식으로 지구 저편과 만나게 된다. 심지어 매우 이국적인 과일, 생선 혹은 양념조차도 상품이 잘 구비된 슈퍼마켓에 가면 볼 수 있다. 그래야 보기가 좋은 것이다. "하지만 이처럼 낙원 같은 상태가 오래 지속될수록, 소비자들은 이를 점점 더 김빠진 상태로 당연하게 받아들인다. 게으름뱅이의 천국과는 달리 이런 슈퍼마켓에서는 심리적인 기아 상태가 생겨난다. 즉 사람들은 많은 제품들로 인해 무엇이 맛있는지를 전혀 알 수 없게 된다." 라인골트 시장연구소(심리적인 영향을 조사하고 품질을 분석하는 연구로 전 세계적으로 명망이 높은 연구소이다ー옮긴이)에서 파트너 관리자로 일하는 옌스 뢰네커(Jens Lönneker)는 상황을 이렇게 분석한다.[56] 라인골트는 생생한 식품 연구를 실시함으로써, 왜 우리가 항상 너무 많이 구입하는지를 심리적으로 설명한다.

음식을 준비하는 게 낯선

광고심리학자들은 전통적으로 음식을 먹던 형태가 변했음을 밝혀냈다. 이들은 음식문화의 새로운 트랜드를 탈감각화, 분리와 탈리듬화라는 개념으로 설명한다.

'탈감각화'란 음식을 준비할 때 더러움이나 구토를 유발할 개연성이 있는 모든 것을 제거한다는 뜻이다. 생선 대가리는 물론이고 고기의 힘줄과 뼈도 제거해야 한다. 음식의 정성 어린 측면이 점점 희미해지는 것이다. 음식은 가능하면 금방 식탁에 차려놓을 수 있으면 제일 좋다. 모든 것이 익숙한 맛이 나야 한다. 미세한 차이가 들어설 자리가 없기 때문이다.

식구들이 함께 둘러앉아서 먹는 식사는—'분리'와 '탈리듬화'라는 개념과 관련해서—가족 구성원들의 일과와 노동시간이 각자 다르기 때문에 드문 일로 되어버렸다. 사람들은 금방 준비할 수 있는 음식을 먹고, 각자 맛있는 것 혹은 배고픈 순간에 먹고 싶은 음식을 섭취한다. "심리학적으로 봤을 때 과거에 식사란 가족의 결속력을 다지고 우리의 일상에 리듬을 부여하는 데 도움이 되었다. 하지만 우리는 오늘날 다른 형태의 공동생활을 누리고 있으며, 전승되어온 식사는 이제 의미를 상실하고 말았다. 즉 항상 함께 먹었던 식사 혹은 식구 모두를 끈끈하게 연결해주었던 식사라는 과거의 의무보다 개인적인 바람이 우선순위의 상위에 오르게 되었다. 바꿔 말하면, 오늘날 우리는 몇 년 전이나 몇 십 년 전처럼 식사를 하지 않는데, 우리의 일상을 전혀 다르게 보내고 있기 때문이다." 뢰네커는 상황을 그렇게 분석한다.[57]

식사가 새로운 형태를 띰으로써 이런 의문이 생겨난다. 누가 누구를 부양하는 걸까? 지속적으로 식재료를 구입하고 음식을 준비해야 한다고 느끼는 사람은 아무도 없다. 그런 일은 외부에 위임하니까 말이다. 그리하여 식품에 대한 소외감이 등장하게 되었다. 이로부터 이득을 취하는 곳은 레스토랑, 인스턴트 식품을 비치해둔 슈퍼마켓 혹은 피자집이다. 사회적 행동으로서의 식사는 다른 활동, 이를테면 노동, 텔레비전 시청, 운동 혹은 여행 같은 활동에 치여 뒷전으로 밀려났다. 원래 음식을 준비하던 활동은 이제 부수적인 일이 되어버린 것이다. 모든 것이 빨리 진행되어야 하고, 부담을 줘서도 안 되며 설거지 거리도 많이 남겨주면 안 된다.

그러니 식사 예절도 엉망이 되어버린다. 시장연구소의 파트너 관리자 뢰네커의 분석은 계속 이어진다. "그렇듯 리듬과 관계를 단절시키는 식사가 유행함으로써 오늘날 식사는 훨씬 개인적인 공간에서 이루어진다. 이런 곳에서 먹으면 식탁 예절에 주의할 필요도 별로 없고 이를테면 냄비채로 먹으면 되는 것이다. 이처럼 지저분한 식사는 타인이 알 수 없게 비밀리에 이루어진다. 이 사적인 작은 공간은 교양 없는 식품, 예를 들어 달콤한 음식, 인스턴트 라면, 소스 등을 제공한다."

덧붙이자면 그렇게 사적인 공간에서 먹는 음식을 얼마나 버리는지는 아무도 볼 수 없다.

물론 사람들은 가족끼리 먹는 식사로부터 완전히 벗어날 수는 없다. "이와 동시에 사람들은 가족이 함께 둘러앉아 식사를 하던 시절을 그리워한다. 오늘날에는 특별한 날, 이를테면 크리스마스에나 볼 수 있지만 말이다. 이런 그리움은 광고로 내보내기에 딱 좋은 점이다. 즉 오늘날 나는 과거의 가족이 제공하던 애정과 안전을 어떻게 얻을 것인

| 왜 음식물의 절반이 버려지는데 누군가는 굶어 죽는가 |

가?" 생일이나 수년 동안 친하게 지내는 친구들 모임 같은 계기가 생기면 식사는 또다시 중요해진다. 이런 때는 충분한 음식이 있어야 하기에 사람들은 많은 양을 식탁에 내놓는다. 여기에서 뢰네커를 인용해보겠다. "이런 순간이면 사람들은 가능하면 여러 가지 요리를 선보이려고 노력한다. 이국적인 식품이나 요리, 품질이 좋은 비싼 재료들을 잔뜩 사와서 준비하는 것이 중요해진다."

그야말로 정신병적인 상황이 만들어진 것이다. 즉 한편에는 가까운 관계와 안전이 있고, 다른 한편에는 극단적인 개인주의가 있다. 뢰네커는 이런 모습을 "게으름뱅이의 천국에서 볼 수 있는 기아 상태"라고 본다. 이런 상태는 "사람들이 과거처럼 게으름뱅이의 천국에서 실컷 먹는 것을 원하지 않고 점점 더 적게 먹기를 원해서 생겨났다. 우리는 오늘날 새로운 본보기에 따라 식사라는 행위를 이해하려 한다. 부양, 개성, 대중성과 일상 같은 의문을 새롭게 정하는 데 도움이 되는 본보기 말이다."[58]

라인골트 연구소 뢰네커의 사업 파트너이자 심리학자인 슈테판 그뤼네발트에 따르면 오늘날 우리는 배고픔을 달래기 위해서만 요구르트를 구입하는 게 아니다. "요구르트는 우리의 배고픔을 달래줄 뿐만 아니라, 삶에 대한 굶주림도 만족시켜줘야 한다." 쇼핑을 하면서 우리는 "삶의 모든 상황, 모든 분위기를 대비하려고 한다. 그래서 항상 너무 많이 구매하는 것이다."[59]

대형 슈퍼마켓은 수많은 브랜드와 엄청난 가짓수의 상품을 구비해놓는다. 하지만 이런 게 반드시 장점으로 작용하진 않는다. "소비자들은 한편으로 온갖 식품들이 구비되어 있기를 바라지만, 다른 한편으로 방향과 정보를 원할 때도 많다." 프레세니우스 연구소에 근무하는 울리히 엘링하우스(Ulrich Ellinghaus) 박사의 말이다.[60]

이는 무엇보다 할인매장이 성공을 거둘 수 있었던 원인이다. 품목이 한정돼 있으면 고객들은 훨씬 쉽게 관찰하고 판단할 수 있다. 할인매장에는 서른 가지나 되는 요구르트가 구비되어 있지도 않고 딱 두 가지만 있다. 싼 요구르트와 비싼 요구르트. 많은 연구 결과가 입증해주듯, 할인매장에서 판매되는 제품의 품질은 대체로 브랜드 제품에 비해서 나쁘지 않다. 신선한 채소 및 과일도 적게 구비해둠으로써 할인매장은 재고 계획을 더 쉽게 세울 수 있고 식품 쓰레기의 양을 급격히 줄일 수 있다. 이를테면 할인매장 알디의 경우 저녁에는 상품 진열장이 텅텅 비고 물건을 얹어둔 탁자도 비어 있지만, 그 옆에 있는 에데카 같은 슈퍼마켓을 보면 쓰레기통 컨테이너가 가득 차 있다.

우리가 슈퍼마켓에 들러 꼭 필요해서가 아니라 기분에 따라 물건들을 구매했다면, 어떻게 될지는 이미 정해져 있다. 우리는 언젠가 너무 많은 식품을 더 이상 먹지 못하고 버리게 된다. 그뤼네발트는 이미 우리에게 설명하기를, 양심의 가책을 느끼면서 물건을 버릴 때 사람들은 모순되는 쾌감을 느끼게 된다. 사람들은 껍질을 벗기고, 요리를 하고 식탁을 차려야 하는 제품들에 짜증을 낼 때가 많다고 한다. 그러다가 해당 식품들을 모두 버림으로써 일종의 해방감을 느낀다. 우리는 다른 데서 필요할지도 모르는 식품을 버리는 행위가 옳지 않다는 점을 알지만, 그 많은 식품을 어찌 제어할 도리가 없는 것이다.

이렇듯 미친 짓을 하는 이유로 그뤼네발트는 자체 보상 시스템을 들고 있다. 즉 "소비자의 마음속에는 두 가지 힘이 작용한다. 한편에는

| 왜 음식물의 절반이 버려지는데 누군가는 굶어 죽는가 |

계속 구매를 자극하는 탐욕이 있고, 다른 한편에는 우리를 훈련시키는 이성—가게를 꾸려나가기, 얇은 돈지갑, 구매용품을 적은 종이쪽지—이라는 게 있다. 이 둘은 항상 싸움을 한다. 우리는 구매하러 갈 때 의무적으로 구매할 품목을 적은 종이쪽지대로 행동하고, 마지막에는—마치 자유종목처럼—그렇게 한 우리에게 보상해주려고 계획에는 없지만 즉석에서 사고 싶은 물건을 사는 것이다."

하지만 우리가 꿈꾸었던 것들은—소스를 뿌린 신선한 음식, 촛불을 켜고 먹는 고요한 저녁, 혹은 언젠가 한번은 꼭 요리해보고 싶었던 음식—대부분 결국 전혀 낭만적이지 않은 쓰레기통으로 들어감으로써 끝난다.

배운 행동으로서 식품 버리기

레겐스부르크 대학에서 비교문화학을 가르치는 군터 히르시펠더(Gunther Hirschfelder) 박사는 식사와 정서는 서로 뗄 수 없다고 본다. 그는 이렇게 말한다. "그렇지 않다면 우리는 영양 섭취의 구조—그것이 지방과대중인지 혹은 유명한 미식가는 왜 주로 남자인지 등등—를 설명할 수 없다."[61]

히르시펠더 박사는 과잉과 음식을 버리는 정신 상태라는 주제를 문화인류학적인 측면에서 접근한다. 인터뷰에서 그는 식사를 사회적으로 향유하지 못하는 소외감과 사회적으로 습득한 양심의 가책을 음식을 버리게 되는 원인으로 내세운다.[62] "우리의 모든 행위, 그리고 우리의 몸을 해치고 향유하는 능력을 감소시키는 비이성적인 것들을 우리는 문화적으로 배웠으며 실습도 해왔다."

식사와 식사를 준비하는 일은 수천 년 동안 공동의 문제였다. 그런데 비이성적인 일 대부분을 우리는 20세기 들어와서 배웠다. "우리는 그야말로 맛에 둔감해졌다. 식사와 이를 즐기는 향유는 복잡한 현상이며 개인적인 요소뿐만 아니라 사회적인 요소가 있다. 나는 향유함으로써 바뀔 수 있고, 향유하기 위해 특정한 분위기가 필요하다. 우리는 싱글 사회, 모바일 사회, 비주얼 사회로 가는 도상에 있어 공동 식사로 맺는 관계를 상실하고 말았다. 혼자서 급하게 먹는 사람은 아무것도 즐길 수 없다. 왜냐하면 향유하려면 시간이 필요하기 때문이다."

사회는 철저히 조직되어 있고 지나치게 정비돼 있다. 우리가 언제 학교를 가야 하고 언제 일하러 가야 하며 언제 휴식을 취할 수 있고 현재 어떤 패션이 유행하는지 등은 상대적으로 확고하게 정해져 있다. 그러니 개인이 할 수 있는 행동의 여지는 지극히 제한돼 있다. 이와 반대로 식사는 개인적인 결정이다. 개인이 언제 무엇을 먹는지는 오늘날에도 직접 결정할 수 있다. 하지만 정해져 있지 않은 이 행위는 예나 지금이나 우리의 기독교적 도덕의식, 정치적인 상식 혹은 단순한 두려움으로 인해 위협받고 있다. 즉 "식사는 양심의 가책과 연계되어 있다. 우리는 정치적으로 문제를 바라보면 양심의 가책을 느낄 수 있다. 왜냐하면 식사를 함으로써 동물을 죽이거나 환경을 오염시키기 때문이다. 또는 식사를 함으로써 독살될까봐 두려워할 수도 있다. 우리는 음식을 먹고 너무 살이 찌거나 야월지 모른다는 인상을 받을 수 있고, 영양소, 비타민이나 오메가산을 충분히 섭취하지 못한다는 인상을 받을 수도 있다. 이런 식으로 우리는 지속적인 결핍에 시달린다."

왜 계몽된 사람들이 계속해서 너무 많은, 너무 지방이 많은, 너무 달

│ 왜 음식물의 절반이 버려지는데 누군가는 굶어 죽는가 │

사람들이 섭취할 목적으로 수확하고 생산하는 식품 가운데 절반이 쓰레기통으로 들어간다.

힐덴에서 제빵 기술자로 일하는 롤란
트 쉬렌은 자신이 만든 오래된 빵을
태워서 연료를 얻는다.

매년 독일에서는 50만 톤의 빵
이 버려진다. 이 정도의 양이면
니더작센 주에 거주하는 주민들
이 1년 내내 먹고살 수 있는 양
이다.

심리학자 슈테판 그뤼네발트는 이렇게 말한다. "오늘날 우리는 반드시 필요한 물건을 사는 게 아니라, 언젠가 필요할지도 모르는 물건들을 구입하고 있습니다. 생산자는 소비자가 어떤 기분일지, 또 어떤 상황일지를 잘 고려해서 제품을 소개하죠. 그래서 우리는 늘 매우 많은 물건을 사게 됩니다.

제3세계 아이들은 굶고 있는데, 유통기한은 우리가 당연히 식품을 버려도 된다고 인정해줘요. 나는 건강을 위해 유통기한이 지난 식품을 버리고는 합니다. 그러고 나서 처음부터 시작하는 겁니다. 식탁을 깨끗하게 치우고 냉장고도 텅 비우고 나면, 나는 다시 즐거운 마음으로 슈퍼마켓으로 달려가서 온갖 식품을 탐닉하고 구입해서 집으로 가져오는 거죠."

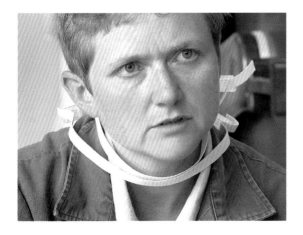

쓰레기 연구자 펠리치타스 슈나이더. "많은 가구들은 상하지도 않은 식품을 버리고는 해요. 더 이상 필요하지 않기 때문이라면서요. 그러고는 그 식품이 필요해지면 그냥 다시 구입하러 갑니다."

왼쪽: 농사를 짓는 프리드리히 빌헬름 그래페는 작지만 움푹하게 파인 감자를 하나 집어든다. 그러고는 엄지손가락으로 오목한 부분을 다정하게 쓰다듬으며 불평을 한다. "영양가는 똑같지만, 상인들은 이런 물건은 가져가지 않죠."

아래: 괜찮은 감자인지 아닌지를 눈으로 여러 번 검사하고 골라낸다. 이곳은 벨렌에 있는 중간 정착지 아그라타이다.

왼쪽: 소농 앙드레 포카 소유의 밭 대부분이 바나나 농장주에게 넘어갔다.

오른쪽: 농장 지배인 힐라리 치미 초아는, 유럽에서 지나치게 까다로운 기준을 제시하는 바람에 농장에서 수확한 바나나의 8퍼센트를 버려야 한다며 아쉬워한다.

카메룬에서 진행된 촬영: 소농 앙드레 포카가 파파야 나무를 심고 있다.

파리의 헝지스에 있는 세계에서 가장 규모가 큰 농산물시장의 생선 쓰레기: 그날 팔리지 않은 식품은 쓰레기통으로 들어간다.

콤한 그리고 화학물질 범벅인 식품을 먹느냐는 질문에 대하여 히르시펠더 박사는 심리학으로 설명한다. "사람들은 무의식적으로 형편없이 먹는다. 이는 다른 문화적·사회적 결핍을 극복하는 전략이다. 사람들은 비틀거리며 그렇게 빠져들어 가는 것이다. 식사는 항상 상징적인 의미를 지닌다. 나는 식사를 통해 정치적으로 올바르게 혹은 그릇되게 행동할 수 있으며 세상을 구할 수도 있다. 하지만 모두에게 올바르게 행동할 수는 없다."

하지만 영양을 섭취하는 행동을 통해서 자신에게 해를 입힐 수 있는 경향은 어떻게 생겨날까? 히르시펠더는 여기에서 고대의 패턴을 본다. "인간은 언젠가 망아적으로 도취할 수 있는 축제를 원한다. 만일 내가 그런 도취 상태에 있지 못하면 먹음으로써 이 상태에 빠진다. 내가 먹을 수 있을 만큼 한번 먹어보기도 하는데 이런 일은 매우 정상적이다. 물론 뷔페에 가서 먹는 것을 보면 아직 우리는 여전히 석기시대의 사람이다." 과식과 음식물 버리기는 힘을 의미한다. 히르시펠더는 이런 형태의 '식품에 대한 폭력'은 원래 자연에 대한 폭력이 아닌지, 그리고 이로써 문화가 자연을 굴복시키는 것은 아닌지 의심한다.

이때 광고와 마케팅 및 교육은 어떤 역할을 할까? 히르시펠더는 서로 상호작용을 한다고 본다. 그러니까 소비자가 책임감에서 벗어나지 못하게 한다는 것이다. 히르시펠더에게 슈퍼마켓을 방문하는 고객은 결코 의지가 없는 좀비가 아니라, 자신의 구매 행위에 대하여 책임을 지는 사람이다. "개인은 조건부로 책임이 있으며 전반적인 책임은 다른 데 있다. 여기에서 중요한 것은 비교적 논리적인 과정이다. 물론 제대로 감독하지 못한 정치권이 가장 큰 문제인데, 왜냐하면 지난 수십 년 동안 엉뚱한 것을 중요하게 추진했기 때문이다. 우리는 허락해서는 안 되는 일을 허락했다. 우리는 학교에 인스턴트 제품을 급식으로 제공함으로써 집단적인 죄를 범한다. 그리고 모든 것을 소비자에게 팔아야 한다는 압박에 시달리는 시장을 만들어두었다. 하지만 내가 보기에 결국 잘못은 시장이 저지르지 않았다. 고객이 책임져야 한다. 좀더 책임감 있는 소비자가 필요하다."

다양성의 딜레마

"자본주의란 소비를 해야 하는 의무를 뜻한다." 이로써 히르시펠더는 소비자가 자발적으로 시스템에 적응해야 한다고 넌지시 암시한다. "우리는 소비자로서 텅 빈 진열장을 보면 마음이 편치 않다. 우리는 사회에 소속된 가치 있는 일원으로 느끼기 위해 여러 물건들 가운데 선택할 수 있어야 한다는 환상을 갖고 싶어 한다. 나약한 사람일수록 그런 식으로 행동하려는 욕구를 더 많이 느낀다. 우리는 최대한의 자유를 원하지만, 이런 자유를 어떻게 다루어야 할지는 모르고 있다." 그래서 이토록 많은 식품을 버리는 걸까? 소비해야 할 의무는 신속히 처분해야 한다는 계명을 포함하고 있을까? 그렇게 해야 다시 새로운 물건을 살 수 있으니까?

히르시펠더는 그렇게까지 비약하지는 않는다. 그는 소외, 배제, 정보 왜곡을 언급한다. "많은 시민들은 이렇게 생각한다. 가능하면 모든 것을 먹고 나머지는 무료급식소에 보낸다고. 가난한 사람들이 우리가 거부한 빵을 먹기 때문에 우리는 얼마간 착한 일을 한다고 믿는다. 그렇지만 현실은 전혀 그렇지가 않은데, 사람들은 이를 전혀 의식하지 못

| 왜 음식물의 절반이 버려지는데 누군가는 굶어 죽는가 |

한다. 그런 끔찍한 현실을 더 이상 해결할 수 없으므로 보는 것조차 원치 않는다는 사실을 우리는 알고 있다. 또 다른 중요한 점은 식품의 소외이다. 농업과 식량이라는 시스템과 최대한 멀리 떨어져 있는 사람은, 뭔가를 버리는 데서도 전혀 문제를 느끼지 않는다. 많은 사람들은 그런 관계를 완전히 상실한 상태이다. 이는 커다란 교육 문제이다. 이로 인해 우리는 정치를 탓할 수 있는데, 학교 교육을 통해 그런 점을 더 많이 다룰 수 있었는데 그러지 못했다고 비난할 수 있다는 말이다."

우리가 식품을 좀더 조심스럽게 다루지 못하고 소중하게 여길 줄 모르는 또 다른 측면이 있는데, 바로 식품의 가격이다. 독일에서는 다른 유럽 국가에 비해 식품이 너무 싸다. "우리가 식품을 다루는 태도가 건전하지 못한 이유는, 식품이 너무 많고 싸기 때문이다. 이중적인 의미에서 싸다고 볼 수 있는데, 품질은 나쁘고 가격은 낮기 때문이다." 히르시펠더의 말이다. 식품이 쌀 수 있는 이유는, 식량 재배, 생산과 이용에 따르는 사회적 비용을 고려하지 않기 때문이다. 핵발전소에서 생산되는 전기처럼 말이다. 원래 공장에서 생산되는 식품들은 유기농 제품보다 훨씬 비싸야만 한다.

히르시펠더의 말을 더 들어보자. "나는 우리의 농업 시스템과 식량 시스템이 변하면 좋겠다. 그러니까 현재 외식을 포함해서 우리가 음식과 음료에 지불하는 돈은 순소득의 13퍼센트지만, 프랑스나 이탈리아처럼 20퍼센트 이상 지불해야 하는 시스템이었으면 좋겠다는 말이다. 그렇게 되면 더 좋은 제품을 더 향유할 수 있을지 모른다. 그리고 제대로 하기만 한다면, 더욱 공평하며 지속가능한 농업을 일구어낼 수 있을 것이다."

2부
우리의 소비 태도가 초래하는
전 세계적인 결과

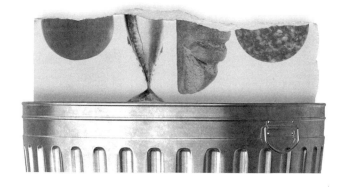

낭비에 대한 베로니크의 분노

독일에서는 식품 낭비에 관해서 얘기하려는 슈퍼마켓 점장이 아무도 없었다. 그런데 우리는 우연히 북프랑스로 가는 국경을 지나가게 되었다. 때마침 릴 부근에서 토마스 포허를 알게 되었다. 그는 르클레르크 (Leclerc: 프랑스 소매상 체인─옮긴이) 체인점 가운데 대규모 매점을 운영하고 있었다. 젊고 활동적인 이 점장은 지속적인 성장에 적극 참여하는 사람이어서 프랑스 슈퍼마켓 점장으로서는 처음으로 이산화탄소 라벨을 붙이는 일을 했다. 그는 한 연구소에 의뢰하여 개별 제품들을 운반할 때 방출되는 가스의 양을 계산해달라고 했다. 그리고 진열장의 제품 가격 밑에 이산화탄소 방출량도 별도로 붙여놓았다. 게다가 고객들은 영수증에서 구매한 제품의 이산화탄소 방출 총량을 확인할 수도 있다.

이런 시도로 구매 태도가 바뀌었을까? 이 질문에 고객들의 반응은, "예, 제 결정에 영향을 주었어요"에서부터 "이산화탄소 방출량 숫자는 나를 혼란스럽게 했어요"에 이르기까지 매우 다양했다.

어쨌거나 슈퍼마켓에서 제품을 제공하는 전략은 하나도 변하지 않았다. 이곳에서는 여전히 가게 문을 닫을 때까지 진열장을 항상 가득 채워둔다. 첫 번째 손님이 슈퍼마켓을 방문하기도 전인 이른 아침에, 판매자들은 제품을 골라내는 일을 한다. 프랑스에서는 유통기한 6일 전에 이미 요구르트는 폐기된다. 슈퍼마켓 점장도 이처럼 낭비하는 습관에서 자유롭지 못하다. "고객들이 그렇게 하기를 원합니다."

"유감스럽게도 우리가 버리는 쓰레기통을 보면 유통기한이 아직 지나지도 않았는데 버린 식품이 있죠. 우리 슈퍼마켓에서 배출되는 쓰레기는 매년 500~600톤입니다. 이미 많은 양을 줄이기는 했지만, 다른 슈퍼마켓과 경쟁하고 있으니 어느 정도는 제품을 갖추어서 진열해야 하거든요."

르클레르크 체인점을 운영하는 관리자 포허는 정보망을 구축해놓고 있다. 예를 들어 고기칸에는 쇠고기가 닭고기에 비해서 지구온난화를 더욱 부추긴다는 정보를 제공하는 것이다. 물론 이 두 가지 고기 모두 보관기간이 지나면 버리게 된다. "나는 매일 아침 날짜를 확인하고, 판매할 수 없는 것은 골라내버리죠." 실러방 사드완느가 설명했다.

이 젊은 남자 판매원은 개별 포장된 고기, 즉 송아지 고기, 양고기, 닭고기 가슴살로 가득 채운 카트를 밀고서 폐기할 쓰레기를 일단 옮겨다 놓는 공간으로 간다. 여기에서 제품을 마지막으로 스캔한 뒤에 쓰레기 컨테이너 속으로 버리는 것이다. 매일 이런 일을 하는 심정이 어떠냐고 그에게 물어보았다. "고기를 버려야 하니까 찝찝하죠. 하지만 고객들이 무엇을 살지 사전에 알 수는 없는 일이니까요. 유통기한이 너무 짧아서 자선단체에 기부하지도 못하니 아쉽죠. 그러니 버리는 수밖에 없습니다."

슈퍼마켓 관리인도 고기는 어찌할 방도가 없다고 했다. 하지만 다른 제품의 경우에, 생산자들이 유통기한을 점점 더 짧게 잡고 있다고 불평했다. "그들은 예방 차원에서 그렇게 한다고들 합니다. 과거에 물한 병의 유통기한은 1년 반이었는데, 요즘은 겨우 6개월이죠. 거 참." 포허는 이렇게 말하며 언짢은 표정을 지었다.

그가 자신의 슈퍼마켓에서 기꺼이 바꾸고 싶은 것은 소위 '원 플러스 원' 전략이었다. "이는 소비자들이 원래 필요한 양보다 더 많이 구입하도록 유혹합니다. 나는 하고 싶지 않아요." 하지만 르클레르크 체인은 전국의 모든 지점에서 그러한 판촉을 실시하므로 간단히 빠져나갈 수는 없었다. 포허도 슈퍼마켓의 소유주이기는 하지만 그로부터 벗어날 수 없다. 하지만 그는 자신이 운영하는 슈퍼마켓에서 독자적으로 그런 판촉 활동은 펼치지 않으며, 이를 통해 체인점 전체의 변화를 기대했다.

상거래의 집중 현상은 독일에서와 마찬가지로 점점 진행되고 있다. 다시 말해, 프랑스에서는 기업연합 여섯 개가, 즉 까르푸, 르클레르크, 엥테르마르셰(Intermarché), 오상(Auchan) 마트, 카시노와 시스템 U가 시장의 85퍼센트를 점유하고 있는 형편이다. 다른 나라들도 비슷할 것이다. 기업은 점점 늘어나는 시장의 권력을 이용하여 제품 공급자들에게 가능하면 가격을 낮추라고 강요한다. 그들의 힘은 정말 위협적이어서 자신들만의 농사 규정을 마련할 수 있을 정도가 되었다. 농부들은 개별 슈퍼마켓 체인점이 요구하는 규정을 거의 파악할 수도 없는데, 예를 들어 알디의 규정은 레베의 규정과 다르기 때문이다. 그래서 농부들은 예전의 유럽연합 규정으로 돌아가기를 원할 정도이다.

도매상도 몇 개의 기업으로 집중되고 있다. 특히 프랑스의 경우는 터무니없을 정도이다. '파리의 배'라고 알려진 그 유명한 농산물 도매 시장을 프랑스 정부가 레알 지역에서 도시 가장자리로 옮기기로 결정했는데, 국가의 관심사이기 때문이라는 이유를 댔다. 이 도매시장은 오늘날 세계에서 가장 큰 농산물 시장이 되었고, 헝지스(Rungis)라는 이름으로 더 유명하다.

이곳에서는 해가 뜨기 전에 무척 혼잡한데, 수천 대의 트럭이 거대한 상설시장의 주차장을 지나간다. 전 세계에서 들여온 과일, 채소, 해물, 고기를 비롯한 온갖 식품들이 거래되고 있기 때문이다. 때는 5월이어서 프로방스 지방에서 처음으로 출시된 버찌는 매혹적인 향을 풍겼다. 하지만 조금 더 걸어가자 곰팡이 냄새가 났다.

우리는 시장을 관리하는 감독관 토니 아펠바움(Tony Apfelbaum)을 만났다. 그는 검은색 양복을 입고 있어서 파란색 제복을 입는 남자들과 구분되었다. 팔에 서류철을 끼고, 발걸음도 힘찬 것이, 이곳에서 매우 중요한 인물임을 알 수 있었다. "우리는 실중량이 8800킬로그램이나 되는 오렌지 상자 880개가 있어요. 상인들이 요청하는 바람에 나는 이제 이 오렌지들을 폐기처분할 수 있다는 허가증을 내줘야 합니다."

이곳에서는 상한 제품을 버리기 전에 암거래를 막기 위해 기록을 해두어야 한다. 9톤에 가까운 오렌지가 쓰레기통으로 들어갔다! "이런 도매시장에서는 그렇게 많은 양도 아닙니다. 그보다 더 많은 양을 버릴 때도 많거든요." 감독관은 과묵한 태도로 말했다.

폐기를 허락하는 도장을 찍는 동안 감독관 아펠바움은 시장 상인 호세 비니아스와 농담을 주고 받았다. 두 사람은 오래전부터 알고 지내는 사이인 듯했다. 비니아스에게는 늘상 보는 광경임에 틀림없었다.

"오렌지가 너무 익은 상태에서 여기로 운송되었거든요. 그걸 팔려고 시도는 했지만, 약간밖에 못 팔았습니다요. 나머지는 버리는 수밖에 없지요."

몇몇 상자를 열어보니 여러 개의 오렌지 위에 곰팡이가 덮여 있었다. 하지만 또 다른 상자를 열어보니 정말 멀쩡해 보였다. 나는 이런 오렌지를 보자 화가 머리끝까지 났다. 일주일 전에 곰팡이가 핀 오렌지를 골라낼 수는 없었을까? "아뇨, 그렇게 해봐야 아무 소용이 없수다." 상인 비니아스가 짤막하게 말했다. "상자에 있는 오렌지 하나에 곰팡이 얼룩이 발견되면, 예, 두 개 혹은 세 개라고 합시다. 그러면 우리는 그렇게 오랫동안 고민하지 않지요. 좀 싼 가격으로 팔거나, 아니면 버리는 겁니다."

지게차가 사람 키 높이만큼 쌓인 상자들을 들어올려 트럭으로 싣는 모습을 보자 나는 기분이 좋지 않았다. 거의 9톤이나 되는 오렌지를 바이오가스 시설로 운반하다니, 기절할 노릇이었다. 곰팡이 포자들이 공기를 가득 채웠으나 나는 그럼에도 불구하고 이 도매시장의 쓰레기 더미를 카메라로 촬영할 수 있게 해달라고 시장 감독관에게 부탁했다.

우리가 찍어도 되는 장면과 찍으면 안 될 장면에 관해서 협상하는 동안, 카메라맨 롤란트는 도매시장에서 맛있게 먹을 수 있는 곳이 어디인지 알아냈다. 생선시장 근처에 레스토랑이 여럿 있었다.

우리는 이곳에서 여러 가지 해물이 올라오는 음식을 주문했는데, 20유로였지만 엄청난 양이었다. 롤란트는 이보다 더 싱싱한 해물은 없었기 때문에 매우 만족했다. 금방 잡은 전복, 대하와 생선들이 이 시장에 속속 들어왔다. 바닷가 인근에 있는 많은 레스토랑조차도 해물은 이 도매시장에서 구입했다.

우리는 다음 날 아침에 어시장을 더 자세히 살펴보기로 결정했다. 거대한 상설시장은 이미 새벽 3시부터 장사가 시작되었다. 흰색 안전 작업복과 장화는 필수품이었고, 우리는 넘치는 상품을 보고 놀라지 않을 수 없었다. 즉 참치가 스티로폼 박스에 들어 있었는데, 어시장 상인들은 거대한 갈퀴로 박스에서 참치를 꺼냈다. 커다란 식용 가리비는 반짝이는 오렌지 살을 드러내며 사람들을 유혹했다. 그리고 참게는 상처가 나지 않도록 대팻밥에 넣어 포장되어 있었고, 가위도 달려 있었다.

오전 6시가 되어 해는 떴으나 어시장은 이미 한산한 분위기로 변했다. 그러자 쓰레기를 치우는 남자들이 나타나더니 지게차로 바퀴 달린 컨테이너를 작은 기차처럼 끌고 갔다. 우리는 그들을 따라가서 상설시장 가장자리에 있는 쓰레기장으로 갔다.

쓰레기장은 생각보다 악취가 심하지 않았다. 몇 톤씩 버려진 쓰레기들은 정말 신선했다! 그날 팔지 못한 것은 죄다 버려야만 한다. 쓰레기를 치우는 사람들이 미끈미끈한 생선들을 상자째 컨테이너로 버리는 광경을 보자 눈물이 솟아났다.

우리의 바다는 포획을 너무 많이 해서 곧 물고기 씨가 마를지도 모르지만, 여기 쓰레기통에는 버려진 새우들이 산을 이루고 있었다. 상인들은 아직 먹을 수 있는 식품을 버리지 말고 다른 곳에 줄 생각은 왜 하지 않을까?

생선과는 달리 과일과 채소는 어떤 곳에 모아둔다는 얘기가 들려왔다. 상설시장 가장자리에 사용하지 않는 창고가 있는데, 거기에 모아둔다는 것이다. 입구 앞에는 금방 뽑아온 듯한 트럭이 있었고 거기에는 '공짜'라고 쓰여 있었다. 파리에 사는 사람들 가운데 필요한 이들은 여기서 가져가면 되었다.

창고 관리인 아노드 랑글레 씨는 수북이 쌓인 상자들 사이를 뚫고 안내를 해주었다. "여기에서 보시는 모든 식품들은 원래 쓰레기통으로 들어갈 뻔했죠. 우리는 2009년에 도매시장에서부터 조치를 취했습니다. 그때부터 채소와 과일 120톤을 버리지 않을 수 있었어요." 그는 자부심에 차서 계속 얘기했다. "우리는 상인들이 버리는 물건들 가운데 쓸 만한 것을 고르기만 해요. 물론 완벽하진 않죠."

노동청에서 알선한 일꾼들 열두어 명이 먹을 만한 것과 그렇지 못한 식품을 골라냈다. 랑글레는 한 바퀴 빙 돌면서 일꾼들 모두와 얘기를 나누었고, 채소의 신선한 부분을 신선하지 않은 부분에서 잘 뜯어내는 방법을 시범으로 보여주기도 했다.

아프리카 사람들이 쓰는 전통적인 두건 때문에 베로니크 아부나는 쉽게 눈에 띄었다. 일을 너무나 열심히 하는 바람에 더욱 더 눈에 띄었다. 카메라맨의 눈을 쳐다보니 우리는 말을 하지 않아도 통했다. 그녀는 바로 과잉사회의 정신나간 짓을 중계하기에 딱 적합한 사람이었던 것이다.

베로니크는 단순한 마음으로 일하는 사람이 아니었다. "여기 있는 채소와 과일은 전 세계에서 오는 거죠. 우리 고향인 카메룬 산도 있답니다. 우리 고향에서 나는 식품이 쓰레기로 들어오는 모습을 보면 가슴이 찢어져요." 베로니크는 흥분했다. "카메룬에서는 얼마나 비싼 음식인지 아니까요. 거기에서 나는 많은 과일들이 유럽으로 오지만, 정작 여기 사람들은 빨리 분배하지도 않고 그냥 쓰레기로 버리는 거죠. 정말 가슴 아픈 일이에요."

베로니크의 목소리가 갑자기 고음의 쇳소리로 변했다. "최근에는 바나나가 산더미처럼 쌓여 실려 왔어요. 카메룬에 살 때 우리 이웃집은 식구가 모두 다섯 명이었는데, 바나나 한 다발을 살 돈조차 없었죠. 그런데 여기 사람들은 그냥 버리잖아요. 정말 믿을 수 없는 낭비예요."

창고 관리인 랑글레는 베로니크의 뜻을 존중해주기는 했으나 많은 것을 설명해줘야만 했다. 그가 식품을 대주는 매장, 그러니까 빈곤층에게 아주 싼 가격으로 물건을 파는 매장의 물건은 보통 슈퍼마켓의 물건들과 품질이 다르지 않기를 바란다고 했다. "그렇지 않으면 빈곤층 사람들은 또다시 차별을 느끼겠죠. 만일 베로니크만 일한다면, 버릴 게 전혀 없을 겁니다. 이미 상한 식품도 그럴걸요." 하지만 아노드는 그녀를 이해하기도 했다. "베로니크는 우리에게 자주 고향 이야기를 해줍니다. 카메룬 사람들은 식품을 대하는 태도가 우리와는 달라요. 사실 유럽 사람들은 식품의 소중함을 잘 모르기는 하죠."

베로니크는 그사이 상자 여러 개를 지게차에 쌓았는데, 상자에는 완벽하지는 않지만 그래도 먹을 수 있는 채소와 과일들이 들어 있었다. 그녀는 상자를 꺼내서 커다란 쓰레기 컨테이너로 던져 넣었다. "여기에 있는 것들은 아직 먹을 만하니까, 이렇게 버리면 기분이 안 좋아요."

"아직 못 보신 게 있어요." 베로니크는 우리에게 손으로 뭔가를 가리켰다. "저기 큰 시장에 가시면, 사람들이 토마토를 몇 톤씩 버려요. 상자에서 하나라도 상하면, 상자째 버리죠. 말한테 줘도 될 텐데, 여기에는 말도 정말 많거든요. 그런데 그렇게 하지 않아요. 돼지한테라도 줘도 되는데 말이죠. 당신네들은 뭘 원하죠? 우리는 버려야 해요, 그러지 않으면 일자리를 뺏겨요."

베로니크는 잠시 입을 다물더니, 우리에게 뭔가 보여줄 게 있다면서 눈을 찡긋했다. "여기 쓰레기 컨테이너에는 항상 사람들이 와요. 가족을 위해 음식을 얻으려고요. 그런데 갑자기 이곳에 울타리를 쳐버렸지 뭐예요. 그게 저번 주였어요. 사람들이 찌꺼기를 줍지 못하게 하려고 모든 입구를 다 막아버렸다니까요." 그녀는 질겁을 했다.

베로니크는 줍는 사람들의 상황을 잘 이해할 수 있었는데, 10년 전 프랑스에 왔을 때 자신도 이 도매시장에서 줍는 경험을 했기 때문이다. "저도 여기 컨테이너를 뒤져서 먹을거리를 찾았죠. 당시에는 일주일에 두 번 왔어요. 카터 두 개를 끌고 왔었는데, 한 곳에는 감자를, 다른 곳에는 토마토를 담았죠."

그녀는 마치 아직도 쫓기는 사람처럼 불완전한 문장으로 서둘러 설명했다. "쉽지는 않았어요. 경찰관들이 오기도 했거든요. 나는 어린 아들을 등에 업고 있었죠." 베로니크는 아들의 이름을 입에 올리며 미소 지었다. "라파엘은 항상 이렇게 위험을 알려주었어요. '엄마, 엄마, 경찰!' 경찰은 제가 실은 식품들을 다시 쏟아놓고 가기를 원했어요. 그러면 나는 이렇게 말했어요. '팔려는 게 아니라, 저와 아이를 위해 주웠어요.'"

베로니크가 흰색 작업복 조끼를 벗자 알록달록한 아프리카식 의복이 나타났다. 그녀는 비닐봉지를 보여주며 웃었다. 비닐에는 파, 토마토, 감자가 들어 있었다. "요즘도 나는 이렇게 가져가요. 먹을 만한 음식이면 이렇게 꺼내가죠. 그럼 사장님이 물어요. 뭐요, 그거. 왜냐하면 여기서는 뭐든 밖으로 가져가면 안 되거든요."

| 왜 음식물의 절반이 버려지는데 누군가는 굶어 죽는가 |

나는 지금도 그녀와 가끔 전화통화를 한다. 우리가 촬영을 끝내고 몇 달 뒤에 베로니크가 해고되었다는 소식을 들었다. 사장의 지시를 따르기가 힘이 들었던 것이다. 아직 먹을 수 있는 식품인지 아니면 버려야 하는 식품인지를 두고 서로 생각이 달랐다. "사장님은 제가 고집이 너무 세다고 하시더라고요." 베로니크는 나와 마지막으로 했던 전화통화에서 이렇게 표현했다.

그녀는 희망에 차 있었다. 나는 매트리스와 이불과 옷이 가득하던 그녀의 창고를 아직도 기억한다. 그녀는 카메룬에 사는 가족들을 위해 필요한 물건들을 사기 위해 돈을 모았다. 이제 그녀는 독일로 오려고 하는데, 프랑스보다 독일에서는 중고 트럭을 좀더 싸게 구입할 수 있다는 말을 들었기 때문이란다. 트럭에 물건들을 싣고 고향으로 가기 위해서 말이다. 믿을 수 없는 여자다. 용감하고, 쾌활하며, 고집도 세다. 하지만 나는 그녀가 원하는 것을 반드시 해내기를 바란다.

문명사회가 아니라 '너무 많은 사회'

전 환경부 장관이자 훗날 유엔환경계획(UNEP)의 사무총장이었고 오늘날 '세계기아원조'의 회장을 맡고 있는 클라우스 퇴퍼(Klaus Töpfer)에게 식품 낭비라는 주제는 큰 관심거리이다. 심지어 그는 다음과 같은 말로 우리가 이해하는 문명에 의문을 제기한다. "개발도상국에 사는 많은 사람들은 비판적으로, 우리의 문명사회가 이미 '너무 많은 사회'로 전락하지 않았는지 묻곤 한다. 그러니까 넘쳐서 버리는 사회, 식품과 음식을 버리고 삶을 버리는 사회가 되어버렸지 않나 걱정한다." 그는 우리네 라이프스타일이 어떤 결과를 낳을지 분명하게 짚는다. "우리의 식습관으로 인해 음식의 생산과 보관, 운반과 포장을 위해 점점 더 많은 에너지와 물이 필요해진다. 다시 말해서 우리는 석유를 먹는 것이다. 식품에 직간접적으로 들어가는 물, 소위 말해 눈에 보이는 물 소비는 뚜렷이 증가한다. 토양의 활용도 마찬가지이다. 즉 유럽연합은 3500만 헥타르에 달하는 농경지에서 자라는 농산품을 수입한다." 마지막으로 퇴퍼는 강력하게 요구한다. "우리는 식품을 버리는 행위를 더 이상 순순히 받아들여서는 안 된다. 더 이상 버리는 사회가 되어선 안 된다!"[1]

소비자들의 식습관과 마구 버리는 기질에 대한 비판은 지극히 정당하며, 그런 비판은 과잉생산과 식품 폐기를 주도하고 이로부터 부당하게 이득을 취하는 자들을 서서히 물러나게 한다. 즉 농산품을 거래함으로써 다국적으로 활동하는 기업연합들 말이다. 상호를 거론하자면 일리노이 주의 상업도시 디케이터에 있는 아처 대니얼스 미들랜드(ADM)와 독일 자회사이며 함부르크에 있는 알프레드 C. 퇴퍼 인터내셔널, 뉴욕 주 동남부 화이트 플레인스에 있는 번지 리미티드(Bunge Limited), 미네소타 주 웨이자타 시(市)에 있는 카길(Cargill)과 파리에 있는 루이 드레퓌스(Louis Dreyfus)가 있다. 자산이 수십억 유로인 이들 기업연합은 번갈아 가면서 전 세계에 식량과 사료를 가장 많이 공급한다. 옥수수, 밀, 기름이 나오는 씨앗, 커피, 설탕과 쌀을 거래하며 원료를 콩가루, 밀가루, 기름과 에탄올로 가공한다. 나아가 '보이지 않는 거인' 카길은 직접 식량과 음료수를 만드는 성분을 생산하고 고기와 가금류를 판매하기도 한다.

〈베를리너차이퉁〉은 글로벌 곡물기업 네 곳에 관해 이렇게 보도했다. "ADM, 번지와 카길은 글로벌 세계 곡물시장의 숨은 지배자들이며, 드레퓌스와 함께 소위 말해 'ABCD-그룹'을 형성한다. 이들은 전 세계 곡물 거래의 3분의 2를 담당한다. 이 회사들은 오스트레일리아에서 밀을 구입하여 가루로 빻아 미국에 팔며, 브라질에서 콩을 심고 가공하여 빌린 화물선에 제품을 실어 전 세계로 보낸다. 수백만 농부들은 그들에게 종속되어 있으며, 글로벌 곡물기업의 고객은 식품 관련 다국적 대기업인 코카콜라, 켈로그, 유니레버 혹은 네슬러이다. ABCD-그룹은 전 세계에 판매망과 저장시설을 갖추고 있어서 전 세계에서 돈을 끌어 모을 수 있는 이상적인 위치를 점한다."[2]

이런 다국적기업은 소비를 제한하고 생산물도 한계를 정해야 한다는 점에 관해 아무런 관심도 없다. 자연 착취와 버리는 기질이야말로 그들의 특징이며 사업 성공을 보장하기 때문이다. 그들은 직매 고객인 네슬러, 크래프트 푸드, 유니레버 & Co.와 함께 식품시장을 통제한다. 책임을 따진다면, 이런 농산물 다국적기업이 범인이고, 식품산업은 그들의 말을 잘 따르는 원조자이며 소비자들은 그런 다국적기업에 유용한 바보들이라 할 수 있다.

우리는 농업 분야를 결코 잊어서는 안 된다. 여기에서도 기업집중 현상은 상당히 진행되어 있다. 미주리 주 세인트루이스에 있는 다국적기업 몬산토(Monsanto), 윌밍턴에 있는 미국의 거물 화학기업 듀폰(DuPont), 스위스 바젤에 있는 종자 거래 다국적기업 신젠타(Syngenta)는 규정으로 정해둔 종자와 유전자 기술을 이용한 변형된 종자를 생산할 뿐 아니라, 제초제와 살충제도 공급한다. 그들은 고소득용으로 재배할 수 있는 하이브리드 제품에 대한 특허를 획득하여 전 세계에 있는 소농들을 거느리고 있다. 그들의 비싼 특허 종자와 제초제에 내성을 가진 '라운드업 레디'(Roundup-Ready: 몬산토 사가 특허를 보유하고 있으며 제초제에 내성을 가진 유전자로 된 옥수수와 콩이 있다—옮긴이) 종자를 구입하지 않는 농부들은 굶게 될 가능성도 있다.

"어느 날 두 개의 화학 다국적기업의 실험실에서, 우리가 무엇을 먹을지를 결정하게 될지도 모른다고 상상하면, 나만 불쾌감을 느끼지는 않을 것이다." 빈의 경제 전문기자 파울 트룸머(Paul Trummer)는 《글로벌 피자》[3]에서 이렇게 적었다.

| 왜 음식물의 절반이 버려지는데 누군가는 굶어 죽는가 |

이 같은 농작물 마피아들이 최근에 내놓은 상품 가운데 하이라이트는 가뭄을 비롯한 자연재해로 수확에 피해를 입을 때를 대비하여 들어놓는 보험이다. 그런가 하면 어떤 재단은 케냐에서 곤경에 빠진 농부들을 도와야 한다며 적극 나서고 있지만 사실 이 재단은 신젠타의 자회사로 '더 안전한 농업(Kilimo Salama)'이라는 이름으로 케냐의 보험사와 아프리카에서 제일 큰 이동 무선 통신사 사파리컴과 함께 프로젝트를 운영한다. 프로젝트의 재정은 모두 세계은행에서 지원받는다. 이로써 소농들은 비료, 종자와 살충제를 확실히 공급받을 수 있다. 보험금은 이 비용의 10퍼센트에 이르며 농부는 그 절반을 내야만 한다. 신젠타는 자체 원조 프로젝트로 위기에 몰린 농부를 도와준다기보다 오히려 거대한 이득을 올리고 있다. 농부들은 이 기업의 손아귀에서 벗어날 수 없다. 왜냐하면 기업에서 개발한 하이브리드 종자만이 보험에 들어 있으며, 이 종자는 매년 새롭게 구입해야 하기 때문이다. 아프리카 농부들이 일단 그런 기업에 종속되면, 종자 가격은 기업 마음대로 올릴 수 있게 된다.[4]

이 농작물 다국적기업은 매년 국가 보조금을 수백만 유로씩 챙겨간다. 유럽연합의 농업 원조는 원래 세계시장의 가격 변동으로부터 농부들을 안전하게 지켜주고 불평등한 생산 조건으로 인해 생기는 손해를 메울 목적으로 만들어졌다. 하지만 전문가들의 계산에 따르면 원조금의 20퍼센트만 농부들에게 돌아갈 뿐이고 80퍼센트는 브뤼셀에 있는 농작물 다국적기업이 챙긴다. 예를 들어 영국의 설탕 생산자이자 농작물 가공업자인 테이트 & 라일(Tate & Lyle)이 있다. 이 기업은 2007년에 1억 3400만 유로나 되는 지원금을 받았는데, 이는 연수익의 40퍼센트 이상에 해당된다.[5] 독일 기업으로는 만하임에 있는 쥐트추커(Südzucker) 주식회사가 있다. 이 기업은 2008년에 3043만 유로를 받아 독일에서는 선두주자가 되었다. 이 돈은 많은 비용을 들여 수확한 독일 순무를 거둬들이는 대가로 받은 보상금이었다.[6]

농작물과 식량을 거래하는 다국적기업이 이렇듯 어마어마한 수익을 올리고 있음에도 우리의 음식은 과거 어느 때보다도 싸다. 경제 전문기자 트룸머의 말을 인용해보자. "이렇게 넘치는 돈은, 소비자들로 하여금 오늘날 싸게 식량을 비축하고 식사에 더는 돈을 지불하지 않게 하는 효과가 있다. 지원 정책은 전반적으로 재분배 역할을 하는 거대한 기계이며, 이 기계는 농작물 가격을 인위적으로 낮게 유지시킨다. 그렇듯 수십억 유로에 달하는 유럽연합의 지원금으로 농부들은 좀더 싸게 식량을 생산할 수 있으며 우리 소비자들도 이득을 보게 된다. 물론 우리는 농부들이 살 수 있도록 세금을 낸다."[7]

물고기들은 왜 멸종할까

우리가 식품을 낭비함으로써 생기는 끔찍한 결과들 가운데 가장 비극적인 경우를 꼽는다면, 역시 국가보조금을 받으며 전 세계적으로 행해지는 어획으로, 이를 통해 우리는 매년 9000만 톤에 이르는 생선과 해물을 얻는다.[8] 어류는 방법에 따라 어획량의 80퍼센트까지 원치 않게 걸려 올라오며, 죽어서 혹은 잘려서 다시 바다로 보내진다.

독일 사람들은 생선을 좋아한다. 냉동한 생선튀김이든 신선하지만

세계의 어장 상태

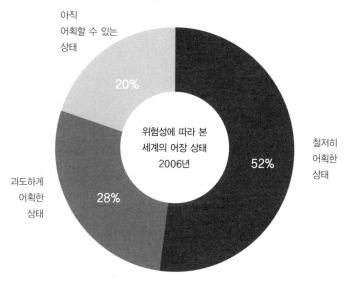

아직
어획할 수 있는
상태

20%

위험성에 따라 본
세계의 어장 상태
2006년

철저히
어획한
상태

52%

과도하게
어획한
상태

28%

출처: FAO, 2006

대가리를 잘라버린 생선 조각이든 말이다. 대도시에서는 일식 초밥집
이 우후죽순처럼 생겨나고 있다. 우리는 작은 새우, 지중해에서 나는
큰 새우, 멸종 직전인 참치류와 이름도 들어보지 못했던 이국적인 생
선이 얹힌 초밥을 먹고 있다.

하지만 독일의 바다도 사정은 마찬가지이다. 지중해에 있는 참다랑
어는 20퍼센트밖에 남지 않았다. 현재 자연적으로 상태를 회복할 수
있는 수준보다 세 배나 더 많이 어획하고 있는 실정이다. 대서양의 북
동쪽에 있는 북해에서 서식하는 유럽산 대구도 마찬가지이다. 이 대구
를 먹는 사람은 거의 시체능욕을 한다고 해도 과언이 아니다.

2009년에 독일 사람들은 2007년에 세운 1인당 소비 기록을 깨고, 해
물을 합해서 총 15.7킬로그램의 생선 및 생선 제품을 소비했다. 그 결

과 유럽 어장의 4분의 3이 남획된 상태이다. 냉철한 통계는 정말 깜짝 놀랄 정도이다. 1킬로그램의 서대기를 잡기 위해서 가자미 같은 다른 물고기 6킬로그램이 쓰레기가 되어 바다로 다시 던져진다. 인기 있는 작은 새우를 북해에서 어획하면 다른 물고기들이 따라 올라오는데 그 양이 대략 50퍼센트다. 이들 가운데 가장 많은 것은 대구 새끼들이며, 더는 살 수 없는 상태에서 바다로 던져진다. 이렇게 새끼들은 죽고 따라서 존립의 기초가 사라진다.

　FAO의 추정에 따르면, 전 세계에서 상업적으로 어획되는 물고기들 가운데 52퍼센트는 재생산이 한계에 이를 정도로 잡혔고, 17퍼센트는 과도하게 어획해서 존속이 위태로우며, 7~8퍼센트는 거의 바닥이 날 정도로 어획하여 멸종한 상태이다.[9] 유럽연합위원회가 최근에 내놓은 계산에 따르면, 오늘날에 이미 유럽에 있는 물고기 수량의 88퍼센트가 과도하게 어획된 것으로 간주된다.[10] 사람들은 참치, 상어, 황새치와 대구처럼 커다란 물고기를 찾으려면 확대경, 아니 음향 측심기를 사용해야 할 정도인데, 왜냐하면 그런 큰 물고기는 90퍼센트까지 격감했기 때문이다. 과학자들은 상업적인 목적으로 어획하는 해물은 2048년경이면 완전히 고갈되리라 내다보았다. 그후에 전 세계의 바다에는 어떤 물고기도 돌아다니지 않을 것이고, 우리는 생선 단백질을 온전히 양식장에서 생산되는 생선으로 해결해야 할 것이다. 농축 사료와 약품을 주어 빨리 자라게 하는 물고기 말이다.

어획과 잡어(雜魚)

예를 들어 까나리와 청어 같은 작은 물고기들도 위험하다. '잡동사니

어업'으로도 불리는 산업어업은 북해에서 물고기를 잡아 잘게 부수고 생선기름으로 만드는데, 나중에 돼지와 닭 혹은 양식장에서 기르는 연어와 새우에게 사료로 주기 위해서이다. 전 세계에서 그런 식으로 어분이나 기름이 되는 물고기는 매년 3000만 톤이나 된다. 고기를 생산할 때와 마찬가지로 많은 생선들이 이렇게 낭비되는 것이다. 즉 1킬로그램의 연어 생산에 4킬로그램의 어분이 필요하다.[11]

부퍼탈 기후환경에너지연구소가 실시한 '글로벌화된 세계에서 독일의 미래 능력'이라는 연구에서는 낭비에 가까운 어업 행위를 신랄하게 비판한다. "현대적 농업, 임업, 그리고 점차 어업도 생태계에서의 식물, 해초류나 박테리아 같은 일차 생산력(primary productivity)의 상황과 다르지 않다. 하지만 이 양은 한정되어 있다. 단순한 지속성의 법칙에 따르면, 재생될 수 있을 만큼만 자원을 이용해야 한다. 그런데 과잉 어업은 이런 법칙에 어긋난다. 그리하여 1970년대 초와 1990년대 말 사이에 전 세계의 어장이 거의 절반으로 줄었다."[12]

잡어의 양에 관한 정확한 통계는 없다. 정치권과 학계가 지금까지 이 부분에 관심을 보이지 않았을뿐더러 그런 통계를 내기 위한 비용도 많이 들기 때문이다. "전 세계적으로 해양을 보호해야만 하는 여러 이유가 있는데 여기에는 잡어 문제도 해당된다. 생선을 통해 우선 단백질을 섭취하는 수십억의 사람들이 안전하게 식량을 공급받으려면 더욱 그러하다."[13] 세계자연보호기금이 의뢰한 연구는 문제를 이렇게 진단한다. 그럼에도 불구하고 어획할 때 함께 잡혀 나오는 잡어에 대한 정의, 측정과 양은 과학적인 연구로 통일되어 있지 않다. 연구소의 결과를 인용하면 다음과 같다. "지금까지는 대체로 계획하지 않았는데 잡힌 어류들에 잡어란 이름이 붙고는 했다. 이와 관련해서 근본 문제는 완전히 다른 가치관이 나올 수 있다는 점이다. 이런 가치관은 계획하지 않았던 혹은 목표로 삼지 않았던 어획이라는 점을 고려할 때 다양한 해석을 낳는다. 이는 특히 특정한 종을 목표로 해서 어획을 하지 않을 때 그러하다."

따라서 과학자들에게는 잡어에 관한 통일된 정의를 내리는 일이 중요한 과제이다. 그들은 이렇게 권장한다. "잡어란 다시 바다로 던져버리거나 관리하지 않는 어획의 일부이다." 이런 정의를 바탕으로 해서 "그리고 조사한 자료를 바탕으로 추정해보니 매년 3850만 톤의 잡어가 나오는데, 이는 매년 어획량 9520만 톤 가운데 40.4퍼센트를 차지한다."[14]

이것이 전부는 아니다. 거북이, 고래, 기각류(鰭脚類: 물개처럼 지느러미 형상의 발을 가진 종—옮긴이)와 바닷새 등의 어획량은 대부분 조사해도 나타나지 않는다. 다만 어획할 때 함께 잡혀 올라오는 개별 종의 숫자만 대충 어림잡을 뿐이다. 갑각류, 극피동물과 연체동물처럼 무척추동물이 함께 잡혀 올라오는데 그 양은 짐작조차 하지 못한다. "게다가 그런 잡어들의 양이 해당 종에게 실제로 미칠 수 있는 영향을 정확하게 재현할 수는 없다. 소수의 죽음이 전체 개체군에 심각한 영향을 미칠 정도로 많은 동물들이 위험한 상태에 처해 있기 때문이다."[15]

절반이 버려지고

잡어라고 해서 모두 같은 취급을 받지는 않는다. 어떤 것은 판매하지만 또 다른 것은 법에 저촉된다는 이유로 땅에 들여놓지 못하고 쓰레기통으로 들어가야 한다. 이런 식으로 잡어 가운데 활용하지 못하는 부분을 '폐기'라고 한다. FAO는 이미 1994년에 매년 활용하지 못하고 바다로 다시 던져지는 생선 쓰레기가 2700만 톤이나 된다고 발표했으며, 이는 사람들이 먹는 양의 대략 3분의 1에 해당한다. 그 가운데 포유류도 포함되어 있는데, 대략 30만 마리의 고래, 돌고래와 쥐돌고래가 그물에 걸려서 죽는다. "오늘날 매년 잡어로 잡혀서 죽는 고래의 수는 고래잡이 때 죽는 고래의 수보다 많다." 세계자연보호기금의 보고이다.[16] 그린피스는 2008/2009년 잡어 캠페인을 벌이는 동안 물고기, 바다 포유동물, 거북이와 바닷새가 매년 2000만 톤이나 죽어간다고 보았고, 이는 "어획한 물고기 가운데 3분의 1"을 차지했다. 2009년 초에 FAO는 새로운 통계를 내놓았는데, 이에 따르면 "전 세계적으로 폐기되는 양은 2000만 톤 이상일 수 있으며(이는 바다에서 육지로 가져온 양의 23퍼센트에 해당한다), 이런 경향은 점점 증가하는 추세이다".[17] 유엔환경계획은 이보다 훨씬 더 많은 양으로 추산해서 매년 3000만 톤을 버린다고 발표했다. 이렇게 되면 사람들은 잡은 생선들 가운데 대략 절반 조금 넘게 먹는다는 의미이다.[18] 이보다 더 극단적인 추정을 하는 사람은 영국의 기자 찰스 클로버(Charles Clover)이다. 저서 《망가진 생선》[19]에서 그는, 실제로 사람들이 먹는 생선의 양은 매년 죽어가는 바다 동물의 10퍼센트 정도에 불과하다고 추측한다. 여기에는 바다에 던져버리는 모든 생선, 어분 제품, 상한 제품, 먹지 못하는 부분과 부엌에서 버리는 쓰레기도 포함된다.

하지만 여기에도 정확한 수치가 존재하지 않는다. 바다에 다시 던져버린 동물들이 모두 죽는 것도 아니며 실제 사망률은 건져 올린 바다

대략 45%가 잡어
(대부분이 죽는다)

유럽에서 잡히는 물고기의 40~50퍼센트가 대부분 죽은 채로 다시 바다로 던져지는데,
이 잡어들은 크기나 종류가 적절하지 않거나, EU의 어획량을 넘어버리기 때문이다.

 매년 북대서양과 북해에서 버려지는 잡어들은
230만 톤에 이른다.

동물의 종류에 달려 있다. 1976년과 1992년에 나온 오래된 연구는 서
로 다르다. "북해에서 함께 잡혀 올라오는 잡어들 가운데 일부는 살아
서 바다로 돌아간다. 잡어들의 생존 비율은 여러 요소에 달려 있다. 유

| 왜 음식물의 절반이 버려지는데 누군가는 굶어 죽는가 |

리한 조건에서는, 그러니까 짧은 견인 시간과 분류 시간, 낮은 온도와 원통에 분류하면 작은 가자미의 7퍼센트, 가자미의 20퍼센트와 서대기의 50퍼센트가 살아남는다. 대구, 유럽산 대구, 빙어, 작은 청어, 동갈양탯과의 물고기와 청어 같은 몸이 둥근 물고기들은 거의 100퍼센트 죽는다."[20]

몇 년 후 새로운 어업 기술과 저장통이 개발되었음에도 불구하고 많이 변하지는 않았다. 2006년에 유럽위원회는 다음과 같은 결론을 얻었다. "북해에서 가자미와 넙치처럼 납작한 물고기와 새우류를 어획할 때 대구가 함께 잡혀 올라온다. 대구는 어릴 때 특히 얕은 해안에서 사는데, 이곳에서 그물에 걸려버린다. 이때 그물에 걸린 대구의 50퍼센트는 죽어서 바다로 다시 버려진다."[21] 재생될 수 있는 기간보다 더 빨리 동물을 잡거나 죽이면, 성인 물고기가 될 수 있는 어린 물고기가 더 적어지며, 잡혀 올라오는 어린 물고기는 더 늘어난다. 결국 이렇게 하여 멸종에 이르는 것이다.

어업은 지속되지 않을 것이다

통계 수치와 관찰 방법이 어느 정도 차이가 남에도 불구하고 확실히 알 수 있는 게 있다. 즉 국제 단체, 독일 정부와 환경단체의 의견이 일치한다는 사실 말이다. 현재 시행되는 어업은 결코 지속될 수 없다. 우리는 바다에 있는 물고기의 씨를 말리고 있으며 이미 어획한 물고기로 식품 쓰레기의 절반을 채우고 있다. 그러니까 두 마리를 어획하면 한 마리는 죽어야 한다.

가장 많이 버리는 곳은 유럽과 일본의 바다와 하천으로, 버려지는 전체 물고기 가운데 40퍼센트를 차지한다. 대서양의 북동쪽에 위치한 바다에서는 어획할 물고기가 거의 없다. EU는 어획량을 제시함으로써, 다시 말해 어부들이 어떤 종류의 물고기를 어느 정도 싣고 와서 팔아도 되는지를 정함으로써 남획 문제를 해결하려 한다. 대체로 어획해도 되는 최소한의 크기를 정해두는데, 이렇게 해야 어린 물고기들의 씨가 마르지 않기 때문이다. 만일 어부가 정해진 어획량을 다 채우면, 그는 잡어들을 육지로 가져와서 판매할 수 없다. 그런데 이로부터 터무니없는 현상이 생기고 말았다. 즉 어부들은 벌금을 피하기 위해서 잡어들을 모두 바다에 버리는 것이다. 해양 관리를 좀더 잘해보겠다고 마련한 규정이 오히려 정반대 결과를 가져와서 쓰레기만 양산하고 말았다.

정부는 무엇을 하고 있을까

몇 년 전부터 독일 정부는 이런 광기를 잘 알고 있다. 2009년 4월에 독일 식량 및 농업 소비자보호부는 EU의 규정으로 인해 원치 않거나 혹은 질량 미달의 물고기를 다시 바다로 폐기하는 행동은 "소중한 수자원을 용납할 수 없는 방식으로 낭비"하는 것이라고 성명을 발표했다. 이 부처는 어획하는 장비, 그러니까 원하는 어종은 잡을 수 있지만 다른 어종은 도망갈 수 있는 그물을 도입하는 일 외에도, 어획하는 지역을 가끔 폐쇄하자는 제안도 한다. 특히 "잡어의 폐기를 금지하고 육지로 가져오는 규정을 도입하자고 요구한다. 이에 따르면 더 이상 생존할 수 없는 잡어들을 갑판에 실어서 육지로 가져와야 한다. 이런 시스템은 어부들에게 강력한 자극을 주어서, 잡어를 피할 뿐 아니라 더 막중한 책임감을 가지고 어획량을 유지하기 위해 노력하게 할 수 있다. 왜냐하면 어획을 원치 않았으며 크기가 미달인 물고기들을 더 이상 바다로 던져버려서는 안 되기 때문이다. 그런 물고기들은 어부들의 어획량에 같이 계산되거나(어획량을 정해둔 어종의 경우) 혹은 싼 가격으로 팔거나 그것도 아니면 어분(크기가 미달인 물고기의 경우)으로 가공되어야 하기 때문이다."[22]

2009년 EU의 어업장관 회의에서 독일의 아이그너는, 바다에서 사는 동물을 낭비하는 행동을 중지해야만 한다는 입장을 취했다. 2009년 8월에 그녀는 세계자연보호기금이 주관하여 '잡어 잡이를 중단하라'는 주제로 열린 어린이 경시대회에 참석하여 이렇게 말했다. "이 문제는 몇 년 전부터 잘 알려져 있었습니다. 이제 유럽은 행동을 취해야 합니다. 새로운 정책을 성공적으로 실행하면, 어부들은 스스로 주의해서 자신들이 정말 필요한 물고기들만 어획하려고 노력할 것입니다."[23]

하지만 이런 노력은 2년이 지나서야 행동으로 옮겨지게 되었다. 배경은 유럽 어업 정책의 개혁이었다. 2012년까지 EU는 개혁을 마무리해야 하고, 2013년이면 새로운 규정이 법적으로 효력이 발휘된다고 한다. "무책임하게 바다의 동물들을 마구 낭비하는 버릇에 종지부를 찍기 위해 폐기금지법을 도입해야만 하는 시점입니다." 브뤼셀에서 열리는 유엔 어업장관 회동에서 로베르트 클로스(Robert Kloos: 2010년 1월 29일부터 독일 식량 및 농업 소비자보호부의 차관으로 임명되었다─옮긴이) 차관은 2011년 3월 1일[24]에 마리아 다마나키 위원에게 이렇게 강조했다. 회동이 끝날 무렵에 독일, 프랑스, 영국과 덴마크는 최초로 열일곱 가지 조항이 포함된 공동 발표를 했다. 이는 잡어를 바다에 폐기하는 행위를 단계적으로 금하기 위해 발표되었다. 그런데 노르웨이에서는 이미 몇 년 전부터 이런 조항을 만들어 실행하고 있다.[25]

만일 이 조항들이 실행에 옮겨지고 관리된다면, 그린피스와 세계자연보호기금이 수년 전부터 요구했던 지속적인 어획 관리를 위해 큰 걸음을 내디딘 셈이 될 것이다. 세계자연보호기금은 요구하기를, 폐기 금지 규정은 직접 배에서 감독할 수 있어야 하고 이를 어길 시 엄중한 벌칙을 내려야 한다는 것이다. EU는 또한 가장 많이 폐기하는 부문에서부터 폐기 금지 규정을 실행해야 한다고 주장한다. 즉 빔트롤(beam-trawl)로 잡는 가자미와 서대기, 그리고 저인망으로 잡는 노르웨이 바다가재에서부터 시작해야 한다는 말이다.

대안이 더 나은 수익을 가져온다

가자미 어획을 실제로 다르게 할 수 있다는 것을 네덜란드의 가족이 운영하는 드 보어(de Boer) 사 소속의 어선들이 증명해 보였다. 이들은 해양관리협회(Marine Stewardship Council)의 기준에 따라서 어획을 하며, 이 협회는 1997년에 세계자연보호기금과 네덜란드-영국 기업연합인 유니레버 사가 어업을 지속할 수 있게 하려고 만든 조직이다. 어획량 감축 조치 외에 어획 장비 교체의 효과도 엄청나다. 예를 들어 어선 드 보어가 4만 유로를 투자했던 새로운 그물을 보자. 이는 예전에 사용하던 그물보다 눈에 띄게 큰데 어린 가자미는 구멍 사이로 빠져나갈 수 있다. 그물을 바꾸고 나자 잡어는 3퍼센트에 머물렀다. 이는 경제적으로도 이득이 된다. 즉 네덜란드 어부들은 해양관리협회의 기준에 따라 이렇게 잡은 가자미를 킬로그램당 1.70유로를 받았는데, 예전에 비해

| 왜 음식물의 절반이 버려지는데 누군가는 굶어 죽는가 |

서 20센트 많은 금액이다.[26]

낚싯바늘만 교체하더라도 많은 효과가 있다. 즉 참치낚시를 할 때 기존의 J자 형태의 미끼고리가 수천 개씩 달린 밧줄이 사용되었는데, 이 밧줄의 길이는 수킬로미터에 달했다. 이걸로 잡으면 거북이와 알바트로스가 수천 마리씩 죽음을 면치 못했다. 그런데 이런 살인 고리를 둥근 고리로 교환하자, 죽는 거북이의 숫자가 90퍼센트가량 줄어들었다. 물론 이때 어획하는 참치의 양도 줄지 않았다.[27]

왜 우리의 소비가 기후를 온난하게 할까

사람들이 방출하는 온난가스는 전 세계적으로 매년 490억 톤에 이르며, 독일인 한 명은 가정에서 평균 11톤을 방출한다. 이는 미국인들에 비하면 상당히 적은 양이지만, 제3세계 주민들과 비교하면 세 배나 많다. 1인당 이산화탄소 배출량을 정확하게 계산하기란 매우 어렵고 또한 많은 변수에 따라서 달라질 수 있다. 근본적으로 두 가지 다른 관찰법이 존재한다. 즉 국내에서 발생하는 방출량 전체를 인구수로 나누는 '원산지 결산'과, 무역도 함께 고려해서 계산하는 '소비 결산'이 있다. 세계화의 여파로 외국에 지사를 둔 에너지 집약적 독일 기업들도 고려한 것이다. 소비자들로부터 직접 출발하는 방법도 있다. 인터넷에는 이른바 이산화탄소 계산기가 있는데, 예를 들어 환경부와 환경청이 지원하는 단체 클림악티브(klimAktiv)가 계산한 이산화탄소의 양은 매우 유용하며 널리 퍼져 있다. 이는 특별히 개인 소비자 입장에서 소비한 이산화탄소 양을 관찰한다.[28] 이렇게 하면 우리는 평균 소비량뿐만 아니라, 행동의 변화가 어떤 영향을 미치는지, 또 그런 변화를 일으키는 계기가 무엇인지를 말해줄 수도 있다.

그에 따르면 보통 시민들은 소비에서 3.07톤, 음식 섭취로 1.55톤, 항공 교통으로 0.85톤, 대중교통으로 0.11톤, 개인 승용차로 1.56톤 그리고 난방으로 2톤을 방출한다. 여기에 국가 활동과 공공장소에서 개인이 사용하는 양 1.11톤이 더 있다. 이 수치는 이산화탄소 외에 기후에 중요한 온실가스인 메탄과 아산화질소도 포함한 양이다. 그래서 '이산화탄소 계산기'보다는 오히려 '온실가스 계산기' 혹은 '이산화탄소 등가물 계산기'라고 해야 적절할 것이다.

통계청은 원산지 결산에서 순수하게 이산화탄소 배출량을 관찰했으나, 난방·에너지·교통수단 이용에 따른 직접 방출뿐 아니라, 소비재를 생산함으로써 발생하는 간접 방출도 고려한다. 이때 통계학자는 분명 실제보다 낮은 수치를 제시한다. "2009년 독일의 가구에서 직간접적으로 배출되는 이산화탄소의 양은 6억 1800만 톤이었는데, 이는 1인당 7.5톤을 배출하는 것이다. 일반 가구에서 직접 발생하는 이산화탄소는 2009년에 2억 1600만 톤이었다. 그러니까 난방과 승용차에 들어가는 연료 소비를 계산한 수치다. 이와 비교할 때 이산화탄소의 간접 방출량 4억 200만 톤은 거의 두 배에 해당한다. 이것은 독일 시민의 소비 수요로 생겨나는데, 국내에서 생산되는 제품과 서비스뿐 아니라 외국에서 생산되었으나 독일에서 판매하기 위해 수입하는 소비재를 통해서도 나온다. 일본과 프랑스에서 자동차를 수입하든, 중국에서 옷을 수입하든 혹은 아르헨티나에서 쇠고기 스테이크를 수입하든 말이다.

국내 소비를 위해 제품을 수입함으로써 생기는 이산화탄소는 간접적인 이산화탄소 배출량의 3분의 1이나 차지한다."[29] 만일 통계학자들이 추가 수출하는 제품까지 계산에 포함한다면, 1인당 평균 이산화탄소 배출량은 11톤에 달한다.

이처럼 1인당 배출량 외에 평생 배출하는 라이프사이클도 나오는데, 그렇다고 문제가 더 간단해지는 것은 아니다. 사람들은 이를 '이산화탄소 발자국', 영어로는 'Product Carbon Footprint'라고 한다. "라이프사이클은 원자재 획득, 생산, 거래, 이용, 리사이클링, 쓰레기 처리와 운반을 모두 포함한다. 이로써 제품으로 인해 발생되는 모든 온실가스를 다룬다. 하지만 이런 식으로 파악하면 위에서 서술한 것처럼 통계학자들이 내놓은 온실가스의 양은 틀리게 된다. 왜냐하면 외국에서 방출하는 온실가스도 포함하기 때문이다." 프라이부르크 생태학연구소는 그렇게 설명한다.[30]

따라서 우리는 무슨 얘기를 하는지 정확히 들어야만 한다. 왜냐하면 국내에서 발생하는 1인당 방출량의 결과와 전 세계를 대상으로 하는 이산화탄소 발자국은 서로 다르기 때문이다.

우리처럼 영양을 섭취하면 기후변화가 촉진된다

온실가스 방출에 관해서 이야기하면, 사람들은 우선 자신의 자동차에서 나오는 배기가스, 기름 난방 그리고 세탁기가 사용하는 에너지를 생각한다. 많은 사람들은 책임감을 갖고 에너지 소비를 줄일 준비가 되어 있다. 예를 들어 전기를 절약하는 전등을 달거나, 세탁기의 탈수단계를 생략한다거나, 전기를 아껴주는 전기제품을 산다거나 하이브

식량 생산으로 인한 온실가스 효과

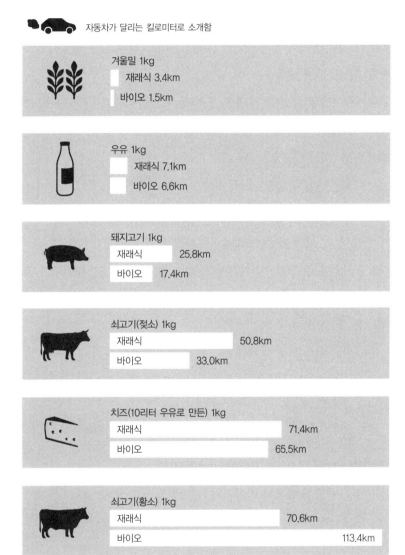

자동차가 달리는 킬로미터로 소개함

겨울밀 1kg
재래식 3.4km
바이오 1.5km

우유 1kg
재래식 7.1km
바이오 6.6km

돼지고기 1kg
재래식 25.8km
바이오 17.4km

쇠고기(젖소) 1kg
재래식 50.8km
바이오 33.0km

치즈(10리터 우유로 만든) 1kg
재래식 71.4km
바이오 65.5km

쇠고기(황소) 1kg
재래식 70.6km
바이오 113.4km

킬로미터당 이산화탄소 119그램을 배출하는 BMW 118d를 기준으로 계산함

출처: foodwatch/Dirk Heide

| 왜 음식물의 절반이 버려지는데 누군가는 굶어 죽는가 |

리드 자동차를 탈 생각을 하면서 말이다. 이 모든 것은 중요하고도 올바른 방법이다. 하지만 소비 태도를 바꾸려는 사람들이나 특히 식사 방식을 문제 삼는 사람들은 매우 적다.

유감스럽게도 농업과 영양 섭취는 정치적인 차원의 기후 논쟁에서도 중요한 주제가 아니다. 그런데 최근의 연구가 증명하듯, 전 세계의 축산은 사실 교통수단보다 기후에 더 해로운 영향을 미친다. 일요일에 구워 먹기 위해서 쇠고기 1킬로그램을 구입하는 것이 소형 자동차를 몰고 70킬로미터 떨어진 곳에 사는 친척을 방문하는 것과 비슷하게 기후를 해친다. 물론 가스레인지에서 고기를 준비하거나 냉장고에 고기를 넣어둠으로써 소비되는 에너지는 고려조차 하지 않았다.

우리는 식사 태도와 버리는 기질로 기후변화를 촉진한다. 모든 소비자는 영양을 섭취하는 전체 과정에서 많은 에너지를 소비한다. 종자를 재배할 때부터 시작해서 파종하고, 비료를 주며, 수확물에 식물 보호 약제를 뿌리고, 사료를 주며, 냉동하고, 운반하며, 저장하고, 슈퍼마켓에 물건을 선보이며, 쓰레기를 처분할 때까지 말이다.

여기서 필요한 에너지는 대부분 화석연료인 석유, 가스와 석탄으로부터 나온다. 이것이 연소되면 온실가스인 이산화탄소가 방출되는데 모두가 이런 사실을 알고 있다. 하지만 많은 사람들이 모르고 있는 사실이 있는데, 들판과 초원의 땅을 기름지게 하려고 질소가 함유된 인공 비료를 줌으로써 아산화질소가 증가하며, 이는 이산화탄소보다 295배나 더 강력하게 기후에 영향을 준다. 풀을 먹고 자라는 소와 양들에게 식물을 사료로 주면, 이들 동물들이 신진대사를 함으로써 메탄이 나온다. 이는 이산화탄소보다 스물다섯 배나 더 강력하게 기후변화에 영향을 준다. 메탄은 또한 전통적으로 쌀을 재배하는 아시아에서도 대량으로 만들어진다. 농업은 매년 6000만 톤의 메탄을 대기에 방출한다. 그 밖에도 우리의 가축들에게서 나오는 똥에는 산화질소, 질산염과 암모니아가 포함돼 있다. 이것들은 지하수, 강물, 바다로 흘러들어 가고 거기에서 과도한 비료가 되며 분해될 때는 간접적으로 기후에 영향을 주게 된다. 그 양은 엄청나다. 즉 미국에서만 식용으로 기르는 동물들의 똥은 세계 인구 분뇨의 양보다 130배나 많다.

동물 사육과 열대림

모든 중요한 온실가스는 이른바 이산화탄소 등가물로 환산될 수 있다. 유엔 정부간기후변화위원회(IPCC)의 보고에 따르면 모든 인공 온실가스의 14퍼센트가량이 농업으로 인해 방출된다고 한다.[31] 2006년 독일에서만 온실가스 1억 3300만 톤이 직접적인 이산화탄소 등가물이었다.[32] 라틴아메리카에서 콩과 옥수수 같은 사료가 생산 및 운반되지만 이때 생겨나는 온실가스는 고려하지 않았다. 독일의 가축에게 먹이는 사료의 3분의 2가 그곳에서 들어오는데 적어도 600만 톤 정도 된다. 여기서 끝나지 않는다. 즉 오스트리아 기후연구가이자 빈(Wien) 생물학적 경작법 연구소[33]의 토마스 린덴탈(Thomas Lindenthal) 박사는 온실가스를 계산할 때 최초로, 소위 토지 용도 변경으로 인해 생겨나는 방출도 고려했다. 동물 사육이야말로 삼림 벌채와 토지 용도 변경을 불러일으키는 결정적인 요인이다. 만일 땅이 가축이 노니는 목초지로 곧장 변하지 않을 경우에, 우선 사료로 줄 식물의 재배로 인해 간접적으로 바뀐다. 그렇듯 콩을 재배하기 위해 아마존 열대우림을 방화로 개간하

| 왜 음식물의 절반이 버려지는데 누군가는 굶어 죽는가 |

게 되는 것이다.

린덴탈 박사에 의하면 그런 토지 용도 변경으로 인해 방출되는 이산화탄소는 전 세계에서 방출되는 이산화탄소의 15~20퍼센트에 달한다. FAO의 계산에 따르면 총 17퍼센트로 이는 '삼림 관리'의 영역에 속해 있다. 연구가의 의견에 따르면 토지 용도 변경으로 인해 방출되는 이산화탄소 가운데 많은 양이 농업에서 방출되는 가스에 합산되어야 옳다. 린덴탈은 인터뷰에서 이렇게 설명한다. "결정적으로 중요한 것은, 다양한 토지 이용 형태에서 순수하게 무슨 일이 일어나느냐이다. 브라질이나 아르헨티나에서 이곳으로 운반되는 사료는 그야말로 이산화탄소 배낭인데, 예전에 이산화탄소를 계산할 때 고려하지 않은 부분이다. 사람들은 토지 용도 변경을 자주 제외했는데 지금까지 양을 충분히 계산하지 않았기 때문이다. 이는 농업 연료에 관한 최근의 연구를 통해 가능해졌다. 이에 따르면 농업에서 이산화탄소 방출은 14퍼센트 더 늘어난다. 여기에 식품 가공이 추가되고, 운반과 포장도 있다. 조심스럽게 추정해본다면, 영양 섭취 분야는 이산화탄소 방출에서 20퍼센트를 차지하며, 이때 토지 용도 변경은 고려하지 않았다. 모두 합친다면 대략 25퍼센트에 달할 것이다."

데사우(Dessau) 환경청에 소속된 '토지 이용, 토지 관리, 농업' 분야의 팀장을 맡고 있는 디트리히 슐츠(Dietrich Schulz) 박사도 같은 의견이다. 비록 개인적인 생각이라는 점을 강조하지만. "농업은 주로 아산화질소와 메탄을 방출함으로써 기후변화를 촉진한다. 사실 직접적인 이산화탄소 배출량은 적다. 하지만 토지 용도 변경(숲을 없애고 농지를 넓히는 경우)과 그로 인한 생물량과 부식토의 손실로 인해 생기는 이산화탄소 방출량이 상당히 많다. 이런 과정을 합하면 전 세계에서 방출되는 온실가스의 30퍼센트에 달한다."[34]

비율은 부득이하게 정확하지 않은데, 열대 우림지역의 실제 피해를 체계적으로 조사한 경우도 없고 개간한 땅을 마을과 도시 건설, 금광이나 광석 채굴로 사용하기 때문이다. 물론 농업이 노른자위를 차지한다는 사실은 분명하다.

소의 그림자

2006년 말 FAO 연구 '가축의 긴 그림자'는 주목을 받았다. 여기에서 유엔은 축산업이 전 세계 기후온난화에 미치는 영향을 서술해놓았다.[35] 이 연구에서 연구원들이 주장하기를, 전 세계의 소 15억 마리, 양과 염소 17억 마리 그리고 셀 수 없이 많은 돼지와 닭 수십억 마리가 배출하는 온실가스—인공적인 배출뿐만 아니라—는 전 세계에서 배출되는 온실가스의 18퍼센트를 차지하는데, 이는 모든 트럭, 비행기, 배와 승용차로부터 나오는 온실가스보다 더 많다.[36] 실제로 축산업은 지난 수십 년 동안 놀라울 정도로 성장했다. 1970년부터 전 세계의 육류 소비는 두 배로 늘어났다. 그사이 전 세계의 가용 경작지 가운데 3분의 1에서 사람들이 섭취하는 곡물이 아니라 가축의 사료로 줄 식물이 재배되고 있다. 이런 경작지에 농부들은 합성 질소비료를 잔뜩 사용한다. 그리고 이런 비료를 생산하기 위해서는 엄청난 에너지가 소모되는데, 비료 원료인 암모니아를 1톤 생산하려면 대략 5톤의 이산화탄소가 대기로 분출된다. 인공비료가 들판에 뿌려지고 추가로 아산화질소가 방출된다. 즉 100톤의 비료로부터 1~3톤의 아산화질소가 방출되는 것이다.

| 왜 음식물의 절반이 버려지는데 누군가는 굶어 죽는가 |

전 세계의 농경지
(전 세계 면적의 3분의 1)

49,000,000km²

가축용 초목지 66.6%

그 밖의 용지 19.1%

곡물 재배지 14.3%

7,000,000km²

매년 수확하는 곡물 22억 7000만 톤이 다음과 같은 용도로 쓰인다

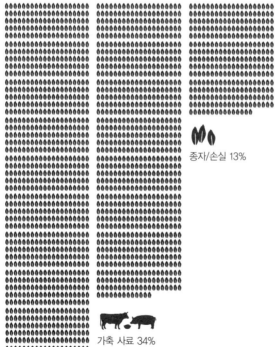

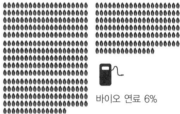
바이오 연료 6%

종자/손실 13%

가축 사료 34%

사람들의 식량 47%

♦ =1000t

인공비료의 투입은 45년 동안 여덟 배나 늘어났다. 즉 1960년에 질소는 1100만 톤이었으나 2004년에는 9100만 톤으로 늘어났다.[37] 여기에 가축의 목초지로 사용할 목적으로 삼림을 남벌한 경우까지 계산에 넣으면, 사람으로 인해 방출되는 전체 이산화탄소 양의 9퍼센트를 축산업 한 분야가 차지한다.[38]

영양 섭취 분야의 경우 육류, 우유 및 치즈 제품을 생산할 때 이산화탄소를 가장 많이 방출한다. 인습적인 농업과 생태학적인 농업에서 기인하는 온실효과에 관해 2008년 8월에 내놓은 푸드워치의 보고서도 비슷한 결과를 보여준다. "독일의 농업은 1억 3300만 톤의 이산화탄소를 배출하는데 이는 거리 교통에서 나오는 이산화탄소 양과 맞먹는다. 이 가운데 동물 사육으로 71퍼센트, 혹은 9400만 톤의 이산화탄소가 배출되고, 그중 절반 이상이 쇠고기와 우유 생산으로 인한 것이다. 29퍼센트 혹은 3900만 톤은 식량으로 사용할 식물을 재배함으로써 발생한다."[39]

불쌍한 소들이 질책을 당하고

갑자기 트림을 하고 방귀를 뀌는 소들이 기후의 킬러로 대중에게 어필하게 되었다. 엄청난 마력을 자랑하는 스포츠카를 타는 운전자들은 심술궂게 소를 키우는 농부들 탓을 하며 속도를 한껏 올린다. 하지만 문제는 그렇게 간단하지 않다.

수의사이자 세계 농업 보고를 담당하고 있는 아니타 에델(Anita Edel)은 자신의 책에서 이렇게 말한다. "소는 절대 기후의 킬러가 아니다!" 그녀는 왜 "전 세계의 풍경을 가꾸는 정원사"로 소가 필요한지를 설명해준다. 왜냐하면 방목 동물은 초원과 목초지에 있는 풀끝을 잔디 깎는 기계처럼 잘라먹음으로써 풀이 자라도록 자극하기 때문이란다. "풀은 동물들이 뜯어먹기 때문에, 그리고 뜯어먹음에도 불구하고 자랄 수 있다. 간략하게 말하면, 동물의 혀가 없으면 풀도 없다."[40] 풀과 목장은 거대한 탄소 저장소이다. 다시 말해 풀과 목장은 5250만 제곱 킬로미터나 되는데 이는 지구 면적의 40퍼센트 이상을 차지한다. 여기에서 자라는 식물들은 전 세계의 탄소 가운데 3분의 1을 뿌리를 통해 저장하고 있으며, 이는 열대우림과 늪의 저장량보다 더 많다.

매우 온화한 지역에 있는 숲은 땅 위에 있는 나무보다 두 배나 많은 탄소를 나무 뿌리에 저장한다. 식물 가운데 죽은 부분과 뿌리는 아주 중요한 부식토층을 형성한다. 사람들이 이런 땅을 지나치게 많이 사용함으로써 부식토층의 질을 떨어뜨리고 비료와 살충제를 남용함으로써 부식토층을 파괴하면, 탄소는 다시 이산화탄소가 되어 대기중으로 방출된다. 그렇듯 몇 십 년 만에 수천 년에 걸쳐 만들어졌던 비옥한 땅의 4분의 1이 사라졌다. 이는 물론 소의 책임이 절대 아니다.

나아가 우리는 너무나 비자연적인 사료를 주어 소의 위를 망치고 있다. 짧은 기간에 많은 우유를 생산하거나 고기를 얻어야 하기 때문에, 소에게 곡물·옥수수·콩처럼 단백질이 풍부한 사료를 먹인다. 하지만 반추동물은 수조(兆) 마리의 박테리아의 도움으로 제1위(胃)에 들어오는 소화하기 힘든 풀을 소화시키는 특별한 능력을 가지고 있다. 이 위를 곡물도 통과함으로써 아주 많은 에너지가 사라진다. 즉 '들어오는 것은 먹는다'는 슬로건에 따라, 이 마이크로 생명체들은 곡물, 콩과 옥수수를 분해한다. 사실 소들은 사람들처럼 제4위에서 훨씬 더 효과적으

영양 섭취 분야에서 가스 방출

영양 섭취	매년 방출되는 이산화탄소/톤
순전히 채식, 국내산	0.3
대부분 채식, 1주에 최대 한 번 육식	0.6
매주 3~4회 육식, 대부분 국내산 육류	1.2
매일 육식, 대량 축산업에서 생산된 육류	1.8
많은 육식, 계절이나 생산지를 고려하지 않고 섭취	3.0

출처: 그린피스, 2004년

로 소화를 시킬 수 있는데 말이다. 이렇듯 제1위에서 에너지가 풍부한 식물을 분해하고 합성하는 바람에 많은 에너지가 사라지는 것이다."[41]

몇 년 전부터 과학자들은, 유전자기술을 이용해 반추동물의 제1위의 기능에 적합한 사료를 개발함으로써 제1위에 있는 박테리아를 잘 다룰 수 있는 방법을 진지하게 연구한다. 불쌍한 소들은 "우리가 그들에게 푸른 목초지를 제공하지 않으면 어떤 대안도 없다. 우리는 소를 돼지로 만들고 있는데, 반추동물의 제1위라는 입장에서 보면 너무나 이상한 사료 때문이다."[42]

당신은 어떤 식으로 영양을 섭취하는가

독일 시민들은 1인당 평균 영양 섭취를 통해서 매년 1.5~2톤의 이산화탄소를 배출하는데, 이는 1인당 총방출량의 15퍼센트나 차지한다. 이산화탄소 배출량은 개인이 매일 어떻게 영양을 섭취하고, 어떤 제품을 주로 구입하며 외식은 얼마나 자주 하느냐와도 깊은 관련이 있다.

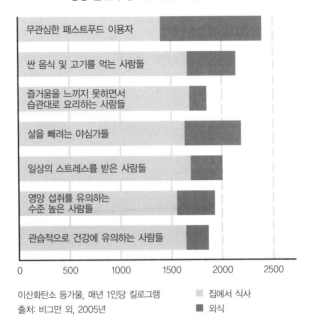

영양 섭취의 양식에 따른 온실가스 배출

무관심한 패스트푸드 이용자

싼 음식 및 고기를 먹는 사람들

즐거움을 느끼지 못하면서
습관대로 요리하는 사람들

살을 빼려는 야심가들

일상의 스트레스를 받은 사람들

영양 섭취를 유의하는
수준 높은 사람들

관습적으로 건강에 유의하는 사람들

0   500   1000   1500   2000   2500

이산화탄소 등가물, 매년 1인당 킬로그램　　■ 집에서 식사
출처: 비그만 외, 2005년　　　　　　　　　　■ 외식

물론 그 밖에도 이산화탄소 배출량을 결정짓는 다른 요인도 있다. 즉 매일 고기를 많이 먹는 사람은 3톤을 배출할 수도 있다. 사는 지역에서 나오는 채소만 먹는 사람은 이산화탄소 방출을 0.3톤으로 줄일 수도 있다. 적어도 그린피스는 그렇게 생각한다. 이 조직은 영양 섭취 유형을 다섯 가지로 분류하는데, 위의 도표를 참조하면 된다.

　프라이부르크 생태학연구소는 '영양 섭취 전환기'라는 프로젝트에서 영양을 섭취하는 일곱 가지 형태를 정의하고 집에서 먹는지 아니면 밖에서 외식을 하는지도 구분했다. '무관심한 패스트푸드 이용자', '싼 음식 및 고기를 먹는 사람', 그리고 외식을 많이 하면서 '살을 빼려는 야심가' 집단이 가장 많은 양의 이산화탄소를 배출하는 것으로

식량을 생산할 때 생기는 온실효과

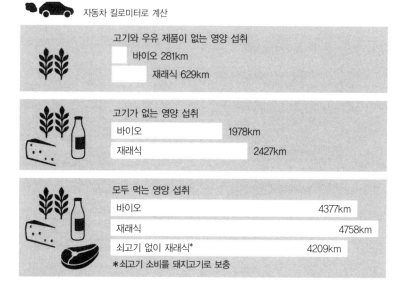

자동차 킬로미터로 계산

고기와 우유 제품이 없는 영양 섭취
바이오 281km
재래식 629km

고기가 없는 영양 섭취
바이오 1978km
재래식 2427km

모두 먹는 영양 섭취
바이오 4377km
재래식 4758km
쇠고기 없이 재래식* 4209km
＊쇠고기 소비를 돼지고기로 보충

주: 유럽연합 통계청이 2002년에 실시한 독일의 개별 생필품에 대한 평균 소비. 킬로미터당 이산화탄소 119그램을 배출하는 BMW 모델 118d로 킬로미터를 계산함.

출처: foodwatch/Dirk Heide

나온다. 즉 레스토랑에서 식사할 경우 집에서보다 에너지를 훨씬 많이 소비한다.[43]

또 다른 연구는 비행기로 제품을 운반하는 결과를 잘 보여준다. 비행기로 운반된 채소는 지역에서 나는 채소에 비해서 석유를 평균 마흔여덟 배나 더 많이 소비한다.[44] 배를 통하지 않고 바다를 건너온 과일과 채소의 경우에 사람들은 킬로그램당 석유 4~5리터를 계산에 포함해야 한다. 빨리 상하는 이국적인 과일인 용과와 소위 열대 지역으로부터 비행기로 싣고 오는 파인애플은 1킬로그램당 10킬로그램의 이산화탄소를 배출하게 만든다.[45] 하우스에서 키우는 채소는 일반 들판에서 계절에 맞게 자라는 채소에 비해서 대략 열 배 정도 기후온난화에 영향을 미친다.

푸드워치는 재래식 영양 섭취와 생태학적인 영양 섭취를 비교하여, 생태학적으로 생산된 제품들이 대부분 이산화탄소를 훨씬 적게 배출한다는 결론을 얻었다.

모든 연구가 강조하는 바에 따르면, 생물학적이고, 해당 지역에서 생산되며, 계절에 맞는 식품을 섭취할 경우 이산화탄소를 10~12퍼센트 적게 배출한다. 여기서 고기 소비를 20퍼센트가량 줄이면, 이산화탄소 배출은 5퍼센트 더 줄어든다. 나아가 채식은 이보다 더 많은 양의 이산화탄소를 줄여준다.

우리가 의식을 하고 영양을 섭취한다면, 개인적으로 배출하는 가스를 줄일 수 있지만 몇 가지 원칙을 지켜야 한다. 하이델베르크 에너지 및 환경 연구소(ifeu, Institut für Energie und Umweltforschung Heidelberg: 독립적인 생태학 연구소로 1978년 하이델베르크 학자들이 설립했다—옮긴이)에서는 이렇게 말한다. "엄격한 생태학적 기준에 따라서 행동하는 가구만이, 1톤 이하의 가스를 배출할 수 있다. 환경청은 최대 배출량을 3.25톤으로 기록해두고 있다."[46]

연구원들은 식품 쓰레기는 물론 조사하지도 고려하지도 않았다. 소비자들이 구입하는 식품의 평균 30퍼센트가 쓰레기통으로 들어가는데, 이를 절반으로만 줄인다면 1인당 이산화탄소 배출량을 15퍼센트 혹은 0.25톤을 줄일 수도 있다.

식품 쓰레기는 전체 교통수단보다 기후변화 사태를 더 악화시킨다

우리의 영양 섭취와 식품 쓰레기는 인공적으로 배출되는 총온실가스에서 상당한 양을 차지한다는 사실은 분명해졌다. 물론 이를 더욱 정확하게 계산하는 것은 어렵지만 말이다. 지금까지 분명하게 비교해볼 수 있는 자료가 부족한 상태이다. 식량의 전반적인 라이프 사이클을 관찰하고 토지 용도 변경의 결과도 고려하는 연구를 실행해야 의미 있는 결과를 기대할 수 있을 것이다. 전 세계의 농업은 족히 30퍼센트 정도 온실가스 배출을 촉진시킨다. 오로지 영양 섭취 영역만 관찰하면, 사람들이 직접 먹지 않거나 가축 사료로도 재배하지 않는 식물들은 빼야만 한다. 즉 연료용 농작물, 바이오매스(biomass, 생물 연료), 산업에서 색깔을 만들기 위해 사용하는 식물, 전분, 약품과 화장품 등이다. 이런 용도로 사용되는 곡물은 전 세계 생산의 6~10퍼센트를 차지한다. 여기에 우리는 식품 운반 및 저장 시의 이산화탄소 배출은 물론이며 전 세계에서 썩어가는 쓰레기에서 흘러나오는 메탄가스도 고려해야 한다. 이들 쓰레기는 대부분 쓰레기 하치장에서 가스로 활용되지 않으며 사람들로 인해 생기는 메탄가스보다 35퍼센트나 더 많다.

그래서 우리는 전 세계에서 방출되는 온실가스 가운데 영양 섭취와 관련된 부분을 크게 30퍼센트로 잡는다. 생산된 식량의 절반은 쟁기에 의해 파묻히고 쓰레기로 버려진다.

따라서 이는 13퍼센트를 차지하는 교통수단 전체보다 더 많은 15퍼센트나 된다. 그러니 식품 낭비를 절반으로 줄인다면, 우리가 자동차 두 대 가운데 한 대를 세워놓는 것만큼 온실가스가 배출되지 않을 수 있다.

ㅣ 왜 음식물의 절반이 버려지는데 누군가는 굶어 죽는가 ㅣ

모든 온실가스의 3분의 1은 식품 생산으로 인해 생겨난다. 식품의 2분의 1에서 3분의 1은 버려진다. 이로써 식품 쓰레기는 전 세계 모든 운반수단보다 기후온난화를 더 촉진한다. 식품 쓰레기를 절반으로 줄인다면 우리가 타고 다니는 자동차 두 대 가운데 한 대를 세워놓는 것만큼 온실가스가 배출되지 않을 수 있다.

제품을 담는 바구니를 고려해서 계산해보면, 식품 1킬로그램은 평균 1.9~3.6킬로그램의 이산화탄소 등가물을 배출한다.[47] 이것의 중간치 2.75로 계산을 해보면, 매년 9000만 톤이 나오는 유럽연합의 식품 쓰레기는 2억 4800만 톤의 이산화탄소를 배출한다. 이는 프랑스와 영국에 있는 모든 교통수단에서 배출되는 이산화탄소와 맞먹는다.

| 왜 음식물의 절반이 버려지는데 누군가는 굶어 죽는가 |

요리용 바나나와 영국의 토스트 빵

바나나가 달린 가지를 칼로 힘껏 내려치자 가지가 밑으로 툭 떨어져 어깨에 메고 있던 통에 들어갔다. 농장의 조장은 이동식 표준자로 바나나가 규정된 크기인지를 재어보았다. 우리는 카메룬에서 산기슭에 자리 잡고 있는 가장 큰 바나나 농장을 방문했다. 하지만 주변을 둘러봐도 아무것도 보이지 않았다. 마침 하늘에 구름이 잔뜩 끼어 있었다. 이곳 날씨는 습기가 많고 더웠는데, 바나나가 자라기에 적당한 날씨였다. 농장 지배인은 우리를 안내해서 바나나를 분류하는 장소로 데려갔다. 농장 한가운데 있는, 벽이 없이 지붕만 얹힌 넓은 창고였다.

바나나는 이곳에서 컨베이어 벨트에 달려 있었는데, 노동자들은 정확하게 바나나의 크기를 재고 쪼갠 다음 거대한 통에 넣어 씻고 조심스럽게 상자에 넣었다. "바나나를 생산하는 우리에게 점점 더 엄격한 규정을 제시합니다그려." 지배인이 불만을 털어놓았다. "유럽의 슈퍼마켓과 수입업자들은 우리에게 점점 더 많은 규정들을 제시하지요. 과일의 크기, 길이, 심지어 한 다발에 달린 바나나의 개수까지 말입니다."

"계산은 유럽의 소비자들이 하죠. 엄격한 규정을 충족시키지 못하는 바나나는 우리한테 돌아오거나 폐기 처분됩니다. 우리 농장의 경우에는 평균 수확량의 8퍼센트를 버리죠. 그런데 그 양이 점점 더 많아지고 있어요." 배에 실어 이곳으로 운반하는 도중에 버리기도 한다.

창고의 가장자리에는 '쓰레기 바나나'들이 쌓여 있었다. 노동자들은 이 바나나를 먹어도 되었지만 대부분 녹이 슨 구닥다리 트럭에 실려 갔다. 노동자들은 하자가 있어서 골라낸 바나나를 적재하는 곳에 쏟아 부었는데, 이곳에는 그런 바나나들이 몇 미터나 수북이 쌓여 있었다. "유감스럽게도 대부분 망가졌지요. 저걸 몇 푼이라도 주고 가져갈 사람이 없군요. 그럼 들어간 비용이라도 챙길 수 있을 텐데." 지배인은 말했다.

바나나를 고르는 곳은 작은 언덕 위에 있었다. 여기는 온통 바나나 천지였다. 농장으로 가는 자갈길에서 우리는 통통거리는 오토바이 엔진 소리를 들을 수 있었는데, 서너 명이 오토바이를 타고 있기도 했다. 그들은 소농들인데 들판으로 가는 중이었다.

안드레 포카는 바나나 농장 가장자리에 자그마한 땅을 소유하고 있었다. "모두 다 주인이 있죠. 전쟁 때랑 같지요 뭐. 주인 없는 땅을 찾으려면 10킬로미터는 더 가야 합니다요. 우리가 어떻게 그럴 수 있겠습니까?" 그는 때가 꼬질꼬질한 모자를 쓰고 있었고, 따가운 햇살로부터 귀와 목을 가리기 위해 천을 두르고 있었다.

그는 기다란 막대기로 파파야를 수확하는 중이었다. 막대기 끝은 천으로 돌돌 말아두었는데, 그렇게 해야 과일이 상하지 않게 딸 수 있기 때문이다. 파파야나무는 아주 커서 족히 6미터는 되었고, 그러다 보니 막대기도 길 수밖에 없었다. 간단하게 탁 치니 파파야가 밑으로 떨어졌고, 농부는 솜씨 좋게 손으로 과일을 받았다.

  | 왜 음식물의 절반이 버려지는데 누군가는 굶어 죽는가 |

파파야나무가 그에게 남은 마지막 생명줄이었다. "바나나 농장의 면적은 110헥타르에 달합니다. 우리처럼 마을에서 소규모로 농사를 짓는 농부들이 가진 땅을 죄다 합해봐야 63헥타르밖에 안 되는데 말이죠."

포카는 이마에서 흐르는 땀을 훔쳤다. "우리더러 그냥 떠나라고 하더군요. 바나나 농장 사람이 우리한테 서명을 해야 한다며 서류를 내밀어서 보니 그들이 우리 땅을 가져간다고 나와 있더라고요."

불공평한 투쟁이었다. 소농 서른네 명 대(對) 거대한 농장. "나는 예순넷이오. 아직 싸울 수는 있지만, 그게 얼마나 오래가겠소이까? 내 입술에 난 뾰루지 보이지요? 지금 말라리아에 걸렸습니다." 그의 낭랑한 목소리가 갑자기 하이톤으로 변했다. "우리 집에 한번 와보시구려. 우리가 말라리아를 어떻게 치료하는지 볼 수 있을 테니까. 약초로 치료하거든요. 우리는 약을 살 돈조차 없다오. 우리 아이들, 내 아내한테 한번 물어보시구려, 우리가 고기를 살 돈이 있는지. 1년에 한 번도 사 먹지 못해요!"

우리는 그의 초대를 받아들여 니옴베 마을로 갔다. 포카는 잠시 기다리라고 부탁하더니 옷을 갈아입고 나왔다. 아주 멋지고 긴 토가를 입고 머리에는 하얀색 모자도 썼다. 아마 찢어지게 가난한 사람은 아닌 모양이었다. 오늘이 소농들의 회의가 열리는 날이라고 했다.

그를 제외하고 농부 일곱 명과 변호사 한 명이 베란다에 있는 식탁에 자리를 잡고 있었다. 그제야 포카가 그룹을 이끄는 지도자라는 걸 알 수 있었다. 그는 젊었을 때 엔지니어로 농장에서 일했다. 그래서 그가 말하는 불어는 어느 정도 이해했지만, 다른 농부들의 불어는 아프리카 식이어서 나는 함께 간 통역사의 말을 들어야만 했다.

젊은 농부인 베르나르드 느소는 지도를 한 장 가지고 왔다. "이게 바로 그들이 우리에게서 빼앗아간 토지입니다. 그들은 우리의 문화를 파괴했고 그 위에 바나나나무를 심었죠." 젊은 농부가 너무 빨리 말하는 바람에 통역을 해주던 여자는 힘들게 따라갈 수 있었다. "담당 공무원은 모든 것을 얘기해줬어요. 우리가 배상을 받을 수 있도록 말입니다. 하지만 그는 우리에게 합의서는 제시해준 적이 없었어요. 그래서 우리가 불만을 토하자 종이 한 장을 갖다 주면서 서명을 하라고 합니다. 우리는 법정으로 갔지만, 워낙 힘 있는 사람들과 맞붙은 판이라 아무도 우리 말을 듣지 않았지요."

재판은 16년 동안 질질 끌었다. 그래도 농부들은 포기하지 않았고, 이제는 카메룬의 수도인 야운데에서 공짜로 일을 맡아줄 변호사도 얻게 되었다.

'농업진흥국가협의회'의 회장을 맡고 있는 파스칼 느크베 마콩고 씨는 이런 갈등이 점점 더 자주 일어나게 되리란 사실을 알고 있었다. "기업연합은 아프리카가 가난한 줄 잘 압니다. 그래서 우리 땅을 사기 위해 여기로 오죠."

변호사도 도시가 아닌 마을 출신이었고, 말투를 보아 하니 정치 활동에 적극 나서는 사람이었다. "카메룬에는, 모든 땅은 국가에 속한다는 오래된 법이 있지요. 하지만 국가는 다국적기업과 협력하여 우리 땅을 내주었습니다. 국가는 다국적기업에 100년 동안 땅을 임대했지요." 젊고 참여의식이 강한 변호사는 제스처를 써가면서 법정에라도 선 것처럼 열정적으로 말했다. "카메룬 사람들이 100년을 살까요? 절대 그렇지 못합니다. 만일 당신이 어떤 마을에서 100년 동안 땅을 빼

| 왜 음식물의 절반이 버려지는데 누군가는 굶어 죽는가 |

앗아 가면, 당신은 주민들을 모두 죽이는 것입니다. 사람들은 50년만 지나도 이미 관 속에 들어가 있을 테니까요. 우리는 땅도 없이 죽을 것입니다."

다음 날 우리는 마을 중심에 있는 시장을 방문했다. 시장은 거대한 웅덩이 투성이였고, 몇몇 지역에서는 아낙네들이 땅바닥에 파는 물건을 늘어놓고 있었다. 이들이 얼마나 주의 깊게 바나나를 차곡차곡 세워놓았는지를 살펴보면, 이곳에서는 어떤 과일도 낭비되지 않는다는 사실을 금세 알아차릴 수 있었다.

우리에게 통역을 해주었던 포치 탐바가 레스토랑을 찾아주었다. 요리는 단 한 가지밖에 없었는데, 바로 바나나요리였다. 여기 사람들은 플레인테인이라 일컫는 이 요리를 나는 원래 잘 먹는데 시금치 같은 채소와 섞여 나오기도 한다. 하지만 이곳에 온 지 사흘째 되는 날이었고, 아침부터 저녁까지 계속 먹다 보니 지겨웠다. 카메라맨 롤란트가 먼저 불평을 했다. "이 요리한 바나나는 이제 내 귀를 통해 빠져나갈 것 같아."

예나 지금이나 마을에서는 요리를 할 때 바나나가 기본이었지만 점점 빵한테 밀리는 추세였다. 이동하면서 물건을 파는 상인들은 곳곳을 돌아다니며 빵을 팔았다. 어떤 남자는 머리에 빵을 담은 상자를 이고서 균형을 잘 잡고 걸어다녔는데, 알고 보니 열다섯 살이었다.

검은 대륙 아프리카에서 빵은 원래 식민지 시대에 소개되었다. 카메룬에서 식민지 신사들의 빵 문화는 오늘날에도 볼 수 있었다. 즉 영어권인 아프리카 북서쪽에는 부드러운 영국식 토스트가 있고, 프랑스어권인 남동쪽에서는 바게트를 굽는다. 불행하게도 열대기후인 카메룬은 몇 군데 산악 지역을 제외하고 밀이 자라지 않는다. 하지만 도시에서는 기본 식량이 바로 빵이다. 이는 참으로 비극적이다. 왜냐하면 오늘날에는 주민의 절반이 도시에서 살기 때문이다. 그들은 모두 유럽과 미국에서 밀이 들어오기만을 기다릴 수밖에 없는 신세가 된 것이다.

몇 시간 뒤 우리는 빵을 파는 소년 에버네처를 다시 만났다. 시내로 빠지는 길 가장자리에서였다. 내륙 깊은 곳으로 가는 버스와 택시들이 모인 이 곳에서, 소년은 빵덩이가 들어 있는 커다란 상자를 손으로 잘 잡고는 복잡한 차들 사이를 돌아다녔다. 운전자 모두에게 수줍은 미소를 지으며 빵을 팔았다. 빵 하나에 20센트 정도 했다. 사실 터무니없는 가격이지만, 가난한 카메룬 사람들에게는 많은 돈이었다. 이들은 소득의 60~80퍼센트를 식품 구입에 사용했다. 그에 비해 독일 사람들은 평균 12퍼센트를 쓴다.

본(Bonn)의 개발연구센터(Zentrum für Entwicklungsforschung: 본 대학에 있는 싱크탱크로 1995년에 만들어졌으며 여러 전문 영역에 걸쳐서 국제적으로 활동한다―옮긴이)에서 일하는 요아힘 폰 브라운(Joachim von Braun)은 악순환에 대해서 이렇게 경고했다. "빵은 오늘날 전 세계에서 가장 중요한 기본 식량이며, 아프리카에서도 그러합니다. 때문에 밀의 가격이 점점 오르자 많은 국가들은 빵으로 인해 불안을 느끼죠."

"아프리카는 식량의 상당 부분을 수입에 의존하고 있습니다. 40개국에서 시위를 하다가 길에서 사상자까지 나왔지만 2008년 여름의 가격 폭등은 세계를 뒤흔들었지요." 10년 이상을 워싱턴에서 '국제식량정책연구소(IFPRI)'를 이끌었던 개발경제학자는 그렇게 말했다.

곧 다음번 물결이 밀어닥칠 것이라고도 했다. "세계 식량 쇼크는 분

| 왜 음식물의 절반이 버려지는데 누군가는 굶어 죽는가 |

명히 옵니다. 식량으로 인한 첫 번째 소요로 몇몇 정부가 추락했지만, 이로부터 2년도 채 지나지 않아 가격은 엄청나게 올랐어요." 우리의 경우 식량 가격은 2011년 초에 이미 2008년 수준을 회복했다. 아랍 국가에서는 높은 식량 가격 탓에 폭동이 일어났다. 정부는 이를 두려워했기에 할 수 있을 때까지 국가보조금을 제공했다. 다른 국가들도 이럴까?

우리는 주민 200만 명이 사는, 카메룬에서 가장 큰 도시 두알라로 갔다. 2008년 빵으로 인한 소요가 일어난 뒤에 두알라의 빵집들은 쇠창살로 보호벽을 설치해두었는데 약탈을 막기 위해서이다. 유럽과 북미에서 밀을 실은 배들은 항구도시인 두알라에 정박한다. 따라서 중앙아프리카의 절반이 두알라 항구를 통해 식량을 조달하는 셈이다.

밀을 싣고 온 거대한 배 앞에는 트럭이 뱀처럼 줄지어 서 있었다. 굴삭기가 배에서 밀알을 실어다가 거대한 깔때기 위에 쏟아놓자 여기에서 차량 내부로 밀알이 내려갔다. 이 밀알은 차드와 중앙아프리카공화국까지 가게 된다고 했다.

우리는 밀을 싣고 온 배를 구경하고 싶었다. 선장만이 이를 허락해줄 수 있었다. 그래서 우리는 반시간을 기다렸고 마침내 올라오라는 소식이 왔다. 선장이며 선원들이 모두 한국 사람들이었다. 선장은 프랑스에서 4만 2000톤의 밀을 싣고 왔다고 말해주었다. 그리고 밀을 트럭에 모두 싣는 데는 꼬박 3주가 걸린다고 했다. 선원 한 사람이 우리를 안내해 배를 구경시켜주었다. 화물을 하역하고 적재하는 해치는 어마어마하게 커서 집 한 채가 들어설 수 있을 정도로 넓었다. 이곳에서 우리는 아프리카가 밀 수입에 얼마나 크게 의존하는지 분명히 볼 수 있었다.

최근에 세계적인 기아 위기를 몰고 온 원인은 밀, 쌀을 비롯한 곡물의 주가가 주식시장에서 껑충 뛰었기 때문이다. 최근 몇 년 동안 세계시장에서 밀에 대한 수요는 계속 늘어나고 있는 추세이다. 선진국에서는 그 절반이 쓰레기통으로 들어가는데 말이다.

브라운 교수는 이렇게 말했다. "우리가 큰 통에 집어넣어 버리든, 쓰레기 더미에 버리든, 식품법에 의해 돼지들에게 그런 쓰레기를 먹일수 없어서 버리든 결국 버리는 것이지요! 이런 건 식량이라는 체인에서 떨어져 나가고 가격만 올라갑니다." 교수는 이맛살을 찌푸렸다. "하지만 무엇보다 끔찍한 일은, 식량시장은 매우 유동적이라는 점입니다. 이 말은, 가격이 올라갈 뿐 아니라 왔다 갔다 한다는 것이지요. 그러니 가난한 사람들은 도무지 대응할 수가 없는 겁니다."

"2008년과 2011년처럼 만일 밀 가격이 두 배로 오르면, 사람들은 허리띠를 바짝 조여야 하고, 충분한 칼로리를 섭취할 수 없습니다. 전 세계의 빈민 수백만 명은 바로 그런 식으로 대처할 수밖에 없었지요." 이 학자의 말은 우리를 자극했다. "당신은 이렇게 생각할지 모릅니다. '하지만 우리가 저녁에 먹던 빵이 남더라도 아프리카나 방글라데시로 보낼 수는 없잖아.' 물론 그렇습니다. 하지만 우리는 부정적인 방법으로, 그러니까 가격을 통해서 그럴 수 있어요. 우리가 빵을 버리면 전 세계의 빵 값은 올라갑니다. 사실 많이 버리면 버릴수록 가격은 더 올라갑니다. 따라서 우리가 빵을 버리면 간접적으로나마 세계에 기아를 몰고 오는 거죠."

하지만 밀이라는 상품으로 선물거래를 하는 투기꾼들이 가격변동에 1차적인 책임이 있는 게 아닐까? 우리는 세계에서 가장 오래된 암스테르담의 주식시장을 방문했다. 17세기에 이곳에서 곡물들이 발단이 된, 상품 선물거래가 이루어지기 시작했다. 오늘날 주식거래장의 맞은편에서 우리는 거대한 건물을 보았는데, 19세기에는 여기에 곡물과 감자를 저장해두었다. 나중에 실제 거래는 주식 거래에 밀리게 되지만 말이다.

금융서비스를 제공하는 회사에서 브로커로 일하는 바스 데이크만은 우리에게 증권거래소를 안내해주었다. 그는 오랫동안 외국에 있었으므로 아시아와 미국의 거래에 관해서도 일가견이 있었다. 그는 분명히 말했다. "물론 투기로 인해 주가가 지나치게 오르긴 합니다. 하지만 가격변동을 일으키는 진정한 원인은 수요에 있지요."

우리는 안전문을 통해서 증권거래소 건물로 들어갔다. 상인들이 크게 소리를 지르고 몸짓을 이용해서 주식을 팔던 공공주식거래소는 더이상 존재하지 않았다. 오늘날에는 컴퓨터로 거래가 이루어졌고, 예전에 사람들이 주식을 거래하던 커다란 강당은 넓은 사무실로 사용되고 있었다. 거대한 컴퓨터 화면에 콩, 원유, 목화의 주가가 나타났다.

데이크만은 최근의 세계 식량 위기를 어떻게 보는지 설명하려고 노력했다. "2007년에는 세계시장에 자유로운 자본이 아주 많았습니다. 그러니까 좀더 나은 수익을 추구하는 돈 말이지요. 하지만 곡물시장에 수요 압박이 없었다면 결코 그쪽으로 자본이 흘러들어가지 않았을 것입니다." 많은 돈을 움직이는 거대 펀드가 곡물 수확과 수요의 틈이 점점 더 커질 것이라는 장기 예언에 반응했던 것이다.

"예를 들어 2010년 가을에, 밀의 전 세계 수확량이 단 두 달 정도에 모두 소비될 것이라는 보고가 나가자, 가격은 또다시 올라갔습니다."
1980년대에는 최소한 6개월 동안 전 세계가 소비할 밀을 여분으로 가지고 있었다. 수십 년 동안 창고는 넘치고 또 넘쳐났다. 그러니 오늘날같이 밀이 부족한 사태는 2차대전 이후 처음이었다.

데이크만은 미래에도 희망은 없다고 내다봤다. "아시아와 아프리카 국가들 가운데 몇몇은 가난이라는 덫에서 빠져나오는 데 성공할지 모릅니다. 하지만 만일 그들이 곡물을 선물거래를 할 정도로 구매력을 가지게 되면, 도대체 무슨 일이 일어날까요? 아주 간단합니다. 수요가 늘고 당연히 가격도 올라가겠죠." 그의 목소리는 가라앉았다. "좋아요, 수요는 오늘날에도 이미 있지만, 대부분은 곡물을 살 능력이 안 됩니다."

브로크는 세계가 악순환에서 빠져나오지 못한다고 보았다. "좋아질 수 있는 가능성이 없다고 봐요. 왜냐하면 공급 측면에 기대를 걸기 어렵기 때문이죠. 그야말로 진지한 문제가 될 겁니다." 공급 측면이란 바로 전 세계의 수확량을 말한다. 이는 세계 인구에 비해서 눈에 띄게 천천히 늘어날 뿐이다. 이와 관련해서 브라운 교수는 이렇게 분석했다 "지난 15년 동안 세계의 많은 곳은 놀라울 정도로 부유해진 반면에, 굶주리는 사람들의 숫자도 8억 2000만 명에서 10억 명 이상으로 늘어났습니다." 무엇보다 분배의 문제가 중요하게 되었다. 즉 우리는 지구상에 있는 모든 사람들이 배불리 먹을 수 있을 정도로 충분히 생산한다. 하지만 식량이 우리에게는 점점 싸지는 반면에, 아주 가난한 사람들은 갈수록 식량을 살 돈이 없게 된다.

우리 모두는 라이프스타일을 통해서 그런 가격 압박에 한몫을 한다.

　　　| 왜 음식물의 절반이 버려지는데 누군가는 굶어 죽는가 |

즉 우리가 식품을 덜 버리면, 원료를 거래하는 주식시장에서 곡물 가격이 떨어질 테고, 굶주리는 사람들이 음식을 사 먹을 만한 능력을 갖게 된다. 그렇게 되면 오늘날 주식시장에서 격렬하게 가격을 올리는 투기꾼들에게도 곡물시장은 관심의 대상에서 약간 멀어지게 될 터다.

하지만 정당한 분배는 점점 더 어려워질 거라고 농업경제학자 브라운은 생각한다. "지구상의 자원은 한정돼 있고, 중국처럼 선진국의 반열에 오르려는 나라의 국민들은 점점 더 많은 고기를 원합니다." 그는 굶주리는 사람들을 위해 낙하산을 마련하자고 말했다. 다시 말해 세계 곡물은행을 설립하고, 이를 통해 곡물의 재고를 잘 관리하고 목적에 걸맞게 판매함으로써 곡물 거래 주식시장에서 가격이 요동치더라도 이를 탄력 있게 보완할 수 있도록 하자는 말이다.

왜 우리는 가난한 사람들의 식사를 빼앗는 것일까

지구상에 있는 모든 사람은 앞으로 어떻게 먹고 살아야만 할까? 세계 인구는 올해 70억 명으로 기록을 세웠으며, 1960년의 인구에 비하면 두 배 이상이 되었다. 비록 인구가 증가하는 속도가 조금 느려지기는 했지만, 1초에 다섯 명이 늘어나고, 매년 8000만 명이 증가한다. 앞으로 20년 동안 세계 인구는 더 늘어날 것이며, 2024년에는 80억 명에 달할 전망이다. 2045년이면 아마 90억 명이 지구상에 바글거릴 것이다. 이처럼 폭발적인 성장 곡선은 2050년부터 완만한 곡선을 그릴 테지만 그때는 이미 세계 인구가 105억 명으로 불어나 있을 것이다. 누구나 먹어야 하고, 자신과 자식들을 부양해야 한다. 또 동등한 기회와 삶을 누릴 권리가 있다.[48]

인구증가와 굶주림

순전히 통계만 보면 이 세계에 있는 모든 사람이 충분히 먹을 수 있을 만큼 식량이 있는데도 점점 더 많은 사람들이 굶주리고 있다. 황당한 일이다. 아직은 전 세계적으로 식량 생산 속도가 인구증가보다 더 빠르다. 칼로리로만 계산한다면 전 세계 수확량은 모든 사람들에게 에너지를 공급하는 데 필요한 양보다 3분의 1이 더 많다. 하지만 이는 실제 영양 섭취와는 아무런 상관이 없다. 즉 식량이 너무 적을 뿐만 아니라, 부당하게 분배되는데 수확량의 많은 부분은 사람들의 식량으로 사용되지도 않는다. 전 세계에서 생산하는 쌀, 밀 그리고 옥수수의 절반 이상은 가축 사료로 이용된다. 또 정제하거나 연소하여 바이오 연료로 이용하고 바이오매스로 전기를 만드는 데 사용한다.

FAO의 추정에 따르면 지금 이 순간에도 10억 명 이상의 사람들이 굶주리고 있다. 개발도상국에서는 모든 아이들의 3분의 1이 체중미달로 태어난다. 5분마다 열 살 이하의 아이 한 명이 굶주림과 영양실조로 죽어가고 있다. 아이들은 영양실조와 질병, 예를 들어 설사나 폐렴 등의 전염병으로 죽는데, 쇠약해진 아이들의 몸과 면역체계는 그런 질병에 대항할 수 없기 때문이다. 다섯 살 이하의 아이들 가운데 매년 식량 부족으로 죽어야만 하는 아이들은 1100만 명이나 된다. 영양을 좀 더 잘 섭취한다면 그들 가운데 절반은 살 수 있을 것이다. 영양실조란 영양분의 형태로 신체에 충분한 에너지가 공급되지 않는다는 것을 의미한다. 갓난아이는 하루에 최소한 300킬로칼로리가 필요하고, 한 살에서 두 살 사이의 아이는 1000킬로칼로리가 필요하다. 다섯 살이 되면 1600킬로칼로리가 필요하며 성인이 되면 2000~2700킬로칼로리가 필요하다. 필요한 칼로리는 기후, 지역과 노동력에 따라서 달라진다. 칼로리 섭취량이 기준에 못 미치면 영양실조가 된다.[49]

또 다른 문제는 식량의 질이 떨어지고 균형이 잡히지 않았다는 점이다. 영양실조는 건강은 물론이고 정신적인 손상을 입히는데, 이는 굶주림과 가난을 더욱 촉진시킨다. 개발도상국에 사는 많은 사람들은 먹으면 배가 부르고 전분이 풍부한 기본 식량, 그러니까 쌀, 카사바(열대지방에서 재배하는 관목으로 전분이 많은 뿌리는 감자 대용으로 쓰인다고 한다—옮긴이), 기장과 옥수수를 먹는데, 이 때문에 비타민은 물론이며 철과 요오드 같은 미네랄도 상당히 부족하다. 이는 심각한 결핍 현상을 초래하는데, 이렇듯 미세한 영양분 결핍을 사람들은 '은폐된 굶주림'이라 일컫는다. 세계보건기구는 전 세계에서 20억 명 이상이 이런 상태라고 보며, 이는 대략 세계 인구의 3분의 1에 해당된다. 개발도상국 아이들 가운데 두 명 중 한 명은 은폐된 굶주림에 시달리고 있다. 인류의 1퍼센트가량이 매년 온갖 원인, 이를테면 사고, 질병, 심장마비로 죽는다. 이 가운데 절반 이상이 다름 아닌 굶주림과 은폐된 굶주림으로 사망한다.[50]

유엔은 전 세계에서 굶주리는 사람을 1990년을 기준으로 2015년까지 절반으로 줄이려는 의지를 표명했다. 그래서 189개국은 2000년에 뉴욕에서 밀레니엄 성명서를 발표했다. 유엔, 세계은행, OECD, 비정부기구의 대표자들로 구성된 실무 그룹은 2001년에 실행에 옮겨야 할 여러 목표를 논의했다. 2015년에 달성할 상위 목표 여덟 가지를 사람들은 '밀레니엄 개발 목표(영어로 하면 MDG, Millennium Development Goals)'라고 일컬었다. '절대 빈곤과 기아 퇴치'가 이런 개발 목표 가운데 첫 번째 자리를 차지했다.[51]

그런데 원료로 활용하는 곡물, 투기꾼들, 식량 낭비 탓에 이런 목표 달성이 요원해졌다. 영양실조에 걸린 사람들의 비율(MDG1은 오로지 이에 관해서만 얘기한다)은 1990년과 1992년에 20퍼센트였다가 2004년과 2006년에는 16퍼센트로 떨어졌지만, 이내 기아 사태와 금융위기가 덮쳤다. 오늘날에는 예전에 비해서 절대적으로 많은 사람이 굶주리고 있다.

　　　　　| 왜 음식물의 절반이 버려지는데 누군가는 굶어 죽는가 |

독일 세계기아원조는 2005년부터 매년 세계기아지수(GHI, Global Hunger Index)를 발표한다. 워싱턴에 있으며 식량 정책을 연구하는 이 국제적인 연구소는 122개국의 자료를 기초로 전 세계의 기아 상황과 영양 섭취 상황을 계산할 수 있는 도구를 개발해냈다. GHI는 똑같이 중요한 세 가지 척도를 바탕으로 만들어졌는데, 국민들 가운데 영양실조에 걸린 사람들의 비율, 다섯 살 이하 아동들 가운데 저체중 아동의 비율과 사망률이다.

2010년에 나온 최근 지수는 2003~2008년 자료를 고려해서 나왔다. 기준 해인 1990년(MDG1 때문에)에 비하면 2010년의 전 세계기아지수는 향상되었다. 다시 말해, 거의 4분의 1이 줄어들었다. 이는 몇몇 국가의 발전 덕분인데, 앙골라, 에티오피아, 가나, 모잠비크, 니카라과와 베트남은 절대 수치를 향상시킬 수 있었다. 이와 반대로 29개국에서는 기아가 정말로 끔찍한 수준이었다. 가장 끔찍한 상황에 처한 국가는 아프리카에 있는 국가들로 차드, 에리트리아, 부룬디와 콩고민주공화국이었으며 지수는 30.9에서 41에 달했다. 이에 따르면 콩고민주공화국 시민들 가운데 4분의 3이 영양실조 상태이다. 이곳의 유아사망률은 19.9퍼센트를 기록해 세계에서 유아사망률이 가장 높은 국가들 가운데 하나가 되었다.[52]

2010년 10월에 열린 세계식량회의에 즈음하여 세계기아원조는 전 세계에서 볼 수 있는 식량 낭비와 옳지 못한 이용을 비난했다. "충분한 식량을 생산함에도 불구하고 10억이나 되는 사람들이 굶주리고 있다는 것은 스캔들이다." 독일 세계기아원조의 사무총장인 볼프강 야만(Wolfgang Jamann)이 설명했다. "식품 가치를 인정해주는 자세를 배워야 할 때이며, 무엇보다 우리의 음식을 의식 있게 다뤄야 할 때이다."
남반구에서는 생산성뿐만 아니라 식량을 효율적으로 이용하고 활용하는 법도 후원해야만 한다. 우선 자국 국민들이 배불리 먹어야 하고, 그런 다음에 수출과 산업적인 활용 방안을 생각해야 한다. 우리의 버리는 기질에 대해서 야만은 이렇게 호소했다. "우리는 넘쳐나는 값싼 식품에 익숙해 있다. 계속 증가하는 세계 인구를 고려할 때 이제는 무책임하게 식품을 다루는 태도를 더는 묵과할 수 없다."[53]

기아는 지구상에서 사람을 죽음에 이르게 하는 주요 원인으로, 사람들이 만들어냈다. 전쟁, 남벌, 과잉생산, 계획된 낭비와 가격 투기의 결과인 것이다. 기아를 허용하는 것은 국제법 위반이며, 인류에 대한 범죄이다. 1966년에 제정된 경제적, 사회적, 문화적 권리에 관한 국제협약 11조는 다음과 같다. "협약에 참여한 국가들은 적절한 삶의 기준에 따라 개인과 가족이 살아갈 권리를 인정하며, 여기에는 충분한 영양 섭취, 의생활과 거주가 포함된다. 또한 모든 개인이 삶의 조건을 지속적으로 향상시키는 것도 인정한다. 개인의 기본 권리인 기아로부터 보호받을 수 있는 권리를 위해, 협약을 맺은 국가는 개별적으로 혹은 다른 국가와 협력하여 필요한 조치를 취하거나 특별한 프로그램을 만들 것이다."[54]

식량에 대한 권리는 다른 권리와는 달리 오늘날 끊임없이 짓밟히고 있다. 정년퇴직을 한 스위스의 사회학과 교수이자 유엔 식량특별조사관으로 일했던 장 지글러는 2005년 분노에 차서 자신의 저서에 이렇게 표현했다. "21세기가 시작되어서도 수백만 명이 영양실조와 기아로 고통스러워하는 것은 실로 최대의 스캔들이다. 이는 어떤 이성적인 이

유로도 정당화할 수 없으며 어떤 정치가도 합법화할 수 없는 황당하고 도 수치스러운 일이다. 이것은 인류를 계속해서 괴롭히는 범죄와 다를 바 없다."[55] 그는 기아가 개발도상국이 외국에 진 빚으로 인해 생겼다 고 보았다. 지글러는 기아로 인한 죽음을 살인이라 일컬었으며, "살인 자의 이름은 바로 부채라고 한다".

  3년 뒤에 문고판 서문에서 지글러는 분명하게 표현했다. "기아로 죽은 아이는 살해당한 것이다." 이에 대한 책임을 져야 하는 것으로는 "대륙을 횡단하는 민간기업, 은행, 서비스 분야와 무역"을 지적했다. 그가 지적한 대상은 500여 개의 막강한 기업으로, 그들은 전 세계 총생 산의 53퍼센트를 관리한다. 다시 말해 1년에 지구상에서 생산되는 모 든 가치의 53퍼센트를 감독하는 것이다. "이 같은 새로운 봉건군주들 을 나는 '코스모크라텐'이라 한다. 그들은 수치의 제국을 다스리는 지 배자들이다." 기아는 결코 자연현상이 아니라 경제전쟁의 계산된 수단 이다. "부채와 기아는 이 세계의 지배자들이 민족, 민족의 노동력, 원 료와 꿈을 노예화하기 위해 투입하는 두 가지 대량학살 무기이다."[56]

  캐나다의 경제학자이자 세계화를 비판하는 미셸 초스도프스키도 비슷하게 생각한다. 그는 과잉생산과 연관 지어 설명한다. 1980년대 에 소말리아에서 일어난 심각한 기아 문제를 분석하면서 그는 이렇게 쓴다. "소말리아의 경험으로부터 우리는, 20세기 후반의 기아는 식량 이 부족한 결과가 아님을 관찰할 수 있다. 반대로, 기아는 전 세계적인 곡물의 과잉 공급으로 일어난다. 1980년대부터 세계은행이 곡물시장 을 감시하면서 통제를 해제했으며, 미국의 과잉 곡물이 체계적으로 투 입되어 농부들이 망하고 국가의 식량 생산이 불안정해졌다. 이런 상황에서 각국은 번갈아가며 가뭄과 환경 위기에 맞닥뜨렸고 이에 적절하게 대처하지 못함으로써 피해를 보았던 것이다."[57]

없는 것은 없는 것이다

지글러와 초스도프스키의 말에 따르면, 세계화라는 메달은 양면이 있다. 즉 한편에는 과잉생산, 남벌과 곡물 덤핑, 낭비와 식량 폐기가 있고, 다른 한편에는 기아, 결핍, 죽음이 있다. 이보다 덜 극단적인 주장을 내세우는 이들도 가난과 부, 결핍과 과잉은 서로 관련이 있고 한편이 다른 편의 조건이 된다고 한다. 이미 언급했던 본의 농업학자 브라운은 수년 동안 워싱턴에 있는 국제식량정책연구소의 소장을 역임했다. 그는 2010년 본 대학의 교수로 돌아가 개발연구소를 이끌고 있다. 인터뷰에서 그는 이렇게 말했다. "그사이 세계는 세계화되었고, 세계의 식량사슬은 글로벌화되어 있지요. 만일 이렇듯 사슬처럼 연결된 식량사슬 가운데 어떤 곳이 변하거나 짧아지거나 확장되거나 중단되면, 식량사슬 전체에 영향을 미치게 됩니다."[58]

그는 아프리카의 기아를 무엇보다 국가가 해결해야 하는 문제이자 소농들의 낮은 생산성과 잘 작동하지 않는 지방시장의 문제로 설명한다. 아프리카인들이 이 문제를 스스로 해결해야만 하는가라는 질문에 그는 분명하게 대답한다. "아뇨, 메달에는 양면이 있습니다. 아프리카는 엄청난 양의 식량을 수입하고 있어요. 어떤 수입이든 가격을 지불해야 하고 이 가격은 우리의 행동에 의해 영향을 받아요. 만일 우리가 더 많이 소비하고, 더 많이 버리면, 아프리카에는 더 적은 것만 돌아가죠. 아주 간단합니다." 브라운 교수는 곡물로 에너지를 생산하는 경우를 예로 들어서 쉽게 설명해주었다. "만일 우리가 여기에서 혹은 북미에서 수백만 톤의 곡물을 바이오 연료로 사용한다면, 이는 전 세계 식량시장에 영향을 줍니다. 즉 전 세계에서 쌀과 식용유가 줄어들겠죠. 그러면 가격은 올라가고, 에티오피아나 방글라데시 같은 나라에 사는 가난한 가족들에게 식량은 더 줄어들겠지요. 식량사슬이 전 세계로 연결돼 있는 것입니다."

식량 가격 상승이 기아를 불러일으킨다

2007년 초부터 2008년 중반 사이에 옥수수, 콩, 밀, 식용유 같은 식량을 거래하는 주식시장에서 이들의 가격이 거의 45퍼센트나 폭등했다. 이는 개발도상국에 재난에 가까운 결과를 초래함으로써 전 세계에 기아라는 위기를 불러왔다. 쌀 가격은 6개월 만에 무려 277퍼센트나 올랐다. 얼마 되지 않은 소득의 절반 이상을 식량 구입에 써야 하는 가난한 사람들이 직격탄을 맞았다. 저개발 국가의 식량 수입 비용은 2000년에 비해서 2007년에 90퍼센트나 늘어났다. 이로 인해 수백만 명이 기아와 극단적인 가난에 몰리게 되었다. 아이티, 이집트와 30개국 이상의 나라에서 기아로 인해 폭동이 일어났고 곡물 가격 상승을 반대하는 시위가 전 세계에서 일어났다.

　화폐로 치면 주도 화폐인 밀가루 가격은 2004년과 2010년 사이에 그야말로 미친 것 같았다. 2004년에 기록적인 수확을 거둔 뒤에 유로넥스트(Euronext: 2000년 9월 22일에 암스테르담, 브뤼셀, 파리 주식시장의 합병을 통해서 네덜란드 법으로 유로넥스트 홀딩 회사가 건립되었다—옮긴이) 주가가 톤당 108유로로 추락했다가, 2006년에 150유로로 회복세를 보이더니 2007/2008년 기아 위기 동안에 250유로를 기록해 최고치를 달성했다. 그런 뒤 2009년 초에 소비가 계속 늘어났음에도 148유로로 떨어졌다.[59]

생산 비용, 특히 비료와 에너지에 들어가는 비용은 지난 몇 년 동안 눈에 띄게 올랐지만, 2009년에 밀가루 가격처럼 서서히 떨어지지는 않았다. 그리하여 특히나 농업이 어려워졌다. 이는 개발도상국에서 일하는 가난한 사람들에게는, 물건을 시장에 운반하거나 일하러 가는 비용은 매우 비싸졌으나 식량을 구입할 돈은 더 적게 남는다는 의미였다.

2009년에 떨어진 식량 가격은 이후 또다시 올랐으며, 2010년 하반기에만 32퍼센트가 올랐다. 2011년 2월에 밀가루 가격은 249유로로 2007년의 가격과 거의 비슷해졌다. 그사이 FAO의 식품가격지수는 236으로 1990년에 도입한 이래 최고치를 기록했다. 이는 많은 국가에서 기아가 지속될 거라는 의미였다.

가난하고 굶주리는 사람들은 대부분 농업과 얼마 되지 않은 생산품을 팔아서 먹고 산다. 그들은 가격이 오르는 세계시장에서 가질 게 전혀 없기에 이로부터 완전히 배제되고 있다. 그러니 가장 큰 케이크는 다른 사람들이 나누어 가진다. 세계은행에 따르면 지난 몇 년 동안의 가격 상승으로 개발도상국에 사는 4400만 명이 추가로 가난의 나락으로 떨어지게 되었다. 이는 물론 세계시장의 가격 변화로 지역 시장이 엄청난 타격을 받았다는 전제가 있어야 한다. 그렇다 해도 단기간이었을 터다. 왜냐하면 가난한 사람들은 저장할 수도 없으며 소농들은 많은 양을 미리 계획해서 생산할 수 없기 때문이다. 물론 높아진 가격은 지속적으로 지역 시장에 자극을 주고 긍정적인 발전을 추동할 수 있다고 독일 개발정책연구소는 말한다. 식품 가격을 낮게만 유지하는 정책

곡물시장

수십억 명	수백만 톤	1인당 헥타아르	수백만 톤

세계 인구 증가	안정적인 수확량	부족한 경작지	바이오 연료로 사용하는 면적 증가

곡물 부족	주식시장에서의 투기	가격 상승

밀가루 가격은 2000년부터 세배 올랐다. 오르는 가격은 투기꾼을 유혹하고, 그들은 이로부터 돈을 번다.

개발도상국의 기아	선진국은 국가보조금을 통해 보완한다	시위

매년 기아로 숨지는 사람들은 대략 880만 명이며, 주로 아이들이다.

유럽의 농업은 매년 500억 유로의 국가보조금을 받는데 이로써 인위적으로 식품 가격을 인하해 제3세계 농부들의 존립을 위태롭게 하는 결과를 가져온다.

식량 부족 때문에 많은 농업국가에서 시위가 일어난다.

도 가난과 영양실조의 해결책이 결코 아니라고 한다. 해로운 것은 "지나치게 가격의 유동성이 심한 경우이다. 그렇게 너무 많이 올라가거나 너무 많이 내려가면 안정적인 투자 계획을 세울 수 없기 때문이다."[60]

세계은행의 최신 보고에 따르면 오늘날 14억 명이나 되는 사람들이 극단적인 가난 속에서 살고 있는데, 이는 1.25달러도 안 되는 돈으로 하루를 살아야 한다는 뜻이다. 그렇지만 비교적 적은 재정으로 기아를 몰아낼 가능성도 없지 않다고 한다. 오스트리아 경제 기자 파울 트룸머의 질문에 기아 전문가이자 FAO에서 농업 개발을 위한 사무소의 소장을 맡고 있는 코스타스 스타물리스(Kostas Stamoulis)가 이렇게 대답했다.

"우리가 추정하기로는, 매년 공공 농업자금으로 350억에서 400억 달러를 추가로 투입하면 충분히 개인 투자를 농업에 밀어넣을 수 있고, 이로써 앞으로 15년에서 20년 안에 기아를 해결할 수 있으리라 봅니다."[61] 여기에서 말하는 자금이란 모든 국가와 국제적인 조직의 돈을 모두 합한 금액이란 의미이다.

이와 비교해볼 만한 사건이 하나 있다. 2008년 10월에 독일의 자본시장 펀드는 금융기관이 4000억 유로까지 쓸 수 있게 해주었다. 이른바 독일 은행을 구하기 위해서였다. 국가가 이를 지불할 필요는 없었으며, 정부는 단지 5퍼센트에 해당하는 200억 유로를 가구 부담으로 집어넣었다. 그렇게 하기 위해 은행의 자본화를 정상화하고 문제가 있는 신용대부금 800억 유로라는 리스크도 떠안았다.[62] 이렇게 독일 정부는 단독으로 1000억 유로라는 돈을 밀어 넣음으로써 은행과 투기꾼들을 일으켜 세웠다. 그것도 기록적으로 짧은 몇 주 만에. 이 경제범들은 그 전에나 후에나 아무도 굶주린 적이 없었다.

자본시장의 기아

사람들이 곡물과 기본 식량에 투기를 하면, 기아라는 문제로 탁월하게 장사를 할 수 있다. 세계기아원조의 위탁으로 브레멘 대학이 '기아를 유발하는 자본시장?'이라는 제목으로 실행한 조사에 따르면, 2008년에 곡물 선물시장에 자본을 적극 투자한 투자자들은 이 기간에 상승한 가격의 15퍼센트에 책임이 있다.[63] 투기꾼들은 미래의 가격을 정확히 예상하고 수익을 노렸다. 그들은 식량 가격을 걸고 내기를 했고 가격을 올리려고 자본을 투입했다. 이로써 잘 알려진 결과가 나왔다. 즉 발생할 기아에 내기를 한 것이다. 아무 생각 없는 식품 낭비 외에 주식시장 도박꾼의 자본 장사가 실제로 식량 가격을 끌어올린다.

연구를 이끈 한스 H. 바스(Hans H. Bass) 교수는 어떤 식으로 시스템이 작동하는지를 설명한다. "이런 맥락을 이해하려면, 현물시장이라고도 불리는 원래의 곡물 거래는 수백 년 전부터(독일에서는 1852년부터) 자본시장에서 장식품이었다는 사실을 분명히 알아야 한다. 즉 선물시장의 장식품이다. 앞으로 몇 달 동안 가격 상승을 확보하기 위해 큰손들은 선물시장에서 보증 가격을 지불하고 곡물을 구입한다. 거꾸로 곡물 생산자는 선물시장에서 보증 가격을 받고 곡물을 파는데, 가격이 떨어지는 경우를 대비하기 위해서다. 이처럼 안정적으로 확보해두려는 행동을 영어로 연계 매매(Hedging)라고 하며, 이런 동기로 행동하는 사람을 미국에서는 '코머셜스(commercials)'라 일컫는다. 이외에 선물시장에는 오래전부터 업계와 무관한 투자꾼(non-commercials)들이 있었는데, 이들은 미래의 가격을 정확하게 예상하고 이를 통해 이득을 추구하는 사람들이다. 마지막으로 역시 오래전부터 아주 적은 가격 차이를 통해 차액을 노리는 매매인들이 있었다. 이들은 다양한 시장 가격이나 선물계약 기간이 서로 다른 점을 이용한다. 예를 들어 한 곳에서 약간 싸게 구입해서 다른 곳에 가서 조금 비싸게 팔아 차액을 취하는 것이다."

지수투기꾼들의 냉정한 게임

지금까지 식량시장에서는 그런 방식으로 일이 이루어졌다. 그런데 새로운 플레이어가 경기장에 등장했다. "대략 5년 전에 자본투자자들이 등장했는데, 이들은 전혀 다르게 행동한다. 지수투기꾼이라 불리는 이들은 어떤 투자 등급에서 전반적으로 가격이 상승할 때 가장 안전하게 수익을 얻는 투자 포트폴리오를 작성한다. 이 포트폴리오에는 시장에서 거래되는 양이 지수처럼 묘사되어 있는데, 예를 들어 밀 5퍼센트, 콩 5퍼센트라는 식이다. 그사이 미국에서는 헤저(Hedger), 고리타분한 옛날 원칙을 좇으며 어떤 분야에 속하지 않는 투기꾼들 그리고 새로운 지수투기꾼들이 곡물 선물시장에서 각각 3분의 1을 차지하게 되었다. 지수투기꾼들은 오래된 선물계약의 유효기간이 만료되면 현재 가격에는 신경 쓰지 않고(그들은 장기 가격 상승을 기대하기 때문에) 계속 새로운 계약을 체결함으로써 지속적인 수요에 영향을 미친다. 이로 인해 전반적으로 가격이 올라가는 현상이 생긴다. 하지만 가격이 심하게 올라가면, 특히 많은 자본이 부수적으로 이 펀드로 흘러들어 가격 거품이 형성된다. 선물시장은 그야말로 순전히 자본 거래지 곡물 거래(왜냐하면 투자 태도와 무관하게 모든 투자자들은 오로지 자본을 두고 계약하기 때문이다)가 아님에도 불구하고, 차액을 노리는 매매인들을 통해 선물시장이 현물시장에 영향을 주게 되는 것이다. 즉 만일 선물시장에서 곧 만료될 계약의 가격이 현물시장에서의 가격과 차이가 나면, 차액을 노리는 매매인들은 한 시장에서 구매하고 다른 시장에서 판매한다. 이를 통해서 현물시장 가격은 자본시장의 내기를 통해 선물시장에서 결정되는 가격에 근접하게 되는 것이다."[64]

이런 내기에 도박꾼이 거는 돈은 독일 예금자들의 주머니에서, 그러니까 자신들의 재산을 국제적으로 영업하는 은행에 넣어놓는 시민들의 주머니에서 나온다. 예를 들어 도이치 뱅크에는 'DB 플래티넘 농업 유로 펀드'라는 것이 있다. 기아 문제가 위기로 등장했던 시기에 이 은행은 2008년 4월에 뻔뻔스럽게도 독일 빵집에서 나눠주는 빵 봉지에 다음과 같은 슬로건을 넣어 광고를 했다. "가격이 올라 기쁜가요? 전 세계가 원료에 대해서 이야기합니다. 농업 유로 펀드로 당신은 일곱 가지 중요 농산물의 가치 변화에 참여할 수 있습니다. 확실한 것에 투자하세요." 은행가들은 그들이 무슨 말을 하는지 너무나 잘 알고 있으며 세계사를 정확하게 분석하기도 한다. 펀드의 웹사이트에는 다음과 같이 상세하게 소개되어 있다. "농업 원료—한정되어 있고 다들 열망한다. 다음과 같은 요인들로 인해 농업 원료의 가치 상승을 기대할 수 있다. 즉 눈에 띄게 증가하는 세계 인구, 선진국이 되려고 노력하는 국민들의 생활수준 향상으로 인한 영양을 섭취하는 습관의 변화, 신생 에너지를 생산하는 데 쓸 농업 원료에 대한 수요 증가, 전 세계에 걸친 농업 원료의 낮은 비축량."[65]

분명 농업 원료의 가격을 상승하게 만드는 요인은 복잡하다. 식품의 낭비와 연료에 사용되는 농산물에 대한 수요의 증가 외에도 투기꾼들의 역할도 부인할 수 없다. 심지어 프랑스의 대통령 니콜라 사르코지처럼 시장개방에 헌신한 정치가조차도 화를 내게 되었다. 2010년만 하더라도 밀 가격은 거의 100퍼센트가 올랐고, 옥수수 가격은 80퍼센트 가까이 올랐으니 말이다. 그럼에도 불구하고 유럽연합위원회는 투기와 가격 상승의 분명한 관련성을 보려고 하지 않았다. 프랑스에서 열리는 G20 프로그램을 준비하는 과정에서 유럽연합위원회는 2011년 1월에 보고하기를, "파생시장의 활동 증가로 인해 재화 시장에서 가격이 왜곡되었다는 증거는 없다."[66] 그러자 사르코지는 이렇게 발표했다. "투기로 전 세계의 원료 가격이 오르지 않았다는 것을 증명할 이 연구 결과를, 나는 4월 1일에 공개해줄 것을 권유합니다."[67]

사르코지는—이는 결코 만우절 농담이 아닌데—전 세계의 생산 능력과 비축량에 대한 좀더 투명한 정보 시스템을 만들고자 했다. 게다가 식품 가격을 두고 내기를 벌이고 있는 투기꾼들에게 이제 그만두라고 요구했다. 부자 국가인 G20이 뭔가를 해야 하며, 그러지 않으면 기아로 폭동이 일어났을 때 이에 책임을 져야 한다면서.

사르코지는 불가능한 본보기로서 어떤 농업 원료 거래자를 언급했는데, 이 남자는 2010년 여름에 세계에서 거래되는 코코아의 15퍼센트가량을 투기 목적으로 날치기했다. 그는 런던의 투기꾼 앤서니 워드(Anthony Ward)로, '초코펑거'라고 일컬어진다. 그는 자신의 농산물 거래 헤지펀드인 아마자로(Armajaro)를 통해 관리를 한다. 워드는 우선 선물 계약으로 100만 달러어치의 물건을 샀고, 이에 따라 24만 1000톤의 코코아를 공급받고 나중에 더 많이 공급받는다는 서류를 챙겼다. 그는 보통 때와는 달리 만료가 되었는데도 계약을 팔지 않았고 코코아를 받아서 보관해두었다. 이렇게 함으로써 유럽에 있던 코코아 전체 재고를

　　　│ 왜 음식물의 절반이 버려지는데 누군가는 굶어 죽는가 │

통제하고 가격을 독자적으로 조정할 수 있었다. 가격이 올라갈수록 더 많은 이득을 올렸다. 이를 충분히 목격할 수 있었다. 그러니까 브로크 하우스 골드만 삭스만 하더라도 2009년에 원료로 50억 달러의 수익을 올렸으니 말이다.[68]

식량 가격을 두고 투기를 벌이는 행위에 대한 윤리적인 입장이 어떠 하냐는 질문에 2010년 5월부터 장 지글러의 후계자로 유엔 식량특별 조사관으로 일하는 올리비어 드 슈터(Olivier De Schutter)는 절제하며 대답 했다. "시장은 윤리적인 존재가 아닙니다. 은행과 투자자들에게는 단 지 숫자에 불과하죠. 식량이라는 특수한 주제도 인권을 만족시켜야 한 다는 사실이 그냥 무시되고 있습니다. 따라서 윤리적인 입장은 마음에 들지 않네요. 윤리적인 논쟁으로는 아무것도 바꿀 수 없습니다. 규칙 과 법을 통해서 바꿀 수가 있지요."[69] 윤리적인 논쟁은 뭔가를 직접 바 꿀 수는 없지만 사람들을 각성시킬 수 있고 변화에 대한 의식을 일깨 울 수 있다. 왜냐하면 제한하는 법과 규칙을 만들고 실행하기 전까지 투기꾼들은 계속 지금처럼 행동할 테니까 말이다. 가격이 막 내리거나 오르는 것은 중요하지 않다. 지나치게 큰 변동이야말로 사업 성공을 약속한다. 자연재난, 가뭄과 홍수는 환영받는데, 내란과 이에 따른 구 호 조치와 마찬가지로 투기꾼들에게는 좋은 소식이다. 그러니 도덕과 윤리는 무관심의 대상이 되어 가장자리로 밀려나 있다.

지글러는 이를 두고 노골적으로 말한다. "기본 식량으로 투기를 하 는 사람은 아이들을 죽이고 있다."[70] 이로써 지수투기꾼들의 실제 영 향력을 딱 맞게 표현한 것이다. 물론 도이치 뱅크에 저축하는 소시민 들이 의도적으로 기아를 촉진하거나 아이들을 살해하지는 않았다. 또한 이렇게 말해도 틀리지 않다. "식품을 낭비하는 사람은 아이들을 죽인다." "우리는 전 세계인이 점심을 먹는 식탁에 앉아서 가난한 사람들의 접시에 담긴 음식을 다 뺏어먹는다"고 탄야 부세는 충격적인 책 《식량 독재》[71]에 쓰고 있다. 이런 그림은 상황을 강렬하게 묘사하고 있다. 하지만 문제는 결의가 아니라 무신경이며 이런 맥락에서 우리가 수행해야 할 역할에 대한 이해의 부족이다.

복지와 과잉 속에서 겉으로 보면 여전히 흠 없는 세상에 살고 있는 우리는 경제위기로 돈을 몇 푼 잃기는 했지만, 고통을 이겨낼 수는 있었다. 독일에는 점차 빈곤이 늘어가고 있는데, 특히 어린아이들에게서 그렇지만, 시민들은 대부분 이른바 보호받지 못하는 노동자나 실직자에 속하지 않는다. 우리는 가난과 부당한 분배를 이해하지 못한다.

한계에 다다랐다

자연의 남작(濫作)도 한계에 다다랐다. 지난 10년 동안 세계는 생산하는 양보다 더 많이 먹었다. 식량 위기가 일어났던 2007년에 모든 식량의 비축량은 61일간 버틸 수 있는 양으로 확 줄었다. 그런데 농업 생산량은 매년 1~2퍼센트 늘어나고 있을 뿐이다. 이와 동시에 비옥한 땅은 침식으로 잃어버리고 폐허가 되었을 뿐만 아니라 고갈되고 있다. 지하수는 많은 지역에서 극적으로 줄어들고 있으며, 바닷물은 유독성을 띠고 물고기들은 씨가 마를 지경이다. 여기에 기후변화라는 요소가 더해지면서 세계의 농업은 놀라운 도전에 직면해 있다. 즉 바짝 마른 땅, 기록적인 수확량 감소와 점점 심각해지는 물 부족이 시나리오를 써내려간다. 그럼에도 불구하고 모두가 배불리 먹기 위해서는, 식량 생산은 2030년까지 두 배가 늘어나야 한다고 세계의 식량산업 관계자들은 주장한다. 그러고는 유전자기술을 도입하여 제2의 '녹색혁명'을 일으켜야 한다고 요구한다. 하지만 비관론자들은 위험하기 짝이 없는 사태가 벌어지리라 보고, 분배를 둘러싸고 전쟁이 벌어질지 모르며 심지어 문명이 파멸로 치달을지도 모른다고 경고한다.[72]

  그런데 명백한 해결책을 생각하는 사람은 아무도 없다. 유럽과 미국에서 남아도는 식량과 버리는 식량을 절반으로 줄인다면, 전 세계의 기아를 세 번이나 해결할 수 있을 정도인데도 말이다. 삶의 방식과 소비 습관을 바꾸면 실제로 문제를 해결할 수 있다. 그러나 선택이니 미래니 하는 수사를 입에 올리는 자들은 이런 식으로 생각하지 않는다. 그렇다면 우리 스스로 하는 수밖에 없다.

  이와 반대로 식량 투기를 막기 위해서는 우리가 아니라 국가의 개입이 반드시 필요하다. 놀랍게도 2011년 4월 중순 워싱턴에서 열린 국제통화기금(IMF)의 전반기 회의에서 다음과 같은 결과가 나왔다. 즉 G20 회의에 참석한 각국 재무장관들은 투기 행위를 방지하기 위해 국제적으로 증권시장을 감독하자는 발의에 동의했다. 프랑스의 재무장관 크리스틴 라가르드(Christine Lagarde, 현 IMF 총재―옮긴이)가 설명하기를 투기의 상한선을 마련하는 작업으로, 앞으로 개별 상인은 세계시장에서 최대 거래량의 5퍼센트 이상을 구입할 수 없게 한다는 것이다. 이는 초코핑거 앤서니 워드에게 타격을 줄 수 있을 것이다. 게다가 식품을 거래하는 규칙과 상한선은 그로부터 생겨난 자본상품, 선물시장의 파생상품에도 적용될 거라고 한다.[73]

  국제통화기금의 전 회장 도미니크 스트로스 칸(Dominique Strauss-Kahn)

은 이미 회의장 앞마당에서 신자유주의를 근본적으로 비판하는 입장을 취했다. 그는 "지난 25년 동안 전 세계 경제질서의 지적인 기초가 파괴"되었으며 "불평등은 위기의 '조용한' 원인"이라고 설명했다. 우리는 그런 주장을 지금까지 세계화를 비판하는 사람들의 입에서만 들을 수 있었다. "어쩌면 앞으로는 패러다임이 바뀔지도 모른다고 조심스레 낙관할 수도 있다"고 독일 비정부기구인 WEED의 대변인 페터 발(Peter Wahl)은 설명했다.[74]

왜 가득 찬 주유차가 접시를 텅 비게 만드는가

2011년 1월부터 정부의 의지에 따라 독일에 있는 모든 주유소에서 새로운 혼합휘발유 E10을 주유할 수 있게 되었다. 이 혼합휘발유에는 유채, 옥수수와 사탕수수 같은 식물에서 채취한 에탄올이 10퍼센트 포함되어 있다. 이 연료의 생산자들은 상권을 대폭 넓히기를 주저하고, 독일의 자동차 운전자들은 그런 연료를 넣었다가 엔진이 손상되거나 성능이 떨어질까 두려워한다. 이 새로운 연료는 소비자들에게 환영받지 못하는 듯하다. 이는 참으로 잘된 일이다. "바이오 연료 제1세대는 어마어마하게 넓은 농지와 물이 필요하며, 이는 식품 가격 상승, 남벌과 수자원 고갈같이 부정적인 사회적 · 생태학적 결과를 초래할 가능성이 크다. 이런 부정적인 결과는 긍정적인 결과를 능가할 수도 있을 것이다." 〈세계농업보고서〉[75] (2008년 '농업에 관한 지식, 과학과 발전 기술을 위한 국제평가(IAASD, International Assessment of Agricultural Knowledge, Science and Technology

for Development)'에서 '기로에 선 농업'이라는 제목으로 발표했다—옮긴이)에 실린
글이다.

옥수수와 유채 같은 농업 연료의 생산은 국가의 개입과 보조금 덕분
에 유럽과 북미에서는 어마어마한 사업으로 변했다. 미국에서는 이미
옥수수 수확량의 4분의 1이 에탄올 정제소로 실려간다. "FAO의 추정
에 따르면 미국 정부는 에탄올 1리터당 평균 28센트를 추가로 지불하
고, 수출하는 바이오 디젤의 경우에는 심지어 1리터당 55센트까지 지
원한다. 부수적으로 미국 정부는 석유 대기업이 에탄올 1리터를 판매
하면 내야 할 세금 13.5센트를 면제해준다." 빌프리트 봄메르트는《세
계를 위한 빵은 없다》[76]에서 이렇게 서술한다.

하지만 브라질, 인도네시아와 말레이지아 같은 국가에도 사탕수수
와 종려 기름은 농업 연료의 붐을 타고 가장 중요한 수출 품목이 되었
다. 이런 식물을 재배하기 위해서는 엄청나게 넓은 면적이 필요하며
결국 다른 사업을 배제하게 된다. 즉 목초지를 이용해 사료를 재배하
게 되어, 예를 들어 소를 기르는 축산업자들을 비가 많은 열대지방의
숲으로 몰아낸다. 그렇듯 농업 연료 생산은 가장 중요한 숲의 벌목에
책임이 있다. 세계농업보고서에 따르면, 전 세계 석유 수요의 20퍼센
트를 충족시키기 위해 전 세계 농경지의 3분의 1이 필요하다. 2030년
에 농업 연료에 사용될 식물을 재배하기 위해 5800만 헥타르의 농경지
가 필요할 것이라고 한다.

한 가지는 분명하다. 농업 연료를 위해 식물을 재배하는 곳에서는
어떤 식량도 나올 수 없다. 제한된 재배 면적과 수자원을 고려할 때 농
업 연료는 식량 생산과 직접 경쟁 관계에 있고, 농촌의 구조와 환경에

부정적인 결과를 안겨주는 단작(單作)을 촉진할 뿐이다.

시위는 증가하고

유럽에서는 이미 2007년 중반에 100개 이상이나 되는 환경그룹이 유럽연합에 농업 연료 생산을 즉각 중지하라고 요청하며 "꽉 찬 주유차 대신에 가득 찬 접시"[77]를 요구했다. 식량으로부터 연료를 생산하는 일은 유엔의 식량 전문가였던 지글러에 따르면 5년 동안 금지되어야만 했다. 유엔 식량특별조사관이었던 그는 2008년에 제네바에 있는 인권위원회 앞에서, 지금은 대안이 되는 기술을 이용해야만 한다고 설명했다. 지금까지 농업 연료의 생산으로 인해 식량 생산 비용이 놀라울 정도로 올라갔다는 것이다. 지글러는 자신의 보고에 기록하기를, 농업 연료가 기아에 미치는 영향은 크게 걱정해야 할 원인이며, 이는 식량 인권에 해당한다. 200킬로그램의 옥수수는 50리터의 연료로 탈바꿈되며, 이는 자동차 한 대의 연료통을 가득 채울 수 있지만, 한 사람이 1년 동안 먹을 수 있는 양식이 된다는 말이다. 식량과 연료 사이에 경쟁이 생길 수 있는 위험이 있다고 그는 말한다. 그렇게 되면 개발도상국에 사는 가난한 사람들과 굶주리는 사람들이 무섭게 가격이 오르는 식량, 땅과 물 가격에 대책 없이 희생될 수밖에 없다고 스위스의 사회학 교수인 지글러는 말한다.[78]

2007년 9월 초에 OECD는 파리에서 깜짝 놀랄 연구결과를 발표했다. 즉 바이오 연료는 너무 비싸며, 식량 가격을 올리고 환경에 해를 입힐 수 있다는 내용이었다. 그리하여 이 단체는 선진국 정부에 국가 보조금을 지급하지 말고 대신 연구비에 투자해달라고 호소했다. 보조금을 주는 게 아니라 오히려 이산화탄소 배출에 대한 세금을 징수해야 한다는 것이다. 이때 유럽의 유채꽃이 도마에 올랐다. 유채꽃 재배에는 많은 물과 에너지가 필요하며, 많은 이산화탄소를 배출하기 때문에 비용이 상당히 많이 든다고 한다. 연구에 따르면 이산화탄소 1톤을 적게 배출하려면 미국에서는 545달러가 드는데 유럽에서는 심지어 비용이 열 배는 더 든다. 바이오 연료 가운데 지극히 소수만이 환경에 그나마 해를 덜 입힌다고 OECD는 발표했다. 바로 사탕수수에서 추출한 에탄올인데, 이때도 사탕수수를 심기 위해 숲을 남벌해서는 안 된다.[79]

2008년 여름에 기아가 닥치자 OECD는 이 연구 결과를 수정 보완했다. "환경보호를 위해 바이오 연료를 장려하는 방법보다 훨씬 더 효과적인 방법이 많다"는 문장으로 OECD의 상업 및 농업 부문 국장 슈테판 탕거만(Stefan Tangermann)은 '바이오' 연료가 환경친화적이라는 이미지에 종지부를 찍었다.[80] 2015년이 되면 교통 부문에서 바이오 연료로 인한 온실가스 배출은 잘해야 0.8퍼센트 줄어들 것이라고들 한다.

불편한 진실

국제적으로 활동하는 원조단체인 옥스팜은 이미 2008년 6월 말에 '그 밖에 불편한 진실'이라는 보고서를 제출했다. 농업 연료 정책에 개입한 선진국은 식량 가격을 전 세계적으로 올리는 데 족히 30퍼센트는 기여했고 이를 통해 적어도 3000만 명을 가난에 빠트렸다고 한다. 국제적으로 벌인 시위로 적어도 작은 성공을 거두기는 했다. 즉 2008년 7월 중순에 유럽의 장관들은 이에 반응을 보였고, 차량의 연료로 석유와 농업 연료만 섞어서 투입하지 않기로 결정했다. 다시 말해 전기자동차도 보완함으로써 농업 연료가 차량 연료에서 차지하는 비율을 줄일 것이라는 점에 합의했다.

이로부터 14일도 채 지나지 않아 하필이면 세계은행이 농업 연료의 논쟁에 정점을 찍었다. 세계은행 경제학자 돈 미첼(Don Mitchell)은 최초로 비교적 오랜 기간 동안—2002년부터—식량 가격을 연구했고 이로부터 끔찍한 결과를 도출했다. 즉 연료용으로 사용하기 위해 재배하는 농작물이 식량 가격을 직간접적으로 70~75퍼센트까지 올린다는 것이다. 이 결과는 미국 조지 W. 부시 대통령이 야심차게 마련하고 독일 메르켈 총리가 이어받았던 주장과는 어긋났다. 즉 세계은행 경제학자의 연구 덕분에, 식량 수요가 증가함으로써 발생하는 위기는(특히 육류에 대한) 인도와 중국 때문이라는 주장의 근거가 무너지게 된 것이다. 이 연구는 또한 개발도상국의 소득 증가는 곡물 소비를 증가시키지 않으며 따라서 가격 상승에 대한 책임도 없다는 사실을 분명하게 짚어주었다. 지난 2년 동안 전 세계적으로 밀가루와 옥수수의 재고는 줄어들었으며, 기본 식량의 가격은 두 배나 올랐고 원료용 종자의 가격은 세 배나 올랐다고 한다. 주요 원인은 바이오 연료용 곡물 재배가 엄청나게 늘어났기 때문이며, 이는 간접적으로 쌀 가격을 올렸다고 한다.[81]

종려유와 콩을 원료로 한 '바이오 연료' 생산으로 수많은 생태계가 파괴되고, 기후변화가 가속화하며 전 세계의 기아가 촉진된다는 사실을 마침내 독일 정부도 의식하게 되었다. 유럽연합이 이미 합의를 보았던 지속성의 조건만으로는 충분하지 않았다. 2008년 8월 말, 당시에 환경부 장관이었던 지그마르 가브리엘(Sigmar Gabriel)은 소설 같은 법안을 의회에 제출했는데, 2009년에 농업 연료를 연료에 혼합할 수 있는

바이오 연료로 사용되는 곡물
전 세계적으로 1억 3600만 톤

곡물 3.3kg   바이오 연료 1L

바이오 디젤 1리터 생산에 옥수수 밭 재배 면적 9.3제곱미터가 필요하다.

바이오 연료 1L   물 3500L

바이오 연료 1리터 생산에 3500리터까지 물이 필요하다. 이는 엄청난 음료수의 낭비로 이어지고 특히 바이오 연료로 사용할 원료를 재배하는 건조한 지역의 물 부족을 심화시킨다.

낮은 연소가

더 높은
연료 사용

더 많은
이산화탄소 배출

바이오 연료는 재래식 연료에 비해서 연소가가 낮다. 그러니 동일한 효율을 올리려면 더 많이 소비해야만 한다. 그렇게 되면 이산화탄소의 배출량은 더 많아진다.

곡물 330kg

바이오 연료   한 사람이
100L   1년 동안 배부름

에탄올 100리터를 만드는 데 필요한 옥수수의 양으로 한 사람이 1년 동안 배불리 먹을 수 있다.

생산과 운송으로 인해 이산화탄소 추가 배출.

 음료수 낭비

 열대우림 지역에 농장을 세우려고
숲을 태움

 숲의 죽음

 원료 낭비   기아

비율을 5.25퍼센트까지 제한하며, 2014년까지 이를 6.25퍼센트까지 제한한다는 법안이었다.

또한 오로지 지속적으로 생산되는 연료만 계산에 넣어야만 한다.[82] '바이오 연료의 지속적인 생산을 위한 규정'은 1년 후인 2009년 9월 30일에 통과되었다.[83] 이로써 농업 연료를 연소시킬 때, 최소한 석유를 투입할 때보다 35퍼센트 적게 이산화탄소를 배출할 경우에만 석유에 혼합해서 사용할 수 있게 되었다. 물론 토지 용도를 간접 변경하는 경우는 고려하지 않았는데, 그런 토지를 어떻게 감독할지는 불분명하다. 그래서 비정부단체들은 오래전부터 함부르크에서 "열대우림을 구하라"고 요구하고 있으며, 농업 연료 수입을 완전히 중단하고 바이오 연료를 얻는 데 더 이상 재정 지원을 하지 말라고 요구한다.

나아가 환경보호자들은 또 다른 측면에 주의를 기울인다. 즉 "사탕수수 외에 브라질에서는 2400만 헥타르의 땅에 콩만 단작하는데, 이로부터 바이오 디젤이 생산되고 있다. 유전자조작을 한 식물을 포함하여 새로 재배한 사탕수수와 콩은 아마존의 열대우림에서도 재배할 수 있다. 지구에 산소를 제공하는 이 녹색 폐가 살충제로 가득하고 유전자 산업의 실험실이 되고 있다."[84] 열대우림을 보호하려는 사람들은 에너지를 절약하고 더 효율적으로 사용할 수 있는 방법이 있으면 결코 이를 지나치지 않는다.

| 왜 음식물의 절반이 버려지는데 누군가는 굶어 죽는가 |

우리의 소비가 개발도상국의 소비에 어떤 영향을 미칠까

유럽은 개발도상국에 식량을 덤핑 가격으로 과잉 공급하여 농업 국가의 기반을 무너뜨리고 있다고 한다. 이런 시각을 대표하는 사람은 2008년 당시 독일 대통령이었던 호르스트 쾰러(Horst Köhler)였다.

특히 독일, 네덜란드와 벨기에 그리고 프랑스 산 싸구려 가금류 고기들, 그리고 이탈리아 산 토마토는 아프리카 시장을 휩쓸었고, 덤핑으로 아프리카 제품과 경쟁하여 소농들의 소득 원천을 빼앗아갔다. 독일의 비정부단체 저먼워치(Germanwatch), 기독교개발봉사단(EED), 그리고 푸드 퍼스트 정보 및 활동 네트워크(FIAN)는 가나의 사례를 본보기로 조사하여 경악할 만한 사실을 발표했다.[85]

1990년대만 하더라도 가나의 농부들이 시장에 대부분의 닭고기를 공급하고 있었다. 그런데 2001년에서 2003년까지 냉동된 닭 날개와 유럽에서는 공급할 시장이 없는 닭의 다른 부위가 수입되었다. 2003년에만 하더라도 이미 3만 9200톤이나 되는 닭고기들이 전 세계에서 들어왔다. 이는 시장에서 킬로그램당 1.50유로로, 그러니까 거의 원가 이하로 팔렸지만 국내에서 생산된 닭고기는 킬로그램당 2.60유로에 팔렸다.[86] 이러니 가나의 생산자들은 제품을 판매할 수가 없었다.

이처럼 세계시장에 싸구려 고기가 던져지는 이유는 우리가 과잉으로 생산했기 때문이다. 독일 소비자들은 건강식품과 인스턴트 식품으로 닭 살코기, 가슴살과 다리살을 좋아한다. 그러니 원치 않는 부위인 목, 내장과 날개, 그리고 닭발은 쓰레기통에 버려야 할 형편이다. 쓰레기 처리 비용을 아끼기 위해 독일의 축산업자들은 그런 부위를 러시아와 근동 지역에 파는 것을 선호한다. 그런데 유럽의 수출업자들은 그런 부위를 더 싸게 파는 미국과 브라질 상인들을 만나 어쩔 수 없이 킬로그램당 30센트를 받고 내어준다. 이 같은 방식으로도 팔지 못하는 양―질이 아주 좋지 않은 부위일 때도 있는데―은 냉동되어 국가보조금을 받지 않고 킬로그램당 70센트에 가나와 다른 아프리카 국가에 있는 도매상들의 손에 넘긴다. EED의 농산물 거래 전문가인 프란치스코 마리(Francisco Mari)는 2008년에 우리의 쓰레기 수출의 영향에 관해서 이렇게 썼다. "매년 유럽에서 서아프리카로 수출되는 고기는 3만 톤가량이다. 이는 아프리카에서 21만 개의 일자리가 사라진다는 의미이다. 이곳에서는 정식으로 일하는 노동자 한 명이 대략 일곱 명을 부양하므로, 이런 수출로 인해 140만 명이 가난해진다는 의미이다."[87]

이런 사정은 몇 년 전부터 잘 알려져 있음에도, 유럽의 육류 수출은 거의 기록적인 수준에 이르렀다. 유럽 국가들은 2010년 29만 1000톤이나 되는 가금류 찌꺼기 고기를 아프리카에 수출했고, 이 가운데 11만 4000톤을 서부 아프리카에 있는 작은 나라 베냉에 수출했다. 이와 관련하여 마리는 이렇게 말한다. "유럽은 아프리카의 축산업 전체를 망가뜨리고 있음에 분명하다. 유럽의 수출은 지금까지 주요 수입국이었던 가나나 콩고의 소규모 농장주들을 이미 모두 무너뜨렸다."[88]

아프리카 정부들은 유럽의 무역 파워와 IMF 및 세계은행의 압박에 맞서서 버틸 수가 없다. 가나 국회는 2003년에 자국의 농부들을 보호하기 위해 가금류 수입관세를 20에서 40퍼센트로 올렸고 쌀은 20에서 25퍼센트로 올리기로 결정했다. 하지만 이 법은 IMF의 개입으로 인해 실행 나흘 만에 효력을 잃었고 관세도 다시 예전 수준으로 내려갔다.

오늘날까지도 말이다. 그런 일이 일어나기 사흘 전에 IMF는 이 나라에 3년 동안 2억 5800만 달러를 이 기간 동안 관세를 올리지 않겠다는 조건으로 빌려주었다. 가난을 퇴치할 목적으로 빌려주는 돈인데 말이다. 그사이 가나의 가금류산업은 완전히 붕괴되어버렸다.[89] 가나 정부가 2007년 12월에 유럽과 경제 파트너 합의-임시 규정[90]에 동의한 바에 따르면, 가나는 유럽으로부터 수입하는 물건의 80퍼센트 이상에 대한 관세를 2023년까지 0으로 내려야 할 의무가 생긴다. 하지만 이런 '파트너' 사이의 협약은 아직 승인되지 않고 있다.

싼 토마토 반죽

"아크라에서는 토마토를 먹는 사람이 더 이상 없지요." 가나의 수도에 있는 시장에서 장사를 하던 상인은 그렇게 농담을 했다. 실제로 토마토의 경우에도 가금류에서 일어난 비극이 진행 중이었다. 이탈리아, 에스파냐, 중국과 미국에서 수입하는 토마토는 폭발적으로 늘어났다. FAO에 따르면 1998년에 대략 3300톤이 들어왔고, 2004년에는 이미 2만 4740톤이 들어왔다. 즉 몇 년 만에 650퍼센트 늘어난 것이다. 동시에 국내산 토마토의 시장 점유율은 92퍼센트에서 57퍼센트로 줄어들었다.[91]

　기이하게도 그곳 대도시에 사는 소비자들의 소비 습관도 변했다. 즉 소비자들은 통조림에 들어 있는 저렴한 외국산 토마토 페이스트를 국내에서 생산되는 신선한 토마토보다 더 선호한다.

왜 우리의 소비가 사람들의 땅을 빼앗을까

만일 당신이 아침에 맛있게 빵을 먹는다면, 이 밀은 반죽이 되기까지 아마도 지구의 절반은 통과해왔을 것이다. 또한 곡물이 자랐던 토양에는 화학적인 흔적이 남아 있을 것이다. 즉 관개시설을 만든 케냐의 초원에서 자랐는지 아니면 불을 질러 개간한 캄보디아의 숲에서 자랐는지 알 수 있다는 말이다. 오늘날 국경과 지방의 토지권은 전 세계의 농업시장에서 활동하는 플레이어들에게는 더 이상 방해물이 아니다. 생산 조건이 가장 비관료주의적이고, 땅은 가장 싸며, 정부는 무능하고 부패했으며, 수확을 도와줄 인건비가 가장 싼 곳. 사람들은 그런 곳에 투자를 하고 땅을 사놓는다. 신형 농업식민주의가 현실이 되어버린 것이다. 수단, 세네갈, 필리핀 혹은 파키스탄처럼 국민들이 심각하게 굶주리는 후진국에서 가장 좋은 재배지를 소유하고 있는 주인은 부자 나라의 개인 투자자들인데, 이들은 일본, 미국, 걸프 아랍국 협력 회의(CCASG), 폭발적으로 성장하고 있는 중국과 인도 출신이다. 이런 나라의 정부는 자국의 식량을 확보하기 위해서, 성과가 많은 대규모 사업을 지원한다.

"토지 딜을 통해 2009년부터 8000만 헥타르에 해당하는 농경지가 족히 1200여 명에 이르는 투자자들의 손에 들어갔다(독일의 농경지는 대략 1700만 헥타르이다). 구매한 토지의 44퍼센트가 농업 연료용 식물을 재배하는 용도로 쓰인다. 그 밖의 토지에서는 선진국 슈퍼마켓에서 팔릴 수많은 식량이 생산되는데, 이런 곳에서 재배해야 가장 이윤이 많이 남기 때문이다." 식량단체인 FIAN 독일 지부는 '토지 이권 추구'에 관한 주제로 지금까지 열렸던 학술회의 가운데 가장 규모가 컸던 회의의 결과에 대해 이렇게 언급했다. 이 회의는 2011년 4월에 서식스 대학에서 열렸다.[92]

150여 명의 학자들이 내린 결론에 따르면, 개인 투자자와 국가가 전 세계의 땅을 사들이는 행동은 사람과 자연에게는 폭력적이고 돌이킬 수 없는 부정적인 영향을 준다. 또한 땅의 점거는 포괄적인 인권 침해를 동반한다. 지역 주민들에게 지속적으로 긍정적인 결과를 가져다준 투자는 지금껏 한 번도 없었다. 세계은행 역시, 새로운 일자리를 창출하겠다는 약속과 지역의 간접자본을 구축해준다는 약속이 지금껏 지켜진 적은 단 한 번도 없다고 확언한다. 반대로 농부들은 자신들의 지역에서 쫓겨나거나, 생계를 이어가기에 충분한 땅을 소유하지 못한다. 온갖 종들이 살던 우림과 온갖 소출이 나던 땅도 남벌되고 갈아엎어지고 거대한 단작으로 대체되었다.

　　베를린 훔볼트 대학에서 농업을 연구하는 하랄트 폰 비츠케(Harald von Witzke)와 슈테펜 놀레파(Steffen Noleppa)에 따르면, "유럽의 대기업들은 지금까지 땅을 직접 구입하는 것을 자제했음에도 유럽의 구매력은 전 세계의 농지 매입을 촉진했다."[93] 결정적으로, 농산물은 유럽이 수출하는 양보다 수입하는 양이 월등히 많다. 그들은 이를 두고 "시각적인 토지 거래와 물 거래"라고 일컫는다. 유럽의 수입 수요를 토지로 환산하면 전 세계에서 거의 5000만 헥타르나 된다. 이는 "독일 땅 크기만큼의 재배지이다."[94]

　　FIAN에서 농업담당관으로 일하는 로만 헤레(Roman Herre)는 지금까지 서유럽 회사는 150여 차례 토지를 거래했고, 이 가운데 독일 회사의 거래 횟수는 열 번이라고 한다. 그는 독일 정부에 첫 단계로 스위스와 네덜란드의 운동에 합류하여 외국에서 토지를 구입한 회사의 이름을 공개하라고 요구한다. 이렇게 함으로써 외국의 토지를 구매한 회사들이 외국의 식량권 훼손에 가담하는 사태를 막을 수 있다는 것이다.

식량 전문가 요아힘 폰 브라운은 한 걸음 더 나아간다. 그는 개별적인 토지 매매도 반대하며, 만일 소농들이 짓밟히고 소중한 땅과 수자원이 매각된다면 이는 매우 심각한 문제라고 본다. 따라서 그는 국제적으로 다음과 같이 행동할 것을 제안했다. 즉 "농부를 짓밟고 토지를 획득하는 짓을 하지 않아야 하고, 지속적인 경작 원칙과 전통적인 토지권을 보존해주며, 기아에 시달리는 나라가 식량을 수출하지 않도록 해야한다. 그리고 해당국 사람들이 이득을 나눠 가질 수 있어야 한다."[95]

FAO와 세계은행은 그사이 이런 기준들을 인정하고 '책임 있는 농업 투자 원칙(RAI, Principles for Responsible Agricultural Investment)'이라는 투자자들의 지침서를 제시한다. 그들은 심지어 전 세계에서 인정하는 절차를 도입해서 '지속적인' 토지 획득에 관한 시험소를 만들기를 원한다. 농업 기업연합 외에도 은행과 헤지펀드가 아프리카와 아시아에 있는 비옥한 땅의 매각에 참여하고 있기 때문에, 그런 절차를 실행하기는 매우 어려워 보인다. 금융계의 메뚜기 떼들은 이런 거래를 21세기에 이윤이 가장 많이 남는 출자라고 본다. 왜냐하면 좋은 땅은 점점 드물어지고 늘어나지도 않기 때문이다.

투자자들은 이윤 차원에서 생각하므로 세계의 기아 문제라든가 해당 국가의 가난에 관심이 없다. "그들은 그냥 땅을 넘겨받아 혹독한 재배 방식으로 땅을 고갈시키고, 땅 속의 생명체를 파괴하고, 몇 년 후에 떠나면서 토착민들에게 파괴된 환경만 남겨준다." 국제 단체인 GRAIN(국제적으로 활동하는 소규모 비영리 단체로, 지역 공동체가 감독하고 유기농에 기반을 둔 푸드 시스템을 구축하려는 소농들을 지원한다―옮긴이)의 조정관 헨크 호벨린크

(Henk Hobbelink)의 말이다.[96] 그의 생각에 따르면 "그런 농업은 세계에 식량을 공급하기에는 부적합하며, 대체로 몇몇 소수에게만 엄청난 이윤을 안겨주기 위해 봉사할 따름이다."[97] 지금도 한 가지는 분명하다. 즉 이렇듯 훔친 땅에서 생산된 식량의 3분의 1이 우리나라에서는 쓰레기통으로 들어간다는 사실이다.

3부

과잉사회에서

책임 있는 소비사회로

만족하는 박테리아와 빵의 발열량

지그프리트 비스브로크는 일주일에 두 번 빌레펠트를 한 바퀴 돈다.
특수하게 제작한 트럭을 몰고 셀프 서비스 식당, 회사나 공장의 구내
식당과 레스토랑을 일일이 방문한다. 브라크베더 호프에서 일하는 요
리사는 벌써 뒷문 출입구에서 비스브로크 씨를 기다리며 트럭이 오는
것을 보고 있었다. 서로 아는 사이인 두 남자는 악수를 나누었다. 요리
사는 주방에서 녹색 통을 밀고 나왔다. 둘은 리프트를 이용하여 이 큰
통을 위쪽으로 들어올렸다. 음식물 찌꺼기 수집가는 탱크 위에 있는
두껑을 열었다. 갈색과 녹색을 띤 죽 같은 게 보였는데, 거기에는 오렌
지를 비롯한 과일 몇 개가 둥둥 떠 있었다.

음식물 찌꺼기 수집가가 큰 통에 들어 있던 내용물을 탱크 안에 쏟
아 붓자 쿠당탕 소리가 들려왔다. 물로 통을 깨끗하게 씻은 다음 그는
농장으로 돌아갔다. 왜냐하면 비스브로크는 돼지를 키우기 때문이다.
하지만 그가 키우는 돼지들은 주인이 모은 음식물을 먹지 않는다. 유
럽연합이 금지하고 있기 때문이다. "예, 음식물 찌꺼기를 통해서 질병
을 옮길 수 있다고 하더군요."

비스브로크는 커다란 창고로 트럭을 몰고 갔다. 거기에는 강철로 만

든 거대한 탱크가 하나 있었다. "여기 이 탱크에는 3만 리터가 들어갑니다. 나는 이 탱크를 개조해서, 음식물 찌꺼기를 100도까지 가열할 수 있게 만들었어요. 이렇게 하면 어떤 병균도 살아남지 못하지요."

식품 활용과 음식 활용 단체에서 일하는 우베 콜도 인정해주었다. "농부가 음식물 찌꺼기를 제대로 가열해 사료로 주었는데 돼지 페스트나 또 다른 전염병에 걸린 경우는 한 번도 없습니다. 전염병은 음식물 찌꺼기를 가열하지 않았을 때 생기죠."

비스브로크는 간으로 만든 소시지를 같이 먹자며 우리를 아침식사에 초대했다. 그의 아내는 커피를 가져왔고, 아들은 우리와 함께 앉아 있었다. 정원에서는 거위들이 꽥꽥 울어대고 있었다. "저건 제 취미로 길러요." 열세 살 난 아들이 설명했다. "저걸로 사육대회에서 상을 받으려고요." 물론 나는 아들의 말보다는 농장에서 얻어먹게 될 음식에 더 많은 관심이 갔다. 금방 수확해온 아스파라거스와 딸기. 얼마나 향기로운 냄새가 나던지!

오늘날 농부들은 단 하나의 제품을 전문 생산하는 데 반해서, 비스브로크는 돼지 500마리를 사육하며 채소밭을 일구고 곡물농사를 지었다. "장점이 있거든요. 예를 들어 가축우리에서 나온 비료를 밭에 뿌리면 되니까요." 그는 우리를 돼지우리로 데려갔는데 아주 천천히 움직여야 한다고 말해주었다. "돼지들은 잘 놀라거든요."

"제 아버지는 옛날에 음식물이 남으면 사료로 주었지요. 이걸 금지하는 법이 없었다면, 우리도 40년 이상을 음식물을 사료로 줬을 겁니다. 돼지들 사료로 딱 좋거든요." 농부가 불평을 했다. "요즘 돼지들은 주로 곡물과 콩가루를 먹습니다." 그렇게 말하고 농부는 손잡이를 돌렸다. 그러자 관에서 죽처럼 생긴 사료가 여물통 안으로 흘러들어갔다. 돼지들은 즉각 몰려와서 서로 먹겠다고 꽥꽥거렸다.

"콩가루는 대부분 미국에서 들여옵니다." 농부는 이렇게 말하고 나더니 또 화를 냈다. "유럽이 수입하는 거지요. 미친 짓이지만 이게 현실인 걸 어떡합니까? 이런 식이니 엄청난 양의 자원을 낭비하는 것이지요. 만약 가열한 음식물 찌꺼기를 사료로 사용할 수 있게 해준다면, 우리는 많은 양의 곡물과 콩가루를 절약할 수 있을 텐데 말입니다."

그런데 지금 무슨 일이 일어나고 있는가? "오늘날 음식물 쓰레기는 대부분 바이오가스 공장, 쓰레기 소각장과 폐수처리장에서 처리되고 있지요." 비스브로크가 설명했다. 2주마다 탱크가 가득 차는데, 그러면 죽 같은 것을 커다란 탱크차에 실어 근처에 있는 바이오가스 공장으로 가져간다고 했다. 지난 몇 년 동안 독일 전역에는 그런 시설이 많이 늘어났는데, 국가보조금을 받을 수 있어서 더욱 그렇다.

농부는 자신의 트럭을 매우 조심해서 몰았다. "지금 탱크 안이 거의 꽉 차 있기 때문에 조심해서 커브를 돌아야 해요. 안 그러면 길에 죄다 쏟을 수도 있답니다." 비스브로크의 설명이었다. 그의 표현 역시 매우 조심스러웠는데, 이 지방 사람들은 말도 천천히, 생각을 하면서 하는 편이었다. 하지만 말도 안 되는 규칙에 대해서 얘기할 때는 분노를 감지할 수 있을 정도였다. "그것은 환경정책을 고려할 때도 최고로 좋은 방법이 아니지요. 왜냐하면 그런 식이면 비타민도 단백질도 이용하지 못하니까요."

식품 활용과 음식 활용 단체의 소장으로 일하는 콜도 정치적인 입장을 시급히 바꾸어야 한다고 얘기했다. "우리가 먹지 않은 음식을 돼지에게 사료로 주는 것은 매우 효율적인 해결책이었습니다. 그렇게 해서 최대의 가치를 창출했으며, 접시에서 돼지우리로 그리고 나서 다시 접시로 이어지는 싸이클이 생겼죠."

하지만 독일의 바이오가스 시장에서 두 개의 거대 기업 사리아(Saria)와 베올리아(Veolia)는 정치적인 로비를 더 잘했다. "이런 음식물 찌꺼기를 대신하기 위해, 독일의 농부들은 이제 40만 톤이나 더 많은 곡물이 필요하게 되었어요." 콜의 계산이었다. 여기에 슈퍼마켓의 쓰레기가 더 있는데, 이 역시 사료로 줄 수 없게 되어 있다. 유럽연합에서는 음식물 찌꺼기를 사료로 줄 수 없도록 금지함으로써 총 500만 톤의 곡물을 추가 재배해야만 한다. 이는 오스트리아 국민 전체가 수확하는 양이다.

외른 프랑크는 이런 일을 냉담하게 바라본다. "우리는 과잉사회에 살고 있습니다. 간단해요. 우리가 고객으로서 슈퍼마켓에 가면, 진열장에 있는 여러 제품 중에서 선택하길 바랍니다. 이는 내가 고객으로서 슈퍼마켓에 있는 모든 물건의 가격을 어느 정도 지불한다는 뜻입니다. 왜냐하면 슈퍼마켓에 있는 물건이 모두 팔리진 않으니까요."

함부르크에 있는 그의 바이오가스 발전소에 레스토랑에서 가져온 음식물 찌꺼기와 공장이나 슈퍼마켓에서 직접 가져온 식품들이 도착한다. 프랑크는 커다란 통과 컨테이너 사이를 뚫고 우리를 안내해주었다. "2012년 4월 11일. 아직 기한이 남았군요. 앞으로 1년 반이나 남았는데. 어쩌면 이런 식품은 안 팔렸거나, 진열장에 두세 개 정도만 남아 있었겠군요. 그러면 다 쓰레기로 처리해버리니까요."

발전소 소장인 프랑크가 입고 있는 멋진 양복을 보아하니 매일 여기에 오는 것 같지는 않았다. 그는 탱크 뚜껑을 차례대로 열어서 보여주었다. 모기들이 닭고기와 다른 고기의 찌꺼기 주변을 윙윙거리며 날아다녔다. 어떤 고기는 정말 구역질나는 모습이었으며 냄새도 그리 곱지 않았다. 예를 들어 연어만 들어 있는 쓰레기 통이 그랬다. 그런데 그가 슈퍼마켓에서 받은 널따란 플라스틱 통은 지극히 깨끗했다. "예전에는 이런 식품들이 사료로 제공되었습니다. 그런데 2006년 말부터 금지되었기 때문에 이런 것들은 잘 버려야 합니다. 우리가 그 일을 맡고 있죠. 우리는 음식물로부터 에너지를 만들고 있으니까요."

발전소 안뜰에는 싸구려 와인들이 차곡차곡 쌓여 있었다. "술도 우리에게는 매우 흥미로운 재료인데, 사이다와 콜라처럼 설탕이 함유된 음료도 마찬가지입니다. 박테리아들이 좋아하거든요. 박테리아들이 편안하게 느끼면, 우리 기계들도 좋아하죠." 프랑크가 싱긋이 웃었다.

노동자들은 그사이 통을 경사면 위로 올려서 내용물을 거대한 통에 쏟아 부었다. 내용물에 따라서 첨벙 소리가 나거나 덜거덕거렸다. 플라스틱, 유리, 모든 것들이 섞여서 들어갔다. 소용돌이 모양의 나사 위에 있던 걸쭉한 죽은 관 속으로 밀려들어갔다.

첫 번째 단계. 포장을 제거한다. 빙빙 돌아가는 금속 추가 고체 재료들을 잘게 부수고, 거대한 솥은 귀가 찢어질 듯한 소리를 내는 바람에 대화는 거의 불가능했다. 플라스틱과 유리는 원심분리기에 의해 따로 분리되었다.

"그런 다음에 거대한 탱크 속에 들어가는데, 여기에는 박테리아가 있어요. 이 박테리아들은 맛있는 걸 좋아하고 그걸 먹고 나면 가스를 내보냅니다. 우리는 그 가스를 태워서 전기를 생산하고 광역 난방을 하죠." 그는 입을 비죽이며 웃었다. "심지어 우리는 경기장에 있는 샤워시설과 잔디에 난방을 하는데 이런 방식으로 독일 프로축구팀의 경기인 분데스리가의 결과에 영향을 미칠 수도 있지요."

브라운에게 이는 '규정에 의한 낭비'이다. 개발 연구가는 이렇게 말했다. "팔지 못한 식품을 돼지의 사료로 줄 수 없게 한 규정은 더 이상 지켜질 수 없을 것입니다." 세계인구가 90억 명이 될 경우에 땅과 물이 부족해질 테니까요.

많은 곳에서 과잉생산된 식량을 활용할 수 있는 해결책을 모색한다. 해결책들은 물론 상당히 많은 논쟁거리가 되고 있다. 롤란트 쉬렌의 아이디어 역시 그런 경우이다. 독일 뒤셀도르프 부근에 있는 힐덴에서 제빵 기술자로 일하는 이 남자는 몇 십 년 전부터 쓰레기 더미가 계속 커져가는 모양을 관찰했다. "1970년대에만 하더라도 빵 종류는 열 가지였고 작은 빵 종류는 다섯 가지 정도였어요. 그런데 오늘날에는 빵 종류만 예순 가지고 작은 빵도 약 서른 가지나 되죠. 소비자들이 이렇게 많이 선택하기를 원하는 겁니다. 하지만 우리는 얼마나 만들어야 할지를 계산하기가 너무 힘들죠."

쉬렌 빵집은 열네 개 지점을 갖고 있어 작은 빵가게가 아니지만, 주방에서는 여전히 손으로 해야 하는 작업이 많다. 즉 빵 굽는 사람들 중 한 명은 손에 밀가루를 약간 묻혀서 통밀 밀가루로 커다란 빵을 만들었다. 이때 또 다른 빵 굽는 사람은 브레첼 밀가루 반죽을 멋지게 흔들면서 빵 굽는 열판 위에 놓았다.

제빵 기술자는 이렇게 만든 빵 가운데 일부가 쓰레기통으로 들어갈 거라는 사실을 누구보다 잘 알고 있었다. "만든 빵 가운데 20퍼센트를 버리는 빵집도 있습니다. 정말 너무 많아요. 상품의 가치뿐만 아니라, 그 빵을 만드는 데 들어간 노동을 생각해서도 말이지요. 그런 걸 생각하면 가슴이 아프죠."

하지만 왜 빵을 만드는 사람들은 그렇게 많이 버리는 걸까? 빵집에서도 애초에 과잉을 미리 계산한다고 한다. 즉 경쟁력을 갖추기 위해서 10~20퍼센트 더 많이 만든다는 것이다. 쉬렌은 이렇게 설명했다. "소비자들은 빵집이 문을 닫는 시간까지 선반에 빵이 가득 차 있기를 기대합니다. 원하는 빵이 없으면, 빵집에서 일하는 우리 직원들은 손님들로부터 욕을 얻어먹죠."

물론 제빵 기술자 쉬렌은 이럴 때 사용할 수 있는 전략도 갖고 있었다. 하지만 항상 통하지는 않는다고 했다. "고객들이 항상 융통성이 있지는 않아서 말이죠. 우리 직원이 추천하는 다른 상품을 늘 받아들이는 것은 아닙니다. 많은 사람들이 등을 돌리고 다른 빵가게를 찾게 되지요." 무엇보다 슈퍼마켓은 식품을 버리는 일보다 고객을 잃는 것을 더 큰 문제라고 본다.

무한한 경쟁 압박으로 인해 가혹한 전략까지도 생각해내야 한다고 쉬렌은 말했다. "우리도 예전에 슈퍼마켓에 뒷가게가 하나 있었어요. 그래서 아는데, 슈퍼마켓은 저녁까지 빵 진열대를 채워두기를 요구했지요. 임대차계약에도 '저녁 18시 30분까지 빵 진열대를 가득 채워둘 것'이라는 조항이 있습니다. 만일 그렇게 하지 않고 빵 진열대가 듬성듬성 비어 있으면, 이걸 찍은 사진과 함께 심한 말을 적은 편지를 보내온 적도 있습니다. 그런 식으로 일하면 가게를 빼겠다고 협박하는 편지였지요."

　　　　| 왜 음식물의 절반이 버려지는데 누군가는 굶어 죽는가 |

제빵 기술자 쉬렌은, 요즘에는 만든 빵 가운데 10퍼센트만 버리는 데 성공했다고 한다. 우선 그는 슈퍼마켓에 빵을 공급하지 않으며, 두 번째로 고객들에게 전날 빵을 싸게 제공하기 때문이다. 그럼에도 불구하고 여전히 많은 빵들이 남는데, 매달 100톤 정도라고 했다.

매일 아침에 신선한 빵이 지점으로 배달되지만 지점에서 팔지 못한 빵을 상자에 담아 트럭이 다시 싣고 온다. 그러면 제빵 기술자 쉬렌은 일부를 무료급식소에 기부한다고 한다. 하지만 100톤은 너무 많은 양이어서 그렇게 기부를 하고도 남아돈다.

나머지는 커다란 컨테이너 속으로 들어가고, 토르스텐 부데가 이것을 수거해 간다. "우리는 독일 전역에서 수거하고 심지어 외국에서도 수거해 옵니다. 빵집, 초콜릿 공장, 비스킷 공장, 콘플레이크 등등 사람들이 상상할 수 있는 것들이죠." 운송회사 운전자들은 이런 과정에서 나오는 찌꺼기를 거대한 사료 공장으로 싣고 간다. 사람들이 건드리지 않았고 육류가 포함돼 있지 않은 것은 예나 지금이나 모두 사료로 만들 수 있다.

하지만 빵집은 이로 인해 돈을 받지 못한다. 왜냐하면 바이오 시설과는 달리 동물 사료를 생산하는 사람들은 국가보조금을 전혀 받지 못하기 때문이다. 이 상황은 매사에 열심히 일하는 제빵 기술자를 심란하게 했는데 그러다 우연히 해결책을 찾게 되었다. "우리의 에너지 고문과 내가 회의실에 앉아서 밖을 내다보았습니다. 사료를 생산하는 사람이 막 컨테이너를 싣고 가더군요. 에너지 고문은 나에게 컨테이너에 있는 오래된 빵은 양이 얼마나 되느냐고 묻더군요. 그래서 내가 4.5톤이라고 대답했더니 이렇게 말하더라고요. '그러면 당신은 방금 연료

900리터에 해당되는 연소가를 선물한 것이네요'"

쉬렌은 자신의 빵집에서 사용하는 에너지를 좀 줄일 수 있는 가능성을 모색하고 있었다. 하지만 빵을 연소시키는 방법은 어떤 제빵 기술자도 감히 생각해보지 않았다. 하지만 안 될 이유는 없었다. "빵은 거의 나무 같은 연소가를 가지고 있어서 매우 잘 탑니다. 우리는 빵에다 목재 팰릿(임업 폐기물이나 소나무 벌채목 등의 톱밥을 분쇄한 다음 원기둥 모양으로 압축 가공한 연료이다—옮긴이)을 섞어서 열판에서 필요한 온도를 얻게 됩니다."

하지만 빵을 태우다니, 어째 파렴치한 일 같지 않은지? 제빵 기술자도 이 문제로 고민이 되어 지역에 있는 목사와 의논하기도 했다. 결론은 버리는 것보다 에너지로 이용하는 편이 낫다는 것이었다.

"나는 우리보다 두 배는 더 많은 빵을 판매하는 빵집을 알고 있어요. 이곳에서는 거대한 에너지를 사용하지 않고 있는 셈이지요. 만일 독일에 있는 모든 빵집이 우리와 비슷하게 행동한다면, 아마 핵발전소 하나는 없어도 될 것입니다. 쉬렌이 주장했다.

매년 독일에서 버려지는 빵이 50만 톤에 달하고 이 양이면 독일 니더작센 주에 사는 모든 주민(대략 800만 명이다—옮긴이)이 1년 내내 먹고 살 수 있다. "빵을 태운다는 것은 이상하게 들릴 수 있습니다. 하지만 경쟁이 이토록 심하고 고객들의 요구도 지금처럼 까다롭다면 이럴 수밖에 없지요." 제빵 기술자의 설명이었다.

용기 있지만 전혀 대중적이지 않은 방식을 사용하고 있는 쉬렌은 오늘날 식품을 파는 상인들이 맞닥뜨린 딜레마를 보여준 셈이다. 그는 많은 비판을 들어야만 했다. 그래서 이 참여적인 제빵 기술자는 고객에게 나눠주는 잡지에 빵 쓰레기에 관해 솔직히 말했다. "우선 나는 무료급식소에 주고, 그다음에 동물들의 사료를 만드는 업자에게 줍니다. 그래도 남는 양은 태웁니다." 이렇게 함으로써 고객들을 설득할 수 있었다.

국가, 경제, 학문은 무엇을 해야 하는가

정치적으로 관여해서 낭비를 막아야 한다

우리는 많은 식량을 낭비하는데 이것은 예방할 수 있는 일이다. 나라 안팎에서 정치적인 조치를 통해 조정할 수 있다. 사라지는 자원을 고려할 때 더 많이 생산하는 것보다 전반적인 부가가치사슬(공급망)에서 손실을 피하는 쪽이 더 효율적이라는 인식이 점차 설득력을 얻고 있다.[1] 이는 특히 식품의 경우에 그러하다. 계산은 아주 간단하다. 즉 우리가 사슬의 중간과 마지막에 식량을 버리면, 사슬 초기에 더 많은 식량을 재배해야 한다. 이런 식으로 계속할 수는 없는 노릇이다. 전 세계에서 손실되고 낭비되는 양은—FAO에서 요구하듯이—앞으로 15년 안에 절반은 줄여야만 한다. 여러 가지 좋은 프로젝트는 아주 간단한 원칙 'RRR'을 마음에 새겨둔다. 줄이기(reduce), 재분배하기(redistribute), 재생하기(recycle).

이렇게 하려면 생각을 바꾸어야 한다. 다시 말해, 식량이 경작지에서 식탁까지 오는 긴긴 여정에서 수확, 저장, 운송, 보관 및 포장을 할 때 더 나은 방법을 취함으로써 손실을 줄여야 한다. 이로써 식량을 쓰레기통에 버리지 않을 뿐만 아니라, 생산, 가공, 시장 출하 시에 들어가는 자원도 절약할 수 있다. 그러니까 에너지, 물, 포장재료, 비료 등을 말이다.

개발도상국에서야말로 향상된 사회간접시설, 소규모 생산자들에게 공평한 시장 참여 기회 부여, 효과적인 부가가치사슬, 공동의 마케팅 전략과 향상된 기술을 통해서 식량을 수확한 다음에 일어나는 막대한 손실을 줄일 수 있다. 하지만 손실의 원인은 부족한 기술에만 있는 게 아니다. 무엇보다 부족한 협력과 대화, 그리고 큰 손실을 불러일으키는 무지도 한몫을 한다. 따라서 농부들에게 식량 손실의 원인을 설명해주는 캠페인도 필요하고, 교육과 위생 연습을 시켜야 한다. 그러면 큰 효과를 거둘 수 있다.[2]

하지만 엄청난 과잉생산과 식량 파괴에 책임을 져야 할 자들은 소수의 농업과 화학 분야의 기업연합 수장들, 은행과 주식 투기꾼들이다. 식량 투기, 토지 강탈과 식품 찌거기를 개발도상국 시장에 수출하는 일은 국제적으로 경멸당하고 금지되어 있다. 지속적인 농업에 봉사하는 게 아니라 과잉생산을 유도하는 국가보조금은 폐지되어야만 한다. 대규모 면에서 단작은 엄격한 환경 조건과 사회적 조건 아래서만 이루어져야 하고, 생태학적인 결과로 인한 비용을 고려해야 할 것이다. 운송산업과 포장산업의 이익만 고려하거나 시각적인 매력만을 위해 마련하는 터무니없는 품질 규정은 폐지해야 할 것이다.

식량 생산자와 상인들은 불량품과 식품 쓰레기를 규칙적으로 보고해야 할 의무를 져야 하며, 만일 그들이 남아도는 제품을 자선단체나 기관에 나눠주지 않으면 먹을 수 있는 식품을 낭비한 대가로 세금을 물려야 한다. 왜냐하면 식량사슬의 마지막 단계에서는 쓰레기가 거의 남아서는 안 되기 때문이다. 제대로 된 계획을 세우고 감독했음에도 불구하고 음식이 남는다면 필요한 사람들에게 나눠줄 수 있다. 이에 들어가는 비용은 상품 가격에 이미 포함되어 있으며 소비자들이 지불한다. 또한 이렇게 하면 우리는 쓰레기 분리수거비와 처리 비용을 아낄 수 있다.

상하거나 건강에 해로울 수 있는 음식물 찌꺼기처럼 정말 어쩔 수 없는 쓰레기는 퇴비나 바이오가스를 만드는 시설에 보내 에너지나 비료로 탈바꿈시키면 된다. 이와 반대로 쓰레기소각장에서 음식물 쓰레기를 처리하는 경우는 건강상의 이유와 환경보호라는 이유로 전 세계적으로 금지해야만 한다. 음식물 찌꺼기를 돼지에게 사료로 주는 것을 금지한 유럽연합 규정은—주방 쓰레기와 음식 쓰레기의 구분, 충분히 열로 가열해야 한다는 내용—폐기되어야 한다. 마지막으로 소비자들은 식품의 가치를 존중하는 법을 배워야 할 것이다. 영국이 벌인 "음식을 사랑하고 쓰레기를 미워하자(Love Food Hate Waste)" 같은 캠페인과 비슷하게, 정보를 담은 캠페인을 통해 환경단체, 소비자단체, 학교와 해당 부처는 소비자들의 감각을 일깨우고 식품 낭비에 들어가는 비용과 결과를 홍보해야 한다. 또한 소비자가 제품에 표기된 유통기한과 집에서 저장할 수 있는 가능성을 더 잘 이해하면 식품 쓰레기의 양을 줄이는 데 큰 도움이 될 수 있다. 남은 식품들로 창의적인 요리를 보여줌으로써 사람들은 좋은 식량을 쓰레기통에 버리지 않게 된다.

마침내 자료를 모으다

중앙정부와 지방정부에서 이런 문제를 담당하는 부처는 수년 동안 식품 낭비에 관한 충분한 자료를 모으지 않았다. 이웃 나라인 오스트리아와 영국에서는 이미 수년 전부터 체계적으로 연구·수집·비교했으나 독일에서는 이제야 겨우 시작 단계에 있다.

2010년 10월에 우리의 다큐멘터리 〈신선한 채로 쓰레기통에〉가 방영된 지 얼마 되지 않아 노르트라인-베스트팔렌 주의 환경부 장관 요하네스 렘멜은 이 주제와 관련하여 최초로 회의를 소집했다. 그러니까 이 주에서 식량을 생산하고 소비하는 단체들을 한 곳으로 불러 모은 것이다. 이 모임은 2010년 12월에 뒤셀도르프에서 다음과 같은 합의를 도출해냈다. "독일에서는 부가가치사슬에서 제품이 어느 정도 폐기되며 어떤 부분에서 가장 많이 폐기되는지 알 수 있는 확실한 자료가 없다. 확실한 자료를 얻기 위해 노르트라인-베스트팔렌 주는 우선 식량을 폐기하는 양에 관해 투명한 자료를 만들고자 한다. 이는 농업에서 시작하여 다른 부가가치사슬, 그러니까 가공, 상업, 요식업과 소비자 부문에 이르기까지 확대될 것이다."

뮌스터 전문대학은 2011년 봄학기에 경제 전문가들과 노르트라인-베스트팔렌 주의 소비자센터와 협력하여 폐기하는 물건에 대한 자료를 수집하고 평가했다. 다음 단계에서 "체계적인 원인 분석을 해야 하며, 이는 취약 지점을 확인하고 해결책을 개발하는 작업과 연계해 진행해야 한다." 이 프로그램에 참여한 모든 사람들은 부가가치사슬에서 식량을 폐기하는 양을 가능하면 줄이는 것을 목표로 삼았다고 한다.

렘멜은 모임을 열기 전에 새로운 규칙을 위해 네 가지 구체적인 안을 내놓았는데 이는 물론 식량사슬의 마지막 고리와 관련이 있다. 즉 저녁까지 진열장을 가득 채우지 않기, 좀더 적은 양으로 포장하기, 유통기한이 지나기 바로 전 제품은 할인하기, 자선단체에 더 잘 분배하기.[3] 이처럼 노르트라인-베스트팔렌 주가 "주정부 가운데 최초로 낭비와 맞서 싸우겠다"[4]고 발표한 뒤, 중앙정부의 식량 및 농업 소비자보호부 장관 아이그너가 반응을 보였다. 그녀는 연구단체에 위탁하여 전국에 걸쳐 조사를 실시하겠다고 알렸는데, 첫 번째 결과는 빨라야 2011년 말에 나올 것이라고 했다. 조사—펠리치타스 슈나이더가 이끄는데—는 빈 농과대학의 쓰레기경제연구소가 떠맡았는데, 슈투트가르트 대학의 '취락지 수리(水利)공사, 수자원 및 쓰레기 경제연구소'도 협력했다.

하지만 수집한 자료의 결과가 나올 때까지 손 놓고 기다릴 필요는 없다. 식량이 낭비되고 있다는 사실은 이미 식량을 거래하는 기업연합과 상인들에게는 잘 알려져 있으며, 회사 내에서는 그 양을 파악하고 기록해두고 있으니 말이다. 그리하여 영국의 쓰레기 수출업자 트리스트럼 스튜어트는 영국 정부에, 5년 안에 식품 쓰레기를 우선 50퍼센트까지 줄여야 한다는 강제성을 띤 목표를 기업들에게 의무화하라고 요구한다.[5]

용감한 정부가 강력한 농업 및 식량 관련 로비에 맞서 민감한 식량 현안을 실행할 수 있다는 사실은 덴마크가 본보기로 보여준다. 시민들의 건강을 책임지겠다는 생각에서 국회는 2011년 10월부터 '지방세'를 도입하기로 결정했다. 예를 들어 버터, 치즈, 그리고 육류처럼 풍부한 지방산이 포함된 식품의 소비를 줄이기 위해서였다. 그런 지방산이 1킬로그램이 되면 대략 2.15유로를 세금으로 내야만 한다. 여기에서

　　　　｜ 왜 음식물의 절반이 버려지는데 누군가는 굶어 죽는가 ｜

생선과 탈지하지 않은 전유(全乳)는 제외된다. 덴마크 농업 관련 로비 단체는 이 법안에 맞서 강력하게 투쟁한다. 코펜하겐에 있는 정부는 하필이면 마가린 생산자들 조합을 경쟁권을 위반하고 자유로운 상거래를 방해했다는 확실하지 않은 이유로 유럽연합위원회에 고발했다.[6]

개별 식품에 대하여 이처럼 '건강세'를 물리는 본보기로 아일랜드를 들 수 있다. 이곳 정부는 이미 2009년에 설탕 함량이 많은 식품에 부과했던 7퍼센트 부가가치세를 폐기해버렸다. 그때부터 사이다, 초콜릿, 비스킷, 사탕과 초콜릿 봉봉에 대하여 아일랜드에서 일반적으로 부가하는 세율인 24.5퍼센트의 세금을 적용했다. 이런 조치를 취하게 된 원인은 아일랜드 아이들의 치아가 염려스러울 정도라는 연구 때문이었다. 매년 설탕을 1인당 50킬로그램을 소비함으로써 이 작은 나라는 유럽에서 설탕 소비국 선두 자리를 지키고 있다. 독일인이 소비하는 설탕량에 비해서 거의 25퍼센트나 더 많은 양이다.[7]

이성적인 소비 표시를 제공하기

식품의 포장지에 찍힌 유통기한은 소비자들에게 혼란을 유발하여, 많은 식품들이 아직 먹을 수 있음에도 불구하고 쓰레기통으로 들어간다. 이 유통기한이란 그때까지 먹을 수 있다는 뜻이 아니라 식품을 그 기간까지 보증한다는 뜻이므로 좀더 적절한 개념을 찾아야 할 것이다. 영어 표현인 'best before'가 훨씬 더 도움이 된다. 이는 자민당 원내교섭단체의 식량 정책 대변인 크리스텔 하파흐-카산이 이미 오래전에 요구했다. "포장지에 적는 내용은, 법 제정자들이 표현하려는 바를 반영해야 한다. 즉 제품보증기간."

과일이나 채소 같은 신선한 제품은 그런 유통기한이 필요하지 않다. 며칠 후면 유통기한이 끝나는 제품은 가공하거나 세일 가격으로 팔거나 사회단체나 시설에 기부해야 한다. 아이그너 장관도 유통기한이 지난 제품을 싸게 팔 것을 독촉했다.[8]

영국의 환경 및 식량부는 계몽 캠페인을 계획하고 있다. 소비자들이 다양한 유통기한 표시(best before, use by 등등)를 좀더 잘 이해할 수 있도록 하기 위해서이다. 여러 가지 표기들을 정리해야 한다는 것이다. 식량에 관한 영국 통신원이자 컨설팅 그룹인 '푸드 솔루션'의 관리자인 보브 새먼(Bob Salmon)은 덧붙여서 이렇게 말했다. "만일 정부가 포장지에 새겨진 유통기한을 간단하게 하고 싶으면, 'Sell-by'와 'Display-until' 따위는 금지해야 할 것이다. 왜냐하면 이런 표기들을 기준으로 상인들은 물품을 구입하고 판매하기 때문이다."[9]

현재 유통기한보다 상품에 대한 더 상세한 내용을 제공하는 신선도 라벨을 새롭게 연구하고 있다. 뮌헨에 있는 '프라우엔호퍼 모듈 고체 테크놀로지 시설'은 포장 안에 넣는 센서호일을 개발했는데, 이것은 음식이 상하는 것을 경고해준다. 호일에 들어 있는 성분은 식품이 분해되는 과정에서 나오는 생물의 아민에 반응한다. 그리하여 센서호일 색깔이 노란색에서 파란색으로 변하는 것이다. "센서호일의 정보는 예측에 기반을 둔 유통기한과는 반대로, 실제 식품의 감독을 기반으로 한다." 이 시설에서 일하는 안나 헤칭거 박사가 강조해서 말해주었다.[10] 이 시스템에 드는 비용은 많지 않다.

또한 과학자들은 센서호일이 달린 측정 장비를 연구 중이다. 즉 식품산업과 포장산업에서 일하는 노동자들은 그런 장비로 직접 식품의 신선도를 검사할 수 있다고 한다. 이 장비는 색깔 반응을 객관적으로 평가하고 게다가 육안(肉眼)보다 훨씬 구체적인 결과를 알려준다. 맨체스터 대학에서도 센서 기술을 연구하고 있는데, 이를 통해 식품 생산자와 상인들은 학문적으로 뒷받침되는 사용기한을 확정지을 수 있는 것이다.[11] 과학자들은 이때 스트레스 인자를 추적하기 위해 RFID(radio frequency identification: 전파를 이용해 먼 거리에서 정보를 인식하는 기술이다—옮긴이) 기술을 이용하는데 이로써 상하는 제품을 경작지에서 슈퍼마켓 진열대까지 추적할 수 있다. 이 장비를 대량생산하기 위해 필요한 기술을 보완하는 데는 3년에서 5년이 걸릴 것이다.

보관, 운반, 포장을 더 효율적으로 관리하기

개발도상국에서 수확한 후의 손실량을 줄이기

이미 1974년에 세계식량회의(WFC)는 개발도상국의 수확 후의 손실량을 줄이는 것이 기아에 대한 중요한 해결책이라고 보았다. 당시에 사람들은 평균 15퍼센트의 식량을 잃어버린다고 추정했으며, 이를 1985년까지 절반으로 줄이려 했다.[12] 오늘날까지도 성공했는지 여부는 알려지지 않고 있다. 지난 40년 동안 왜 이 분야에서는 거의 변한 것이 없을까? 특히 학문 공동체는 이 주제에 큰 관심을 기울이지 않았으며, 지금껏 농업연구기금 가운데 달랑 5퍼센트만이 수확 후의 시스템에 흘러들어 갔다.[13] 예나 지금이나 형편없는 자료가 비판을 받고 있다. 즉 정확한 통계는 없고, 많은 추정 수치 역시 1970년대에 도출한 것이다.

2005년에야 비로소 휴머니티에 봉사하기 위한 우드스톡 과학연구소는 수확 후의 식량 손실을 줄이자는 발의를 했다.[14] 목표는, 수확 후의 식량 손실을 줄임으로써 3년 내에 1000만 톤의 식량을 전 세계에 추가 공급하는 것이었다. 이는 3400만 명을 1년 동안 먹여 살리기에 충분할 정도였다. 식량, 포장, 운송 분야 전문가들과 국제적으로 협력함으로써 이런 목표를 달성해야만 했다. 유감스럽게도 오늘날까지 구체적인 프로젝트나 성공 사례는 발표된 바 없다.

좋은 뜻에서 시작한 많은 조치들이 지역에 적합하지 않거나 농부들이 재정 조건을 갖추지 못해서 실패한다. 기술적인 해결책은 늘 사회적, 문화적, 정치적인 현실과 균형을 맞추어야 한다. 그러지 않으면 아무런 효과도 보지 못할 위험이 있다. 하지만 손실을 막기 위해서 반드시 엄청나게 많은 돈을 투자해야만 하는 것은 아니다. 농부들을 교육시키는 것으로도 놀라운 성공을 거둘 수 있다. 예를 들어 남아프리카에서 조사한 결과, 고구마는 점차 수확하는 쪽이 더 나았다. 그러니까 한꺼번에 모두 수확해서 저장해두는 것보다 오랫동안 땅에 두는 편이 낫다는 얘기다. 이렇게 하여 37퍼센트나 되었던 수확 손실이 11퍼센트까지 줄어들었다.[15]

개발도상국의 생산자들에게 또 다른 부담은 규격화된 품질 요구이다. 슈퍼마켓이 늘어나면서 표준화되고 품질도 항상 동일한 식품을 대량으로 원하는 수요가 늘어났다. 많은 소농들은 이런 기준을 채울 수 없어서 자신들의 생산물을 판매할 수가 없다. 그래서 지역의 재래시장 같은 대안이 되는 시장을 유지하고 확장하는 일이 중요하다. 과도한 표준과 규정으로 인해 개발도상국뿐만 아니라 선진국에서도 수확 후의 식량을 폐기하게 된다. 순전히 보기 좋으라고 혹은 운송 편이 때문에 정한 규정은 철폐함으로써 수확물 가운데 많은 양을 팔 수 있는 가능성이 생긴다.

개발도상국에서는 적합한 저장 방법도 매우 중요하다. 더위와 습기는 신선한 제품을 빨리 상하게 만들기 때문이다. 예를 들어 과일이나 견과를 말리는 방법은 간단하지만 매우 효과적으로 저장할 수 있는 방법이다. 과일은 직접 햇볕에 말리거나 태양열을 이용하는 건조기로 말려서 보관할 수 있고 지역 시장에 고급스러운 제품으로 팔거나 수출을 위해 가공할 수도 있다. 이렇게 함으로써 소규모로 생산하는 농부들도 부수적인 소득을 올릴 수 있다. 막스 루브너 연구소는, 과일과 채소는 잠시 가열하더라도 곰팡이로부터 보호할 수 있다는 사실을 알아냈다.[16] 사과 가운데 '토파즈'라는 좋은 글로에스포리움(Gloesporium)이라는 병원균에 의해 90퍼센트까지 손실될 수 있었다.

계절상품과 지역 상품을 출하해 보관과 운송으로 인한 손실을 최소화하고, 이를 통해 토박이 농부들의 기본 소득이 확보된다면 가장 좋을 것이다. 그러나 이런 비전은 전 세계에서 밀려드는 제품들로 인해 중기적으로는 현실성이 없다. 개발도상국은 저장할 때, 지역에 적합하고 비용이 많이 들지 않는 기술을 도입할 필요가 있다. FAO 프로젝트[17] 차원에서 살펴보자. 예를 들어 16개국에 식품을 저장하기 위해 금속으로 만든 곡물저장고 사일로를 4만 5000개 이상을 지었고 족히 1500명이 관련 교육을 받았다. 그러니까 그런 사일로를 제작하고 고치는 방법을 교육했다. 교육을 받은 농부들은 좀더 오래 농산물을 저장함으로써 더 많은 수익을 얻을 수 있었다. 사일로를 통해 15~20퍼센트에 이르렀던 수확 후의 손실이 1퍼센트 이하로 줄어들었다.

저온 유통체계 제대로 유지하기

소비자에게 이르는 길이 멀 경우에 쉽게 상하는 제품을 신선하게 보관하려면 폐쇄된 저온 유통-체계(cold chain)가 필요하다. 전 세계에서 손쉽게 상하는 모든 식품 가운데 35퍼센트가 냉장이 불충분해서 결국 쓰레기통으로 들어간다.[18] 이런 손실은 더 나은 대화와 적절한 관리를 통해서 많이 줄여나갈 수 있다. 왜냐하면 특히 제품을 새롭게 적재하는 장소에서 온도 변화가 심하기 때문이다. 2006년부터 유럽연합은 위생에 관한 새로운 규정을 통과시켰다. 이에 따르면 이른바 '위해 요소 중점 관리 기준'(HACCP: 식품이 생산될 때부터 소비자에게 가는 전 과정에서 식품의 위생에 해로운 영향을 미칠 수 있는 위해 요소를 분석하고, 이러한 위해 요소를 제거하거나 안전성을 확보할 수 있는 단계에 중요 관리 포인트를 설정하여 과학적이고 체계적으로 식품의 안전을 관리하는 제도이다—옮긴이)을 지키는 식품만 유럽 내에서 거래하고 들여올 수 있다. 이는 식품의 생산, 판매와 유통을 담당하는 모든 기업에 적용된다. HACCP란 'Hazard Analysis Critical Control Points'의 두음을 따서 만들었다. 이 규정은 기업의 위생 시스템을 기초로 건강상 위해를 유발할 수 있는 점을 자체 검사하고 기록해두라고 요구한다. 그러면 식품을 보관, 운송할 때 어떤 지점이 문제가 있는지 확인할 수 있으며 문제를 해결할 수도 있다. 하지만 위생 규정을 지키기란 상당히 힘든데, 과거에 곰팡이가 피었던 고기와 치즈, 최근에 설사를 유발한 채소를 봐도 잘 알 수 있다.

식품 운송의 마지막 단계에는 소비자가 책임을 지게 된다. 즉 저온으로 유지된 식품을 구매해서 따뜻한 공간으로 나올 때는 가능하면 냉동박스에 넣어서 운반하고 즉시 냉장고에 넣어야 한다.

전파를 보내는 채소

RFID 라벨은 안테나가 붙어 있는 아주 작은 칩으로, 전 세계적으로 시리즈 번호가 있으며 약간 멀리 떨어져서 전파로 읽힌다.[19] 이 기술은 다양한 분야에서 과정을 단순하게 해주는데, 특히 운송 관리와 보관 관리를 최적화해준다. 다름슈타트 기술대학의 인쇄기와 인쇄 과정에 관한 연구소는 센서가 부착된 RFID 상표를 갖추고 있는데, 이는 저온 유통체계에서 중간에 저온이 유지되지 않은 경우를 기록한다. 이렇게 하면 저온으로 유지되지 않은 곳을 알게 되고 경우에 따라 식품을 폐기처분할 수 있다. 이 똑똑한 라벨은 여기에서 임무를 끝내지 않는다. 즉 식품은 운송과정에서 더 잘 인식하고 정확하게 추적할 수 있다. 이로써 신속하게 배달해야 하는 쉽게 상하는 제품을 덜 버릴 수 있다.

하지만 RFID 기술은 신랄한 비판을 받기도 하는데, 칩을 통해서 개인정보가 유통될 수 있기 때문이다. 그런 식으로 직원들의 움직임과 소비 프로파일이 만들어질 수 있는 것이다. 이 밖에도 번쩍이는 라벨은 사람들이 정지시키지 않는 한 계속해서 번쩍거린다. 과학자들은 고객들이 직접 작동을 정지시켜 더 이상 정보가 유출되지 않도록 할 수 있는 칩을 개발 중이다.

또 다른 어려움이 있는데, RFID 칩을 전기용품 쓰레기로 처분하는 문제이다. 그래서 현재 대안이 될 수 있는 재료를 시험한다. 다름슈타트 기술대학 연구원들은 이미 중합체에 인쇄하는 방법을 개발했다. 하지만 RFID를 대체할 수 있는 다른 가능성도 있다. 예를 들어 엘프로 부흐(Elpro-Buchs) 주식회사[20]는 소위 'PDF 데이터 이력 기록장치'를 개발했는데, 이것으로 저온 유통체계를 모니터링할 수 있다. 데이터를 담고 있는 이 작은 막대기는 제품과 함께 포장되고 운송되는 동안 온도를 나타낸다. 마지막으로 데이터는 부차적인 소프트웨어 없이 직접 USB 접속기로 읽을 수 있다. 이렇듯 시스템은 아주 간단하게 이용할 수 있고, 읽는 장치나 데이터뱅크 따위가 필요하지 않다. 데이터 이력 기록장치 하나당 60~200유로—모델에 따라서 간단하게 사용하는지 여러 개를 사용하는지에 따라 가격 차이가 나는데—면 비싼 편에 속한다.

포장만 잘해도 절반은 번다

플라스틱과 알루미늄으로 포장하면 식품의 품질을 오랫동안 유지할 수 있다. 그러면 제품은 곰팡이, 건조, 벌레나 운송상의 훼손을 막을 수 있다. 특히 개발도상국의 경우에 수확 후의 손실을 줄이려면 적합한 포장기술이 매우 중요하다. 두 가지 예를 들어보겠다. 세계은행[21]은 서아프리카에 '포장 공장'을 세울 수 있도록 지원하고 있는데, 여기서는 수확물을 품질에 따라 분류하고 포장하게 된다. 이렇게 함으로써 수확물을 더욱 안전하고 오랫동안 보관할 수 있으며, 수확한 직후에 가격이 낮을 때 굳이 팔 필요가 없다. 이렇게 하면 사경제(私經濟)도 활성화된다. 독일 볼페르트슈벤덴에 있는 포장기계 제작회사인 물티박 셉 하겐뮐러 사는 아프리카에 있는 어촌 마을에 작고 가벼워서 다루기 쉬운 포장기계를 하나 기부했다. 이 기계로 어부들이 잡은 고기 중 많은 양이 상하지 않게 되어 어부는 더 많은 돈을 벌 수 있게 되었다.[22]

2011년 5월에 '세이브 푸드' 전문회의에서 FAO는 연구를 통해 다음과 같은 사실을 강조했다. 즉 식품 손실을 막기 위해 사용하는 적절한 포장기술은 경제적으로 상당히 중요한 역할을 할 수 있다고 말이다. 이때 지역에서 사용할 수 있는 재료가 중요하다. 올바른 재료에 호감이 가는 포장이라면 생산자들은 기꺼이 포장에 돈을 지불할 것이고 이로써 손실을 막는 데 도움이 될 수 있다. 연구를 담당했던 연구원은 포장 규정을 완화하는 것도 방법이라고 본다. 예를 들어 더러워지지만 않는다면 재생 포장재료를 사용할 수도 있지 않을까. 이렇게 하면 포장재료가 부족한 개발도상국의 어려움을 덜어줄 수도 있을 것이라는 얘기다. 유감스럽게도 이 연구는 대단한 혁신은 보여주지 못하고, 오히려 포장업계의 시장 잠재력을 분석해서 보여주고 있다. 다시 말해, 포장업계는 2014년까지 개발도상국에서 71억 달러를 벌어들일 수 있을 것이라고 한다.[23]

　포장하는 이유는 우리의 식품 시스템 때문이다. 이를테면 긴 운송거리와 품질에 대한 수준 높은 요구, 보관 기간과 시각적인 매력을 꼽을 수 있다. 그러나 포장은 자원을 소비하게 된다. 쓰레기가 생기고 비용도 들어간다. 빈 농과대학의 엠머리히 베르그호퍼에 따르면,[24] 식품공급에 필요한 에너지 가운데 대략 10퍼센트는 포장에 소모되며, 식품 포장은 가구 쓰레기의 27퍼센트를 차지한다고 한다. 게다가 포장 비용은 제품 판매가의 40퍼센트인데 그 이상일 때도 있다. 이런 측면에서 관찰하면, 포장을 하지 않으면 그만큼 환경에 좋은 일이다. 하지만 더 많은 포장으로 식품 손실을 줄일 수 있다. 그 결과 에너지를 소비하거나 식량을 생산할 때 나오는 온실가스도 줄어든다. 플라스틱유럽을 컨설팅하는 뎅크슈타트 사의 연구에 따르면,[25] 포장으로 10~20퍼센트의 식량 손실을 줄이게 되면 포장으로 발생하는 이산화탄소 배출량보다 평균 4~9배 줄일 수 있다고 한다.

과대 포장 바이오플라스틱

곡식, 옥수수 혹은 감자로 만드는 플라스틱은 석유를 원료로 해서 생산해내는 플라스틱의 대안으로 친환경적이며 분해도 되어서 좋다. 오스트리아에서 바이오플라스틱을 생산하는 나쿠(NAKU)[26]는 바이오플라스틱을 사용하면 식품을 훨씬 더 신선하게 보관할 수 있다고 한다. 생산자는 이 플라스틱의 장점으로 계속 자라는 원료의 사용과 "과잉생산된 농산물의 처리"라고 지적한다. 하지만 바이오플라스틱도 곡물 연료와 마찬가지로 사람들이 식량으로 사용할 수 있는 농산물과 간접적으로 경쟁하는 처지다. 농산물 쓰레기나 먹지 못하는 식물을 사용하려고 노력은 하지만, 아직 기술이 그 수준에 이르지 못했다. 만일 바이오플라스틱도 몇 주 혹은 몇 달을 악천후나 박테리아에 노출되면 완전히 썩는다고 한다. 하지만 폴리유산(Polylactic acid)으로 만든 플라스틱은 공장에서 퇴비로 만들 수 있고 썩는 과정을 방해하는 요소로 평가받는다. 다른 바이오플라스틱도 비슷하다. 일반적인 플라스틱 재생 과정으로 보면 썩는 플라스틱은 재생했을 때 품질이 떨어진다고 한다. 썩는 플라스틱의 내막에 관한 독일 환경 원조단체의 서류를 보면, 환경을 고려할 때 바이오플라스틱은 석유로 만든 플라스틱보다 나을 것도 없다.[27]

| 왜 음식물의 절반이 버려지는데 누군가는 굶어 죽는가 |

과잉을 사회복지에 맞게 분배하기

우리의 남은 식량을 더 잘 다루기 위한 두 번째 R은 'redistribute'로, 이는 음식의 재분배 혹은 새로운 분배를 생각해보라고 호소한다. 여기에도 개선될 수 있는 매우 복잡한 맥락이 아니라 단순한 발상만 있다. 식량을 생산할 때 이미 어느 정도의 마진을 제외하고 있으며, 운송 시 발생하는 식량 훼손과 팔리지 않아 슈퍼마켓 진열장에서 내려놓는 품목도 이미 고려해서 손해를 다 보충해두고 있다. 비용은 판매가에 이미 포함돼 있는 것이다. 그러니 소비자는 헛되이 미리 다 지불한 셈이다.

그사이 독일에서는 870여 군데나 되는 타펠(Tafel: 무료급식소—옮긴이)이 쓰레기통으로 들어갈지 모르지만 질이 좋은 식품을 모아 경제적으로 힘든 사람들에게 무료로 나눠주거나 아주 적은 돈을 받고 판매한다. 공동체의 이익을 위해 일하는 이 단체는 전국에서 무숙자, 주간 탁아소와 학교 급식소에 규칙적으로 식품을 제공하는데, 음식을 먹는 사람들의 4분의 1이 아이들과 청소년들이다. 이러한 자선 행동이 없다면 국가에서 제공하는 사회복지 기금만으로는 충분하지 않다.

레스토랑, 셀프서비스 음식점, 회사와 공장의 식당도 남은 음식을 의식적으로 활용하고 사회복지를 위해 분배할 수 있다. 아이디어는 충분하다. 즉 인도 뭄바이에 있는 몇몇 셀프서비스 식당에서는 저녁 여덟시가 지나면 절반 가격으로 판매한다. 이렇게 하자 저녁에 젊은 층들이 많이 왔으며 음식물을 버리지 않아서 좋았다.[28] 우리 주변에서도 저녁이면 빵집 앞에서 기다리는 사람들의 줄을 볼 수 있다. 왜냐하면 이때 절반 가격으로 구입할 수 있기 때문이다. 학교, 공장과 회사, 병원에 있는 구내식당에서는, 하루 전에 먹을 메뉴를 선택해달라고 요구할 수 있다. 그러면 계획을 잘 세워 음식물을 덜 낭비할 수 있기 때문이다. 아시아의 몇몇 나라에서는 레스토랑에서 세 가지 양을 제공한다. 적은 양(s), 중간(m), 많은 양(l). 또 간단하지만 기발한 아이디어도 있다. 즉 음식물 쓰레기가 없으면, 쓸데없이 버리는 돈도 없을 것이고, 헛되이 죽이는 동물도 없다. 런던에 있는 어느 나이지리아 레스토랑에서는 손님이 음식을 다 먹지 않으면 2.5파운드를 원조단체인 '옥스팜'에 내야 한다. 'All you can eat' 같은 뷔페 레스토랑에 그런 방식을 도입하면 좋을 텐데 말이다. 시카고에서는 레스토랑들이 뭉쳐서 1인분을 적은 양으로 제공하는가 하면, 배를 덜 채운 사람에게는 공짜로 더 주기도 한다.[29]

네덜란드에 있는 슈퍼마켓 체인 '점보'는 최근에 천재적인 아이디어를 냈다. 유통기한이 이틀 남은 물건을 진열장에서 발견하는 손님들은 그냥 가져가도 된다는 것이다. 시각을 완전히 뒤바꾸는 기발한 착상이다. 그러니까 고객들은 가능하면 유통기한이 긴 제품만 찾는 게 아니라, 예전 같았으면 분명 폐기될 물건들을 찾는 것이다. 마치 운동경기를 하듯 말이다. 독일에서는 그런 아이디어가 널리 퍼져 있지 않다. 몇몇 슈퍼마켓은 유통기한이 얼마 남지 않았거나 약간 훼손된 제품만 싸게 팔 뿐이다. 하지만 대부분의 상인들은 이런 식의 가격할인을 꺼린다. 그러다 가격체계가 망가질까 두려워하기 때문이다.

| 왜 음식물의 절반이 버려지는데 누군가는 굶어 죽는가 |

식품 재활용에서 일본이 보여주는 효율성

수백만 명이 사는 요코하마는 도쿄 밀집 지역에서 그리 멀리 떨어져 있지 않다. 우리는 이곳을 촬영하려 한다. 그래서 도시 외곽에 갔는데 온통 시멘트 건물뿐이었다. 먹으러 간다고? 역 건물로 가는 게 제일 좋겠다는 말이 들려왔다. 카메라맨 롤란트는 그 말에 의심스럽다는 표정을 지었다. 하지만 콘크리트 건물의 3층에 갔을 때, 우리의 미식가의 표정은 밝게 변했다. 레스토랑들이 줄지어 있었고 신선한 요리를 준비하는 주방이 한눈에 다 보였다.

우리는 전통음식을 내오는 레스토랑에 들어갔는데, 이곳은 전문 횟집이었다. 웨이터는 우리에게 회와 함께 모둠 샐러드를 먹지 않겠느냐며 추천했다. "채소는 오늘 아침 미우라 반도에서 수확한 것입니다." 이 반도는 여기에서 채 50킬로미터도 떨어지지 않은 곳에 있다. 그러니 이보다 더 신선할 수 없을 터! 실제로도 그랬다. 나는 그렇게 아삭아삭한 샐러드를 먹어본 적이 거의 없었다. 우리가 전혀 모르는 채소도 있었다. 아시아 배추, 커다란 아시아 무와 톱니 모양의 박하 잎사귀도 있었다. 롤란트는 촬영을 했다. 이렇게 푸짐한 요리는 사진으로라도 남겨둬야 할 필요가 있었다.

다음 날 그는 촬영을 하게 되었다. 우리는 거대한 슈퍼마켓에서 일본 사람들의 신선함에 대한 강박관념의 이면을 보았다. 우리는 옆문을 통해 슈퍼마켓으로 들어갔다. 우리 앞에서 직원이 작은 쇼핑카트를 잡고 있었는데, 몸을 숙여 공손히 절을 했다. 앞에는 아무도 없었는데 말이다. "그는 이렇게 슈퍼마켓이 있는 방향으로 절을 함으로써 고객과 고용주에 대한 존경심을 표하는 것입니다." 통역을 해주던 사람이 설명했다.

직원은 카트를 계속 밀더니 큰 소리로 고함을 지르기 시작했다. "신선한 고기요, 방금 도착했습니다!" 그의 목소리가 슈퍼마켓에 쩌렁쩌렁 울렸고, 그러자 고객 몇 사람이 이 말을 듣고 고기 칸으로 갔다.

슈퍼마켓의 지배인 고토 히로시가 설명해주었다. "우리 고객들을 위한 최우선 덕목이 바로 신선함입니다. 무엇보다 채소, 생선과 육류가 그래야 하죠. 우리는 이것을 명심하고 있습니다." 그는 초밥도 직접 만들게 했다. 대략 스무 명의 주방보조들이 채소와 생선을 자르고 김으로 초밥을 말았다. 생선은 튀겨서 맛깔스럽게 작은 플라스틱 박스에 넣어 장식을 했다.

벤또 상자를 쌓아둔 선반은 20미터에 달했다. 상표에는 유통기한이 표시되어 있었다. 날짜는 물론이고 심지어 시간까지! 기한이 지나면 어떻게 될까? 슈퍼마켓 지배인은 바로 옆에 있는 창고로 우리를 데려갔다.

모두 파란색 옷을 입은 나이 든 여자들이 유통기한이 지난 물건의 포장을 벗겨내고 있었다. 아침에 초밥은 깔끔하게 플라스틱 박스에 포장되었지만, 이제 아주머니들은 초밥 박스를 열어 내용물을 파란색 쓰

| 왜 음식물의 절반이 버려지는데 누군가는 굶어 죽는가 |

레기 봉투 안에 쏟아버렸다. 모든 것은 깨끗하게 분리했는데, 쓰레기 창고에는 스무 가지나 되는 큰 통이 있었다. 쓰레기 분리에서는 일본이 우리를 훨씬 앞서 있었다.

물론 쓰레기 양도 그랬다. "제 생각에, 우리 일본에서는 가공 제품을 필요 이상으로 엄격하게 관리합니다." 슈퍼마켓 지배인은 약간 번민에 빠진 표정이었다. "유통기한은 점점 짧아지고 있는데요, 사실 위생상으로 아무런 문제가 없어도 그렇습니다."

이것은 물류 수송의 문제이기도 했다. "우리 제품들은 최대한 두 가지 다른 유통기한이 있어요. 그래서 우리는 더 쉽게 감독할 수 있습니다. 새 물건이 도착하면 그 전의 물건은 버리지요. 그런 식으로 유통기한이 지난 물건을 선반에 내버려두지 않게 합니다."

때문에 전혀 흠이 없는 식품도 쓰레기통으로 들어가는데 그는 매우 유감스러운 낭비라고 말했다. 일본인들은 어릴 때부터 밥그릇에 있는 밥알을 모두 먹어야 한다고 배웠다. 불교에서도 어떤 것이든 낭비해서는 안 된다고 가르친다. 하지만 현대적인 산업사회가 운영하는 물류 수송으로 인해 음식물을 몇 톤씩 버리게 되는 것이다.

쓰레기 자루는 매일 트럭이 와서 실어가고 외곽에 있는 재활용 공장으로 가져간다고 했다. 노동자 한 명이 공장 입구에서 아직 분류가 안 된 쓰레기 자루를 잡고 있었다. "매일 이런 자루가 50~60개씩 들어옵니다." 그는 플라스틱 박스를 찢어 커다란 통에 내용물을 버리는 동안 우리에게 설명을 했다. 키쿠타 마사쿠츠는 소비사회에 관해 나름대로의 생각이 있었다. "상인들은 많이 버리죠. 신선한 물건을 진열하면 더 많이 벌 수 있기 때문입니다." 가득 찬 커다란 통을 창고로 가져가서 거대한 통에 내용물을 쏟아 부었다. 이 거대한 통도 이미 음식물로 가득 차 있었다. 무엇보다 채소들이 많이 눈에 띄었는데 여전히 신선해 보였다.

"나는 이런 생각을 자주 해요. 우리 일본 사람들은 지나치게 잘사는 게 아닐까 하고요." 노동자는 또다시 번민에 휩싸이는 것 같았다. 나는 그에게, 이런 식품을 집에 가져갈 생각을 해본 적은 없는지 물어보았다. 그의 웃음소리는 크고도 깊었다. "나는 이 일을 하루 종일 해요. 그러니 그런 생각을 할 수가 없지요." 하지만 일본 사람들이 재활용에는 세계 챔피언이라는 사실에 대하여 그는 자부심을 가지고 있었다.

식품 재활용 시스템은 전 세계에서도 독특하며 이런 형태는 오로지 한국과 대만에만 존재한다. "음식물 쓰레기를 가축 사료로 가공하는 게 주 목적입니다." 테이쿄 대학의 와타나베 코하이 교수가 설명해주었다. "일본에서는 지난 10년 동안 음식물 재활용을 강력하게 확대하고 있습니다. 물론 유럽에서는 전염병을 두려워해서 금지하고 있지만 말이지요."

젊은 쓰레기 연구원은 다른 대안이 없다고 봤다. "일본은 인구밀도가 높고 경작지도 적습니다. 때문에 많은 사료를 수입에 의존하고 있지요." 그 결과는 끔찍했다. "그 결과 열대우림에 있는 많은 숲들이 사라졌죠. 또 곡물을 수입함으로써 전 세계의 시장 가격이 상승합니다. 전 세계의 기아를 고려해볼 때 결코 환영할 만한 방법이 아니죠."

컨베이어 벨트 위로 물이 뿌려지자 그는 몸을 홱 피했다. 노동자 한 명이 컨테이너에 남아 있던 찌꺼기를 가져와서 얹어놓았다. 이번에도 믿을 수 없을 정도로 많은 채소였는데, 역시 신선해 보였다. 시든 샐러

| 왜 음식물의 절반이 버려지는데 누군가는 굶어 죽는가 |

드 잎사귀도 보이지 않았고, 잎들이 서로 부딪혀도 계속 흔들릴 정도로 아직 싱싱했다.

컨베이어 벨트 위에서 노동자들이 쓰레기를 고르고 있었다. 마스노 카오루는 왜 그렇게 하는지 설명했다. "여기에 아직 쓰레기가 들어 있답니다. 돼지들이 먹어서는 안 되는 것들 말이지요. 이 안에 무엇이 들어 있는지 아마 당신은 상상도 못 할 겁니다. 숟가락, 칼, 심지어 대나무 꼬챙이도 들어 있어요. 플라스틱도 엄청 많고요."

그사이 일본, 한국과 대만에는 그런 재활용 공장이 수백 개가 생겨났다. 아시아의 세 나라 정부는, 가축 전염병을 잘 해결할 수 있다고 확신한다. 요코하마 시의 가축질환조사청에서 일하는 코노 키미코 박사가 말했다. "우리는 모든 박테리아를 죽이기 위해, 음식물 찌꺼기를 최소한 70도로 가열합니다. 그래야 돼지한테 주더라도 안전하며, 나중에 그 돼지고기를 먹는 사람에게도 안전해요."

하지만 광우병이란 뭐란 말인가? 유럽은 이 병을 끔찍하게 두려워한다. 질병을 불러일으키는 단백질 구조를 파괴하려면 매우 높은 온도에서 가열해야 한다. "우리는 소와 돼지에게 주는 사료를 분리해서 생산함으로써 광우병이 일어날 수 있는 가능성을 막을 수 있습니다. 소는 고기 찌꺼기를 절대 먹어서는 안 되죠." 코노 박사는 그렇게 말했다.

이 말은 매우 논리적으로 들린다. 돼지는 닭처럼 태어날 때부터 모든 것을 먹는 반면에 소는 채식동물이다. 수천 년 전부터 집에서 기르게 되자, 이들 가축들도 음식물 찌꺼기를 먹게 되었다. 수의사는 우리를 돼지우리로 안내했다. 요코야마 키오시의 농장은 요코하마 외곽에 있었다. 그는 유기농을 하는 농부는 아니었지만, 자신이 키우는 돼지들은 꼬리를 물지 않아도 된다는 사실에 자부심을 느끼고 있었다. 돼지우리가 다른 곳보다 훨씬 넓었기 때문이다.

재활용 공장에서 나오는 가축 사료에는 두 가지가 있다. 액체 형태의 죽과 가루이다. 농부는 돼지 새끼를 위해서 사료에 분유를 섞었다. 그는 큼지막한 손으로 큰 자루 두 개에 들어 있는 내용물을 손수레에서 혼합했다. 그런 다음에 수레의 내용물을 가느다란 널빤지 위에 쏟아 부으니 그것은 돼지우리로 들어갔다. "좀더 맛있는 고기를 얻기 위해서, 우리는 특별한 비법에 따라 재활용 사료를 혼합하죠."

돼지 새끼들은 호기심이 생겼는지 농부의 장화에 코를 대고 킁킁 냄새를 맡았다. "음식물 찌꺼기는 참으로 소중한 자원입니다. 일본은 천연자원이 부족해요. 때문에 우리는 쓰레기를 낭비해서는 안 되며, 돼지가 먹을 수 있는 것은 사료로 가공해야지요."

하지만 돈도 중요한 문제이다. "수입하는 곡물들은 비쌉니다. 만약 재활용 사료를 이용하지 않으면, 우리는 수입 고기와 경쟁할 수가 없어요." 요코하마 시는 농부와 레스토랑과 함께 '하마 돼지'라는 상표를 개발했고, 이로써 돼지고기를 시장에 내놓게 되었다. "이로써 우리는 요코하마에서 완벽한 유통 싸이클을 구축했다는 광고를 하는 것이지요." 돼지머리를 단순하게 그린 로고는 이제 시민들이 모두 알게 되었다.

재활용 사슬에 최초로 합류한 사람들 가운데 한 명은 코야마 마사히로였다. 이 요리사는 요코하마에서 가장 세련된 중국 식당 가운데 하나를 운영하고 있었다. 그는 사용자이자 공급자이기도 했다. "우리가 여기에서 매일 만들어내는 주방 찌꺼기들은 좋은 사료가 되고 있

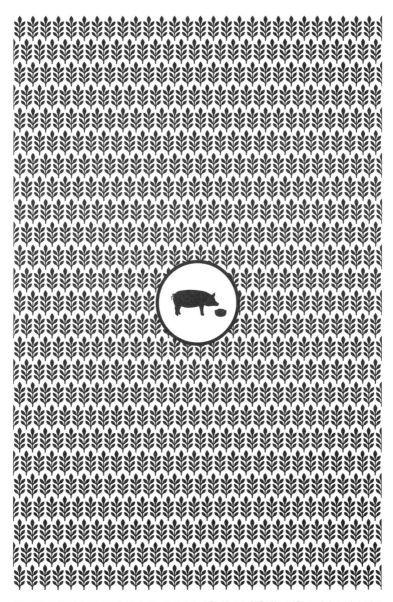

유럽연합이 음식물 찌꺼기와 슈퍼마켓 쓰레기를 가축 사료로 활용하는 것을 금지하고 있기 때문에, 500만 톤의 곡물을 부수적으로 더 재배해야 한다. 이는 오스트리아 전체에서 수확하는 양에 맞먹는다.

습니다."

　레스토랑 주방은 좁았다. 고기가 우묵하고 큰 냄비에서 살짝 구워지면, 가스레인지에서 불꽃이 확 솟아 오른다. 요리사는 잽싸야 하고, 이 냄비를 잘 흔들어서 내용물을 뒤집어야 한다. "결국에는 우리에게 좋은 고기로 돌아오지요." 요리사는 자부심을 가지고 말했다. "나는 동물들이 쓰레기를 먹었다고 느끼지 않습니다. 만일 사람들이 쓰레기라고 말하면, 매우 부정적으로 들리죠. 고기는 품질이 좋고, 그런 품질 좋은 고기를 대하면 정말 끝내주죠."

　고객들도 이런 요리사의 생각을 존중해줄 줄 알았다. 오후가 되면 많은 사업가들이 이곳을 찾아왔는데, 37층에서 항구를 내려다보는 전망이 끝내주기 때문이다. 그들이 먹다 남긴 음식은 버려지는 게 아니라 재활용된다. 주방에는 두 개의 큰 통이 있었는데, 하나는 고기, 다른 하나에는 다른 음식물을 모았다.

아프리카의 전통 의상인 머리띠 장식을 하고 있어서 베로니크 아부나는 바로 눈에 띄었다. "제 고향인 카메룬에서는 비싼 음식입니다. 거기에서 나는 많은 과일이 유럽으로 들어오지만, 정작 여기 사람들은 빨리 분배하지도 않고 그냥 쓰레기로 버리죠. 정말 가슴 아픈 일이에요."

정치행동주의자 한나 포디히가 쓰레기통에서 식품을 하나 건져 올려 보여준다.

쓰레기를 뒤지는 사람들은 슈퍼마켓의 쓰레기통에 버려진 식품들을 건져 올림으로써 한 달에 수백 유로씩 절약할 수 있다. 대개 가난해서가 아니라, 낭비하는 사회를 반대하는 의미에서 그렇게 한다. 이렇게 모은 돈으로 정치 활동이나 예술 활동을 할 수 있다.

앤드루 코테는 맨해튼의 고층빌딩에서 벌을 키운다. "대도시는 사용하지 않는 자원으로 가득합니다. 공원에는 수백만 그루의 나무가 있어요. 어디를 가도 꽃과 화밀이 있죠. 벌에 의한 수분은 이웃의 정원이나 창틀에 토마토를 키우는 사람들에게 유용하죠. 게다가 아이들에게 식량의 순환에 대해서 보여줄 수 있습니다. 벌을 통해서 말이죠. 왜냐하면 우리 음식의 3분의 1이 수분 덕분이거든요."

애니 노박은 뉴욕에 있는 공장 지붕에서 '옥상 정원'을 가꾸고 있다. "도시에 있는 정원은, 사람들에게 그들이 먹는 음식이 어디에서 왔는지를 보여주는 의미가 있어요. 물론 달걀 여섯 개로 브루클린을 먹여 살릴 수는 없지만요. 하지만 닭이 알을 낳을 때마다, 뉴욕 사람들에게 달걀이 어디에서 나왔는지를 보여줄 기회가 생기는 거죠."

왼쪽: '창문 정원'은 창문에 수직으로 정원을 만들어준다. 이때 식물들은 플라스틱 병에서 자라고 호스를 통해 물이 공급된다.

오른쪽: 한국인 디자이너 류지현은 농부들에게 채소 보관법을 물어 현대적인 거실에서 작은 감자를 보관할 수 있는 해결책을 찾았다. 즉 선반에 감자와 사과를 함께 보관한다. 사과에서 나오는 에틸렌 가스가 감자에 싹이 나는 것을 지연시킨다.

아래쪽: 그사이 미국에서는 수십만 명이 '푸드 조합'에 가입했다. 이는 소비자들이 농부와 직접 계약을 맺는 것이다. 쓰레기 연구원 티모시 존스(중간)가 이처럼 협조적인 관계를 만들었다. "우리 농부들은 아무것도 버릴 필요가 없습니다. 예를 들어 당근을 수확할 때 360명의 고객을 위해 360단의 당근만 수확하면 되거든요. 나머지는 그냥 땅에 두면 보관도 잘되죠. 필요할 때 또 파내면 되고 말입니다."

식품 낭비를 반대하는 '쓰레기 맛을 봐' 운동의 탄생 시간. 베를린의 마르크트할레 9번지에서 논쟁을 펼치고 있다. 위르겐 크니르쉬(그린피스), 볼프강 야만(세계기아원조단체), 롤란트 쉬렌(빵 제과공), 우르술라 후드손(슬로푸드), 안드레아 에른스트(WDR 방송국), 카이 팔크(상인연합회), 라우라 그로스(소비자발의), 슈티크 탄츠만(기독교 개발 봉사)와 슈테판 부흐하임(베를린 무료급식소).

베를리날레는 쓰레기통을 뒤지는 사람들과 미식가들을 함께 연결해주는 좋은 기회였다. 웜 카트가 '공주들의 정원' 정치행동주의자들과 함께 버려졌을 재료로 요리를 한다.

정치행동주의자들이 작센 주 되벨른 시 지방법원 앞의 국기게양대 위로 올라가서, '쓰레기 절도'로 동료가 재판을 받게 된 데 항의한다. 급히 소방대원들을 불렀으나 이미 늦었다. 경찰들은 게양대에 기어 올라간 사람들을 끌어내리려 했다. 작센 주의 작은 도시에 사는 사람들은 그런 광경을 처음 목격했다. '쓰레기통을 뒤지는 사람들'은 지나가는 행인들 몇몇의 관심을 끌었고, 시민들은 재판을 보기 위해서 법정 안으로 들어갔다.

낭비가 아니라 재활용

식품 찌꺼기를 다루는 방법 가운데 세 번째 R은 'recycle'이다. 버린 식량에도 에너지가 가득하고 이는 놀라운 가축 사료로 변신할 수 있다. 한국, 일본과 대만은 식품 쓰레기를 재활용하는 데서 모든 나라를 선도하고 있다. 이들 국가는 사실 그렇게 해야만 한다. 왜냐하면 신선한 음식, 생선회와 육류를 매우 좋아해서 쓰레기 문제가 심각하기 때문이다. 일본의 경우 일본 전체의 농업과 어업에서 수확하는 양만큼 버리고 있다.[30] 대만과 한국도 그리 다르지 않은 실정이다. 이 세 나라의 공통점이 또 있다. 땅이 넓지 않다. 그래서 재고로 남은 식품을 버리거나 파묻는 것도 금지되어 있다. 대신에 국가에서 보조하는 재활용 프로그램이 작동된다.

일본에서는 모든 것이 거대한 덩어리로 도착한다. 기계에 의해 분리되는 우리의 바이오 시설과는 달리 노동자가 장갑과 마스크를 착용한 채 기다란 컨베이어 벨트 옆에 서서 포장 쓰레기 분리 작업을 직접 한다. 특히 도시에서 사무실 근로자들이 흔히 사다 먹는 플라스틱 도시락을 생산하는 회사처럼 깔끔하게 처리하는 것이다. 즉 일단 포장을 뜯고, 국수나 밥은 통에 넣고, 채소는 또 다른 컨테이너 속에, 고기는 세 번째 통에, 생선은 네 번째 통에, 포장은 마지막 다섯 번째 통에 넣는다. 음식물 찌꺼기는 영양소가 듬뿍 든 즙으로 끓이거나 말리고 알갱이 모양으로 압착하는데, 항상 가축업자들이 원하는 식으로 혼합한다. 이 사료는 수입 콩보다 싸며 쓰레기를 줄이는 데도 도움이 된다. 수요가 늘어나서 재활용 공장을 새로 시작하려는 사람들은 미래가 밝다고 본다. 물론 대부분의 공장은 국가보조금을 받기는 하지만 말이다.[31]

카와시마 토모유키는 일본 축산 및 초목지 연구소에서 사료를 연구하는 그룹의 소장으로 일하고 있는데, 식품 찌꺼기를 사료로 주는 것에 대해 분명히 말했다. "인공폭포식 시스템을 유지하는 것은 중요합니다. 모든 것을 그냥 바이오가스 시설이나 비료 공장에 버리거나, 땅을 파서 묻어둬서는 안 됩니다. 우리는 남은 식량은 제일 먼저 가축 사료로 활용해야 하고, 여기서 나오는 분뇨로 바이오가스를 생산하고 마지막으로 발효 찌꺼기를 비료로 만들면 됩니다."[32] 이렇게 하면 새로운 식량과 에너지, 비료가 생겨나는 것이다.

소비자들을 좀더 잘 계몽하기

우리의 식품 쓰레기를 좀더 잘 다룰 수 있는 좋은 발상들이 있다. 하지만 무엇보다 결단이 우선이다. 이는 국가 차원에서 운송 규칙을 감독하고 식품 쓰레기에 세금을 부과하는 일에서 시작하여, 학교와 가정을 계몽하고, 가능하면 적게 버리겠다는 개인의 결심으로 끝이 난다. 이처럼 사회적인 생각의 전환은 눈에 띄게 발전한다. 많은 사람들은 의식 있게 영양을 섭취하고, 육류 소비를 줄이거나 채식주의자가 되며, 전 세계의 관계를 인식하고 좀더 공평하고 의미 있는 소비를 하려 한다. 이런 경향에 좀더 관심을 기울여야 한다. 이해하기 쉬운 정보, 분명한 지시 그리고 영양을 섭취하는 방법에 대한 심도 있는 교육을 통해 우리는 분명 많은 것을 성취할 수 있다. 또 한편 이익에만 좌우되지 않은 솔직한 토론을 해야 한다. 즉 영양 섭취에 관한 신호를 보내거나 이산화탄소 발자국을 표시해주는 라벨을 도입해야 할지 말지에 관해서 사회적으로 토론해볼 필요가 있다. 이런 라벨은 소비자가 건강하게 영양을 섭취하는 데 도움이 될까 아니면 단지 책임만 전가하는 것일까?

소비자들은 식품과 생산 방식을 이해할 수 있다. 이는 어떤 경우에도 매우 중요하다. "우리 사회에도 자동차처럼 식품에 관한 전문가의 감정서 같은 것이 있으면 좋겠습니다. 의식 있게 식품을 다루는 사람은, 어느 정도의 에너지와 물이 거기에 들어가며, 몇 명이 일을 해야 하며, 얼마나 긴 거리를 이동해야 하는지를 압니다. 동물의 죽음을 요구하는 사람은, 어쩌면 이미 도축해본 사람은, 고기를 버릴 때 진지하게 고민할 것입니다." 문화인류학자인 군터 히르시펠더의 말이다.[33]

독일 식량 및 농업 소비자보호부는 2011년 5월에 낭비라는 주제를 다루었다. 주무장관 아이그너는 더욱더 신중하게 구매할 것을 요구했다. "우리는 식품의 가치를 항상 의식해야 합니다. 식품을 버리지 않는 것, 실제로 필요한 양보다 많이 구입하지 않는 태도 역시 그런 의식에 속합니다."[34] 웹사이트 www.jedesmahlwertvoll.de에서 이 정부부처는 소비자들에게, 어떻게 하면 식품 손실을 막을 수 있는지를 홍보한다. 다섯 가지 힌트는 다음과 같다.

1. 계획적으로 구입한다

2. 유통기한을 체크한다

3. 적절한 양만 구입한다

4. 비축한 양은 잘 보관한다

5. 나머지는 활용한다

　독일 기업 코프레스코는 식품을 신선하게 유지할 수 있는 호일과 포장지를 생산하는데, 4월에 개별 가정의 식품 낭비에 반대하여 '세이브 푸드'를 발의했다.[35] 소비자들은 식품 낭비라는 주제에 대해서 상세한 설명을 들어야 하고 식품 쓰레기를 줄일 수 있는 지원도 받아야 한다는 것이다. 코프레스코가 위탁하여 유럽에 있는 7개국을 대상으로 실시한 연구에 따르면, 필요한 양보다 20퍼센트 이상 구입해서 버리는 식품 가운데 50퍼센트 이상은 구할 수 있다. 사람들은 대부분 자신들이 얼마나 낭비하고 있는지 일단 의식하면 태도를 바꿀 준비가 된다고 한다. 지금까지 이 캠페인은 페이스북에서만 이루어졌고,[36] 여기에서 소비자들은 정보를 얻고 논쟁을 펼칠 수도 있었다. 이 무리들이 시민들에게까지 파고들어 무엇보다 태도를 바꿀 수 있을지는 더 기다려봐야 한다.

　이와 반대로 학교 수업을 통한 설명회는 매우 큰 효과가 있다. 식량이라는 주제는 여러 과목에서 그리고 시간표와 무관하게 어느 나라에서나 다룰 수 있다. 초등학교에서는 생물과 지리 수업에서 다루어도 되고 정치와 종교는 물론 경제 수업에서 다뤄도 된다. 여러 과목을 한꺼번에 가르치는 주와 쓰레기를 버리는 날에 학교에서는 소비사회와

　　　　| 왜 음식물의 절반이 버려지는데 누군가는 굶어 죽는가 |

낭비사회에 관한 문제, 그리고 올바른 식습관에 관한 문제를 다룰 수 있다. 다양한 지도안과 커리큘럼에서 여러 국가와 과목을 연계해서 가르치는 방식도 나쁘지 않다.

2007년 중반부터 전국에서는 '글로벌 개발이라는 과목에 대한 오리엔테이션'이 진행되고 있는데, 이는 문화부회의(KMK: 1948년에 설립되었으며, 교육, 연구 및 문화를 담당하는 부처 장관 및 주정부 의원들이 자발적으로 참여하는 회의—옮긴이)와 경제 협력 및 개발부의 공동 협의로 생겨났다. 당시 장관이었던 하이데마리에 비츠초레크-초일(Heidemarie Wieczorek-Zeul)은 다음과 같이 강조했다. "가난 퇴치와 기후변화는 우리 시대가 맡아야 하는 핵심적인 미래 과제입니다. 이를 해결하기 위해 우리는 비판적인 사고와 탄탄한 지식을 갖추어야 합니다. 왜냐하면 전 세계의 관계를 알고 이해하는 사람만이 정당한 세계화에 기여할 수 있기 때문입니다."[37]

식품 낭비가 전 세계의 기후변화와 기아에 미치는 영향과 결과는 분명하며 지금까지 밝혀진 것보다 틀림없이 더욱 심각할 것이다. 2011년 6월 중순에 캠펜 출판사에서 새로운 교과서 《글로벌하게 배우기: 세계의 기아—그리고 우리의 식량》이 나왔는데, 이 책은 5학년 이상의 학생들에게 이런 관계를 이해하기 쉽게 가르칠 수 있는 교과서이다. "학생들은 세계의 기아가 생기게 된 복잡한 원인을 탐구하는 과정에서 자신의 접시에 담긴 스테이크에서부터 개발도상국의 기아로 이어지는 연쇄작용을 발견할 수 있다. 그리고 자신들이 세계 기아에 얼마나 영향을 미칠 수 있는지를 배울 수 있다."[38] 이는 책에 실린 안내문이다.

개인은 무엇을 할 수 있을까

이탈리아 쓰레기는 왜 더 맛이 있을까

2010년 9월, 이탈리아 북부 도시 토리노. 이른 저녁부터 이 고도시는 생동감으로 가득 찼다. 소란한 가운데 사람들이 뱀처럼 기다랗게 늘어선 줄이 눈에 띄었다. 이 줄은 역사적인 카리냐노 광장으로 이어졌다. 1000여 명의 사람들은 참을성 있게 '체나 콜레티바'에 들어가기 위해 기다리고 있었다. 이곳은 나눠주지 않으면 버리게 될 식품과 식사를 제공하는 무료급식소이다.

이 행사를 조직한 안드레아 세그레는 세 가지 메뉴를 설명해주었다. "첫 번째 코스는 토마토 크림입니다. 농부들은 이 토마토가 규정보다 커서 팔 수가 없었지요. 그래서 우리가 받아왔습니다. 여기에 오래된 빵 부스러기가 있고 맛있는 소스를 얹어 먹습니다." 그는 '이탈리아에서의 식품 소비'라고 적힌 공책을 보여주며, 매년 들판에서는 1700만 톤의 곡물, 과일과 채소가 수확되지 않은 채 썩어가고 있다고 말해주었다.

"이런 양이면 4800만 명을 먹여 살릴 수 있습니다. 이탈리아 인구의

4분의 3이 넘는 숫자지요." 세그레가 설명했다. 그러고 나서 계속해서 메뉴 얘기를 해주었다. "두 번째 코스는, 달콤하고 시큼한 파프리카로, 토리노 근처에서 수확한 것이죠. 전통적인 요리법에 따라 요리하면 약간 짜고 약간 달콤해서 아주 맛이 좋답니다. 여기 남아도는 파프리카도 있어요. 후식으로 할머니가 만들어주는 방식으로 만든 푸딩이 있는데, 물론 식품 찌꺼기로 만들었어요. 음식 찌꺼기가 아닙니다! 접시에 남긴 음식이 아니라, 아무도 사 가지 않은 식품으로 만들죠."

이탈리아식 시위인데 매우 감각적이었다. 이렇듯 특이한 식사에 대해 사람들은 흥분해서 논쟁을 벌였다. 서서히 날이 어두워졌다. 조명등이 광장에 있는 역사적인 건물을 비추었는데, 특히 카리냐노 궁전이 돋보였다. 이 궁은 한때 왕이 살았던 곳이자 최초의 이탈리아 국회의사당이었다.

세그레는 1000명의 참가자들이 음식을 함께 나누고 존중하는 생각을 집으로 가져가기를 희망했다. 예수 시대의 사건, 즉 갈릴리 호수(신약에서는 게네사렛 호수)에서 5000명이 식사를 했던 이야기에서 영감을 얻었다 한다. 이 행사의 주최자는 슬로푸드와 그사이 예순두 살이 된 슬로푸드의 설립자 카를로 페트리니(Carlo Petrini)였다.

이어서 역사적인 카리냐노 극장에서 강연이 있었는데, 홀을 울리는 목소리의 주인공 페트리니의 카리스마는 전설적이었다. 슬로푸드는 20년 전에 설립되었고, 그의 지도 아래 이 운동은 음식의 산업화에 맞서 싸우는 민족운동이 되었다.

"무엇보다 잘사는 나라에서는 식품을 소중하게 생각하는 경향이 점점 더 없어지고 있습니다." 페트리니가 불만을 표시했다. "음식이 익숙한 상품이 되어버렸어요. 음식의 가치가 상실되면서, 식량이 어떻게 생산되고 가공되는지를 점점 더 모르게 됩니다. 가격은 더 떨어지죠. 음식은 많은 사람들에게 더는 중요한 의미를 갖지 못하고, 이제 가치 없는 것은 버려지게 됩니다. 이는 논리적으로 당연한 귀결입니다. 참으로 끔찍한 결과입니다."

"우리의 냉장고는 가족묘지가 되고 있습니다. 그 안에서 많은 식품들이 죽어가고 있는데, 사람들은 상상조차 못 하지요. 원래 냉장고는 식품을 보관해야 하는데, 그게 아니라 쓰레기통에 들어가기 전에 머무는 곳이 되었단 말입니다. 우리는 좀더 적게 구입하고 구입한 것은 모두 먹어야 합니다." 페트리니의 풍부한 언어는 관중을 열광시켰고, 몇 분씩 계속되는 박수소리에 그는 자주 말을 중단해야 했다.

나 역시 페트리니에게 홀딱 반해버렸는데, 그가 사태의 정곡을 찔렀기 때문이다. 즉 광고가 우리의 감각을 혼란에 빠트리고 우리는 좋은 시 나쁜지를 구분할 수 없어서 낭비한다는 것이다.

"우리는 필요없는 것을 너무 자주 구입합니다. 우리는 제대로 된 물건을 구입하는 법을 배워야 하지요. 그것도 농부한테서 직접 말입니다. 그런 식으로 훌륭한 취향을 단련할 수 있어요. 쇼핑카트를 불필요한 물건들로 잔뜩 채운 다음에 버리는 것은 끔찍한 취향이니까요. 우리는 절제해야만 합니다. 사람은 자제하더라도 충분히 즐길 수 있어요."

페트리니는 결코 금욕을 주장하는 게 아니다. 슬로푸드는 오히려 향유하는 즐거움을 보급하려 한다. 이것이 성공의 열쇠이며, 나는 이를 이해한다. 나는 1980년대 환경운동으로 어른이 되었고, 많은 것을 포기하라는 설교를 들었지만, 솔직히 말해서 내 삶의 방식은 그다지 변하지 않았다. 내 이성은 적은 것이 많다는 사실을 알고 있었지만, 향유하려는 내 안의 사람은 재미를 원했다.

나는 나이가 들수록 분명하게 알게 되었는데, 우리는 이성적인 결정보다 오히려 감정, 특히 긍정적인 감정을 통해 식습관을 바꿀 수 있다. 그러므로 최고의 성공을 거둔 슬로푸드의 원칙은 이러하다. 지역의 음식이 품질이 더 좋고 건강에도 더 좋다. 물론 지방에서 재배하는 제품의 품질을 높이려면 돈이 더 많이 든다. 이탈리아에서도 그렇게 할 재정 능력이 안 되는 시민들이 상당히 많다.

슬로푸드 행사를 함께 조직하는 세그레도 이 점을 잘 알고 있다. '라스트 미니트 마켓(Last Minute Market)'을 통해 이탈리아에 있는 수백 개의 슈퍼마켓으로 하여금 쓰레기통으로 버려질 많은 식품들을 구하게 했다. "항상 너무 많이 생산됩니다. 시장경제는 이를 조절할 수 없어요. 과잉은 시스템에 부착된 결함이지요." 농업학자는 그렇게 분석한다. "우리는 라스트 미니트 마켓으로 이곳을 공략하려 합니다." 독일 푸드뱅크와 달리 이탈리아 사람들은 자체 조달하지 않고, 지역 파트너들이 제공하게 한다.

"우리의 파트너들은 팔지 못한 제품을 모아놓고 즉석에서 나눠줍니다. 그렇게 하면 우리가 나눠줄 물건들을 싣고 오기 위해 별도로 많은 트럭을 동원할 필요가 없지요. 우리는 기름을 넣을 필요도 없고 냉장 보관할 공간도 필요 없죠. 이렇게 함으로써 환경을 해치는 일도 하지 않게 되지요. 우리는 오로지 조직만 잘하면 됩니다." 세그레 교수는 이렇게 말했다.

"모든 참여자를 한데 모으려면 상당히 훌륭한 실행 계획이 필요합니다. 한편에는 생산자와 슈퍼마켓처럼 기부자가 있고, 다른 한편에는 필요한 사람들인 기존 원조단체들이 있어요." 라스트 미니트 마켓은 가능한 모든 분야에서 찌꺼기를 모으는데, 들판에서 식탁에 이르기까지 모든 영역이 이에 해당한다. 이는 농부('last minute harvest')에서 시작하고 레스토랑까지 간다.

특히 대학병원과 학교의 구내식당에서 완전히 요리된 음식의 경우에는 더 빨리 처리해야 한다. 만일 이런 곳에서 식탁에 음식이 차려지면, 이미 바깥에 파발꾼이 대기하고 있다. 남은 음식을 이웃에 있는 사회복지 시설에 가져다주기 위해서다.

교수님은 볼로냐 대학 근처에 있는 대형 슈퍼마켓에 함께해줄 것을 요청했다. 그리하여 대단한 성공을 거두었다. 즉 식품 쓰레기 양은 매년 160톤에서 90톤으로 줄어들었다. 절약한 양은 70톤인데, "이는 쓰레기차 여덟 대 분량으로, 단 하나의 슈퍼마켓에서 나온 결과입니다. 이로써 우리는 매일 300명의 세 끼 식사를 해결해줄 수 있습니다."

음식을 가져가는 단체 가운데 한 곳은 과거 마약을 했던 중독자들을 위한 시설로, 이곳에서 800미터 떨어진 곳에 있었다. 시설에서 일하는 남자가 일주일에 세 번 와서 식품이 가득 담긴 상자 몇 개씩을 가져갔다. 대부분 덜커덩거리는 손수레를 끌고 왔다.

이는 모두에게 이득이 된다. 슈퍼마켓에도 마찬가지이다. "그들은 이미지가 좋아집니다. 적게 파는 것도 아니고요." 또 있다. "식품 쓰레기는 기업의 이사진들에게 잘 알려져 있지 않았지요. 그런데 이제 파악하게 된 것입니다. 이제 그들은 어디에서 가장 낭비가 심한지를 알게 되었고, 덜 버릴 수 있는 방법을 모색하고 있습니다."

슈퍼마켓 지배인 스테파노 카바냐는 이 말을 인정해주었다. "우리는 물론 없는 사람들을 도울 수 있어서 기쁩니다. 하지만 이렇게 말해도 결코 틀리지 않아요. 우리도 많은 돈을 절약했다고요." 식품 쓰레기가 줄어들면, 원조단체에는 안 좋은 게 아닐까? 세그레는 웃었다. "쓰레기통에는 아주 많은 식품이 있어서, 한동안 우리를 위한 식품은 충분히 있을 것입니다. 유감스럽게도."

미국의 식품 구호

'식품 구호(food rescue)'라는 발상은 미국에서 나왔다. 과잉생산된 제품을 없는 사람들에게 나눠주기 위해 뉴욕에서 1982년에 '시티 하비스트(City Harvest, 도시 수확)'라는 조직이 결성되었다. 다른 선진국과 비교할 때 미국에서는 훨씬 많은 것이 있다. 그러니까 미국인의 10퍼센트가 영양실조로 고생한다. 동시에 국민의 4분의 1이 비만으로 고생한다. 미국의 모순은 다른 곳에서도 발견된다. 즉 세상에 미국만큼 식품이 많이 낭비되는 곳은 없지만, 이 문제에 대한 해결책이 미국보다 더 많이 나오는 곳도 없다.

예를 들어 시티 하비스트의 '식품 구호'가 안고 있는 문제는, 그들이 손해배상 청구를 당하지 않을까 늘 두려워해야만 하는 것이다. 어떤 사람이 위에 탈이 났는데, 나눠준 음식을 먹어서 그렇다고 주장할 수도 있는 것이다. 미국에서는 손해배상액이 잘 알려져 있다시피 천문학적인 단위를 기록한다. 그렇기에 연방정부는 1996년에 '선한 사마리아인의 음식 기증법(Good Samaritan Food Donation Act)'을 통과시켰다. 이는 원조단체가 양심에 따라 충분히 검사했다면 손해배상 청구를 제기하지 못하게 하는 법이다.

또 다른 원조단체는 2차 수확인 줍기 전통을 부활시키고자 한다. 이는 영어로 'gleaners'라고 일컫는데, 수백 년에 걸쳐 이어져온, 수확하고 남은 곡물을 모으는 행동이다. 오늘날에는 세인트 앤드루 소사이어티(Society of St. Andrew)가 미국 전역에 있는 궁핍한 사람들에게 신선한 식품을 어떻게 얻을 수 있을지를 보여준다.

투손에 있는 애리조나 대학의 티모시 존스(Timothy Jones)는 엄청난 낭비를 처음으로 발견한 사람이었다. 인류학자인 그는 문화적인 관심에서 출발했기에 현대 문화의 예술품으로 기록하기 위해 쓰레기장을 발굴지로 봤다. 하지만 화학, 경제학과 사회학에 대한 방대한 지식을 통해 쓰레기라는 주제를 전체적으로 보게 되었다.

그는 가죽 모자를 쓰고 덥수룩한 수염을 길러 인디아나 존스와 약간 닮았지만, 커다란 금속테 안경을 쓰고 있는 바람에 그런 인상이 생기다 말았다. 게다가 표현하는 방식도 어찌나 예리한지 사람들은 존스가 그야말로 타고난 학자라는 점을 알아차릴 밖에 없었다. 멕시코 국경에서 멀리 떨어져 있지 않은 투손은 사막 한가운데에 있고, 때는 6월이라 엄청 더웠다. 우리가 오후가 다 된 시각에 쓰레기장에 도착하자, 온도는 이미 45도를 가리키고 있었다.

존스 박사는 찌는 더위에도 아랑곳하지 않고 우리를 거대한 구덩이로 안내했는데, 이곳에 쓰레기를 실은 트럭이 차례로 들어와서 내용물을 쏟아놓았다. "우리는 이 쓰레기차를 위에 있는 입구에서 잡아놓고

차고로 유도합니다. 그곳에서 몇 년에 걸쳐 쓰레기를 분류했고, 마침내 내용물을 파악하게 되었지요."

결과는 이러했다. 미국의 가정에서 배출되는 쓰레기는 14퍼센트가 음식물 쓰레기였다. 티모시 존스는 이를 돈으로 계산하면 연간 430억 달러 정도이고, 가구당 대략 590달러를 버린다고 했다. "우리는 전 북미에 있는 쓰레기장 예순 개를 조사해서 그런 통계를 얻어냈습니다. 캐나다, 플로리다, 시애틀과 이곳 애리조나지요."

그는 자신의 연구를 농을 섞어서 'garbaeology'라고 했는데, 이름하여 '쓰레기고고학'이다. 하지만 그가 사용한 방법론은 오히려 원유를 채굴하는 모습을 연상시켰다. "우리는 거대한 드릴을 이용해서 겹겹이 쌓인 쓰레기를 파고 들어가는데, 지름이 2.5미터나 됩니다. 그런 다음에 쓰레기 더미에 파인 구멍을 조사하는 거죠."

이 쓰레기가 기후온난화를 촉진시킨다는 사실이 박사에게 분명해졌는데, 식품을 생산할 때 많은 에너지가 필요하기 때문만은 아니었다. "쓰레기장의 표면 밑에 있는 쓰레기는 아주 천천히 썩어요. 깊게 구멍을 팔 필요도 없이 금방 메탄가스 냄새가 나죠. 이 가스는 아네로베(anaerobe 혹은 anaerobier: 신진대사를 할 때 산소가 필요 없으며 심지어 산소 때문에 죽기도 하는 생명체이다—옮긴이) 박테리아가 만들어냅니다. 쓰레기를 분해하는 박테리아죠. 식품 쓰레기는 전 세계에서 방출되는 모든 메탄가스의 15퍼센트를 차지합니다."

"정말 끔찍한 일입니다." 그린피스에서 농업 전문가로 일하는 마틴 호프슈테터(Martin Hofstetter)도 동조했다. "메탄은 기후한테는 킬러와 다름없습니다. 대기에서 이산화탄소보다 스물다섯 배나 더 강력한 작용을 하거든요." 오늘날에는 식품 쓰레기를 더 이상 버리지 않는 독일의 쓰레기장에서도 메탄가스는 여전히 빠져나간다. "시한폭탄이나 다름없다고 말할 수 있습니다. 왜냐하면 땅 밑에서 유기체 성분의 분해는 수십 년에 걸쳐 진행되니까요."

"그런 식으로 계속되어서는 안 됩니다." 존스 박사가 계속 말했다. "하지만 이걸 기회로 볼 수도 있어요. 만일 우리가 절반만 적게 버린다면, 방출되는 메탄가스를 절반으로 줄일 수 있는 거죠. 엄청난 양입니다! 특별히 힘들여 노력하지 않아도 되고요!"

음식이라는 주제에 대한 그의 시각은 일반 미국인들의 시각과는 한참 달랐다. "그건 아마도 제가 어릴 때 작은 농장에서 자라서 그럴 것입니다. 농부는 음식을 매우 존중할 줄 알죠. 그들은 살아 있는 것으로 음식을 만든다는 점을 누구보다 잘 압니다. 그러니까 생명을 죽인다는 걸 말이죠. 송아지든 콩이든, 우리는 살아남기 위해 생명체를 죽입니다! 이런 사실을 아는 사람은 생명체를 존중하는 마음을 갖게 되고, 그래서 전에 죽였던 것을 버리는 행동을 정말 미워하죠. 그렇게 버리면 생명체를 낭비한다는 사실을 알기 때문이죠."

유럽과 미국이 다르지 않은 것도 있었다. "사람들은 세대를 이어서 더 이상 농촌에 살지 않게 되자, 음식을 존중할 줄 모르게 되었습니다. 오늘날 많은 도시인들은, 자신들이 먹는 음식의 근원은 바로 생명체라는 사실을 상상하지 못하죠." 존스는 불교신자는 아니지만, 절반은 인디언의 피를 이어받았다. 그는 '원시 미국인'의 문화와 끈끈하게 연결되어 있다고 느꼈고, 마지막으로 남아 있는 '서부 체로키 족'(북아메리카 인디언—옮긴이)의 권리를 위해 투쟁한다. 그의 양친은 그에게 '원시' 문

화의 가치를 많이 전해주었으며, 태고의 가치는 오히려 오늘날 현대적
으로 들렸다.

그래서 이 학자가 현대의 농업을 관찰하는 것도 당연해 보였다. "미
국의 농장에서는 수확물의 평균 10~15퍼센트를 즉석에서 폐기해버립
니다. 과일도 수확할 만큼 잘 익었지만 수확하지 않고 묻어버리죠. 품
질도 완벽하고 맛있어 보이고 외양도 그리 이상하지 않는데도 말입니
다. 오로지 상거래 규정에 맞지 않기 때문이라는 거죠."

들판에 얼마나 다양한 식물들이 자라는지를 보여주기 위해서 존스
는 우리를 프랭크 마틴의 농장이 있는 피닉스 외곽으로 안내했다. 토
마토는 마침 잘 익었고, 밭에는 열두 가지 다양한 토마토 종이 자라고
있었다. 멕시코 여자들이 수확한 토마토를 종이상자에 포장했는데, 동
그란 토마토 옆에 길쭉한 토마토를, 빨간 토마토 옆에 노란 토마토를
넣고 있었다. 어떤 토마토에는 꽤 큰 딱지가 생겼다.

마틴의 고객들은 슈퍼마켓이 구입하지 않는 물건들도 산다고 한다.
"규정이라는 걸 농부들이 만든 게 아니죠. 만일 농부들이 규정을 만든
다면, 오늘날 슈퍼마켓에서 훨씬 많은 종류의 식품을 볼 수 있을 겁니
다. 하지만 상거래업자들은 농업을 전혀 몰라요. 단지 농부들에게 똑
같이 생긴 것들을 재배하라고 강요하기만 하죠. 심지어 상인들은 색깔
에 관한 목록도 가지고 있어서, 토마토 색깔을 컴퓨터로 스캔합니다.
스캐너는 토마토가 제대로 된 색인지를 검사하고, 만일 빨간색이 너무
밝거나 어두우면, 이런 토마토는 버려집니다. 크기도 그래요. 규정에
서 정한 크기가 있고, 그 이상이거나 이하인 토마토는 모두 탈락하는
거죠." 존스의 설명이었다.

그의 말에 따르면, 미국에서는 모든 식품의 절반이 버려진다. "30퍼센트는 농장에서, 30퍼센트는 상거래 과정 및 레스토랑에서, 그리고 나머지 40퍼센트는 가정에서 버립니다." 여기에서 패스트푸드 산업의 역할이 과소평가되고 있었다. 도시 외곽에 한번 가보는 것으로도 충분히 알 수 있었다. 존스는 주차장과 유명한 패스트푸드 체인점 중간에 있는 쓰레기 컨테이너로 우리를 데리고 갔다. "다행이군요. 마침 컨테이너가 열려 있습니다. 여기, 여기 아직 냉동된 닭들이 있네요. 지금 바깥 기온이 45도나 되는데도 고기가 아직 딱딱해요. 방금 냉동실에서 나온 거죠."

티모시 존스는 몇몇 체인점 점장들에게 질문을 해서 그들의 문제를 잘 알고 있었다. "그들은 고객에게 불편을 주는 걸 원치 않았어요. 고객이 좋아하는 메뉴를 못 먹는 일이 없게 하겠다는 거죠. 그래서 냉장고를 가득 채워놓고는 고객에게 만족을 주려 합니다. 그런데 새로운 재료들이 배달되면, 냉장고에는 옛날 재료를 넣어둘 자리가 없어지죠."

"그러면 고기를 다른 지점에 나눠주거나 직원들에게 주려고 노력하고, 심지어 고객들에게 주기도 합니다. 뭐 나쁘지는 않아요. 하지만 그렇게 해도 엄청난 양이 남아돌아서 결국 버리는 거죠. 우리는 여기 쓰레기 컨테이너에서 25킬로그램 묶음 냉동 햄버거나 닭을 발견할 때가 자주 있답니다. 재료를 너무 많이 주문했기 때문이죠."

존스는 물론 패스트푸드 레스토랑을 막강한 적으로 만들었다. 그는 10년 이상 식품 낭비를 연구했고, 그러고 나자 대학에 있던 그의 연구소는 완전히 해체돼버렸다. 조지 W. 부시가 집권하던 시기에 연구비의 대부분이 삭감되었고, 그리하여 제3의 수단인 산업에 의지해야만

| 왜 음식물의 절반이 버려지는데 누군가는 굶어 죽는가 |

했다. 하지만 쓰레기 연구에 돈을 제공할 산업은 거의 없었다.

존스는 대학에서 쫓겨날 상황에 처했다. 연구소가 문을 닫았지만 절망에 빠지지는 않았다. 그는 시스템에 의문을 제기했다. "상거래 규정의 힘을 어떻게 하면 무너뜨릴 수 있을까?" 그런 다음에 투손에 '푸드 조합(Food Coop)'을 설립했다. 원칙은 이랬다. 소비자 그룹이 뭉쳐서 한 명 혹은 여러 명의 농부와 남아도는 물건에 대하여 거래 계약을 맺는 것이다.

"우리는 가능하면 농장과 가정 사이에 존재하는 경제구조에서 벗어나려 합니다. 소매상인들, 도매상인들, 창고, 운송업자들, 이들은 너무 많은 에너지가 필요하지요." 존스의 설명이었다. "여기서 벗어나려면, 조합원들이 직접 농부와 계약하면 됩니다. 그러면 농부는 물건을 시장으로 내보내기 위해 우회로를 거칠 필요 없이 곧장 소비자에게 보내면 되지요."

미국에서는 그런 조합을 '농업 지원 커뮤니티(CSA, Community Supported Agriculture)'라고 한다. 그사이 이 커뮤니티는 대중운동으로 발전해서 2500개 이상이 생겼으며 여기에 가입한 회원들은 미국 전역에서 수십만 명이나 된다.

이와 관련된 아주 엄격한 생태학적 조건들이 있다. "우리는 여기에서 최대 300킬로미터 떨어진 농장하고만 거래를 합니다." 존스의 말이었다. 프랭크 마틴스가 운영하는 농장도 그중 하나였다. 그의 조수인 로레나가 밭에서 다양한 농산품을 보여주었다. "우리는 흰색 당근도 심었고, 보라색, 노란색, 오렌지색, 그러니까 무지개색에 해당하는 거의 모든 색의 당근이 있어요. 우리는 이런 당근을 몇 군데 시장과 슈퍼마켓에도 공급하지만, 무엇보다 CSA 푸드 조합에 공급하고 있답니다."
이를 통해 그들은 많은 쓰레기를 막을 수 있었다. "만일 푸드 조합이
당근 600단이 필요하면, 로레나는 팀과 함께 밖으로 나가서 600단을
가져옵니다. 그 이상 가져올 필요가 없지요. 600단 모두 팔렸기 때문
에 쓰레기가 나오지 않죠."

마틴스는 수확한 당근의 외양이 다르다는 사실을 알고 있었다. "웨
스트밸리에서 당근을 재배하는 친구들이 몇몇 있습니다. 한번은 거기
를 방문했는데, 슈퍼마켓에서 구입할 수 있는 아주 작은 당근을 재배
하더라고요. 그런데 상인들은 재배한 당근 가운데 특정 크기만을 사간
답니다. 만일 수확하는 기계를 자세히 들여다보면, 몇 톤이나 되는 당
근을 그냥 밭에 내버려두는 걸 볼 수 있어요."

"처음에 나는 기계가 고장난 줄 알았어요. 많은 당근을 수확하지 않
고 밭에 그대로 내버려두니까요. 친구가 말하기를, 수확하는 기계는
수확물의 20~30퍼센트를 밭에 내버려둔다고 합니다. 그런 다음에도
계속 마당과 공장에서 분류 작업을 하고, 결국에는 슈퍼마켓에서 사람
들이 구입하려는 작은 당근만 남게 되는 거죠." 농부가 기억을 더듬으
며 말했다.

푸드 조합은 회원들에게 정해진 양을 주는 식으로 문제를 해결했다.
즉 당근 한 다발, 토마토 다섯 개, 바질 한 봉지, 멜론 하나이다. 농부가
방금 수확한 농산물인 것이다. 공급되는 물품이 약간 변하더라도 회원
들은 쉽게 받아들였다. 하지만 많은 신규 회원들이 안고 있는 문제는
다른 데 있었다. 그들은 신선한 채소를 어떻게 해야 할지 몰랐다. 그들
의 부모님들도 더 이상 직접 요리를 할 수 없기 때문이었다.

나는 더 정확하게 알고 싶어서 푸드 조합이 채소를 나눠주는 이틀 동안 그곳을 방문했다(주문이 있으면 유제품과 고기도 공급했다). 조합은 음악가 한 사람도 채용해두었고, 각자 직접 만든 포도 아이스를 맛볼 수 있었다.

젊은 어머니가 생후 몇 주밖에 안 된 갓난아이를 안고 있었다. 첫눈에 히피족처럼 보였다. 하지만 그녀는 이렇게 얘기해주었다. "우리가 처음으로 여기 회원이 되었을 때 정말 힘들었어요. 왜냐하면 녹색 채소가 진짜 많았거든요. 예전에는 한 번도 그런 채소를 먹어보지 못했어요. 하지만 옛날, 그러니까 항상 채소를 먹었던 시대에 나온 요리책을 보게 되었거든요. 그 안에 정말 많은 요리법이 있더라고요. 1960년대에 나온《요리의 기쁨(Joy of Cooking)》이라는 책이 저한테 많은 도움이 되었답니다."

그녀의 딸이 이곳으로 오게 했다고 한다. "제 딸은 심각한 알레르기가 있어요. 하지만 유기농 채소가 많은 도움이 되었어요." 무엇보다 그녀는 가격을 보고 깜짝 놀랐다. "나는 유기농이 훨씬 비싸다고 항상 생각했거든요." 그러자 존스가 미소 지었다. "우리 회원들은 매일 50센트 정도를 내면 유기농 과일과 채소를 마음껏 가져갈 수 있어요. 물론 먹을 수 있을 만큼이죠."

식용유나 쌀 등은 따로 사야 한다. 하지만 그런 것들도 싸다고 존스는 말해주었다. "만일 당신이 패스트푸드나 인스턴트 식품 같은 정크 푸드를 먹으면, 하루에 3~4달러가 들어요. 그런데 우리 유기농 채소를 먹으면 돈이 절반밖에 안 들어요. 그러니까 확실히 싼 거죠."

심지어 영부인 미셸 오바마도 백악관에 채소밭을 가꿈으로써 이 운동을 지원한다. 그녀의 목표는 인구의 25퍼센트가 과체중으로 전 세계에서 가장 뚱뚱한 국민들의 나라인 미국의 식단을 바꾸는 것이다.

도시 정원을 만들자는 운동은 뉴욕 시에서 일어났다. 선구자들 가운데 한 사람은 바로 애니 노박(Annie Novak)이다. 브루클린에 있는 공장 지붕에 그녀는 팀과 함께 옥상 정원을 가꾸고 있다. 건물 옥상에서 내려다보면 현기증이 날 정도로 맨해튼의 스카이라인이 보였다. 이곳에는 닭들이 꼬꼬댁거리는 소리와 근처 컨테이너 항구에서 나는 기계 소음이 함께 들려왔다.

"미국에는 식품 쓰레기가 끔찍할 정도로 많아요. 뉴욕에서 나는 거대한 쓰레기 산을 자주 본답니다." 노박이 불평을 터뜨렸다. "우리는 원하는 식품은 즉각 가질 수 있는 데 익숙해져 있어요. 그렇게 선택할 물건이 많다는 것은, 많은 양이 과도하게 공급된다는 뜻이겠지요. 예를 들어 오렌지가 있어요. 내가 먹고 싶지 않더라도 플로리다에서 공급됩니다. 우리는 이 옥상 정원에서 쓰레기를 비료로 사용하든가 닭의 사료로 줌으로써 과잉공급되어 결국 버려지는 과정을 차단해버리죠. 식품 찌꺼기는 그런 식으로 의미 있게 사용되는 것입니다."

그녀의 가냘픈 손은 농사 짓는 아낙네의 손으로 보이지 않았다. 곡괭이로 화단을 가꾸고 닭장도 잘 관리할 줄 알았지만 말이다. 그녀는 통에 물을 가득 채워두고 닭장에서 신선한 달걀을 하나 가져왔다.

"도시의 정원은 사람들에게 자신들이 먹는 음식이 어디에서 왔는지를 보여주는 데 존재 의미가 있답니다. 물론 달걀 여섯 개로 브루클린 전체를 먹여 살릴 수는 없죠. 하지만 닭이 달걀을 하나 낳을 때마다, 뉴욕 사람들에게 달걀이 어디에서 왔는지를 보여주는 기회가 되죠. 여기서는 닭이 닭장으로 사라져서 달걀을 놓아두는 모습을 관찰할 수 있답니다."

노박은 매일 그룹을 지어 방문하는 학생들에게 옥상 정원을 안내해주었다. "나는 여기에서 토마토를 보고 이렇게 묻는 사람들을 많이 봤어요. 저거 사과예요? 아니, 토마토야. 시간이 좀 필요하겠죠. 그러면 사람들도 배울 거라고 봐요." 그녀는 웃으면서 설명했다. "아이들은 여기 와서 음식이 어디서 나오는지를 배워요. 많은 미국인들은 그걸 망각해버렸어요. 우리는 그들에게 건강하게 영양을 섭취할 수 있는 방법을 보여준답니다."

정원 한쪽에서 노박은 아시아 산 무를 실험하고 있었다. 그녀는 정원 일을 담당하는 팀에게 어떻게 하면 씨를 땅에 제대로 심을 수 있는지를 보여주었다. "옥상을 정원으로 사용하는 게 가장 좋은 이용 방법인지 스스로 묻고는 해요. 우리는 여기에 물을 아주 많이 줘야 하는데, 여기 옥상은 정말 덥거든요. 하지만 나는 이런 프로젝트를 통해서 사람들이 영양을 섭취하는 법을 조금 바꾸고 싶어요. 만일 성공한다면, 이런 정원 수천 개가 새로 생기는 모습을 보는 것처럼 기쁠 거예요."

실습생 몇 명이 기다리고 있었다. 세 명의 젊은 봉사자들은 양봉가를 도와서 이웃집 지붕에 벌통을 가져다주는 일을 하려 했다. 그들은 안전복과 마스크를 착용하고 있었다. 그런데 정작 양봉가는 그렇게 하지 않았다. "나는 필요 없어요." 앤드루 코테가 미소 지으면서 얘기했다. "이 송풍기가 나를 잘 지켜주거든요." 그가 잠시 송풍기를 누르자 쉭쉭 소리가 나면서 연기가 밖으로 나왔다. "이 연기가 더운 날에 꿀벌들을 진정시켜주죠."

코테는 코네티컷 주 출신이었지만 항상 벌을 키웠다고 한다. "뉴욕에 이사를 왔을 때, 나는 양봉을 그만두고 싶지 않았습니다. 대도시는 사용하지 않는 자원으로 가득합니다. 공원에는 수백만 그루의 나무들이 있어요. 어디를 가도 꽃과 화밀이 있죠. 벌에 의한 수분은 이웃 정원이나 창틀에 토마토를 키우는 사람들에게 유용합니다. 여기에 꿀벌을 키우면 자연스럽게 보완해주는 거죠."

코테는 우리를 안내했는데, 벌통 몇 개는 맨해튼의 고층빌딩에 있었다. 매우 비싼 펜트하우스의 주인은 양봉가에게 옥상 테라스 일부에 벌통을 놓도록 허락해주었다. 우리는 교통이 혼잡한 5번가를 내려다보았고, 눈앞에는 엠파이어 스테이트 빌딩으로 장식된, 숨이 턱턱 막힐 정도의 파노라마가 펼쳐졌다. "여기에서 나오는 꿀은 정말 환상입니다. 감귤맛과 박하맛이 어울려 있어요." 그는 유해물질 걱정은 하지 않았다. "시골이 훨씬 위험합니다. 그곳 농부들은 온갖 살충제를 다 뿌리거든요. 하지만 도시에서는 하나도 뿌리지 않아요!"

유니온 스퀘어(뉴욕 시 맨해튼에 있는 도시 공원—옮긴이)에 있는 그의 꿀 코너는 항상 사람들로 북적였는데, 특히 여자 손님들은 그렇게 매력적이고 건장하게 생긴 남자가 맛있는 꿀을 파는 것에 매료되고는 했다. "뉴욕에는, 특히 브루클린과 이스트 뉴욕에는, 찢어지게 가난한 지역이 있습니다. 그곳에는 신선한 식품과 채소를 파는 슈퍼마켓이 하나도 없어요. 하지만 우리가 여기에 벌통을 세워놓은 것처럼 공동 정원으로 사용할 만한 버려진 땅은 아주 많아요. 벌들은 정원에 있는 식물들에게 수분을 시켜주죠. 작년에 우리는 20톤이나 되는 채소를 수확했답니다. 그것은 여기 뉴욕에서 도움이 필요한 사람들에게 좋은 식품이 되었죠."

무엇보다 양봉가에게는 중요한 목표가 있었다. "이 도시에는 과체중인 아이들이 많습니다. 많은 아이들은 음식이 어디서 어떻게 나오는지를 전혀 몰라요. 고기는 플라스틱 호일에서 자라지 않아요. 아이들은 말이죠, 꿀이 귀여운 곰 인형에게서 나온다고 생각한답니다. 꿀이 정말 어디에서 나오는지 모르는 거죠." 코테는 확신이 있었다. "우리는 아이들에게 식량 순환을 다시 가르쳐줄 수 있답니다. 꿀벌에 관해서도요. 왜냐하면 우리가 먹는 음식의 3분의 1은 벌들이 수분을 해준 덕분에 수확할 수 있기 때문입니다."

시티 가드닝(City Gardening)은 그사이 전 세계에서 유행했다. 하지만 대도시에 사는 대부분의 시민들은 정원도 없고 발코니도 없다. 이들을 위해서 브리타 라일리(Britta Riley)는 '창문 정원(Window Gardening)'이라는 발상을 냈다. 이 여자 디자이너의 아틀리에는 브루클린의 오래된 공장 건물에 있는데, 여기에는 발코니가 없고 높은 창문이 있었다. 그래서 그녀는 수직으로 된 정원을 만들기 시작했다. "식물은 땅이 없어도 재배할 수 있어요. 수경법(水耕法)이라는 시스템이 있는데, 뿌리는 점토로 만든 작고 동그란 통 안에서 성장하죠. 이 작은 통은 독일에서 생산되고요."

"땅에서 자라는 뿌리는 물과 영양분을 토양에서 찾기 위해 넓게 뻗어나가야 하는 반면에, 수경법의 경우 모든 영양분이 물에 녹아 있거든요. 그래서 뿌리는 아주 작음에도 불구하고 식물은 그야말로 예쁘게 잘 자라요." 창문 정원사는 열정적으로 설명했다.

그녀의 발명품은 누구든 적은 돈으로 구입해서 쉽게 만들 수 있다고 했다. 우선 물병 윗부분을 자르고 긴 플라스틱 관 위에 가지런히 꽂아둔다. 라일리는 미소 지으며 원칙을 설명해주었다. "제일 밑에 있는 병은 영양분을 넣은 물로 가득 채워요. 이것은 일종의 공기펌프로, 수족관에서 얻을 수 있는 거죠. 기포가 영양분을 약간 가지고 관을 타고 위로 올라갑니다." 그녀는 관의 끝부분을 가리켰다. "여기 제일 위에서 물이 밑으로 떨어져요. 첫 번째 플라스틱 병에 떨어지고, 점토로 만든 동그란 통과 그 위에 있는 식물 뿌리에 떨어진 다음 물통으로 계속 이어져서 다시 처음부터 돌기 시작해요."

이런 방식으로 라일리는 서른 가지 이상의 다양한 식물을 기르고 있었는데, 가장 좋아하는 것은 요리에 사용하는 약초와 샐러드였다. "나는 여러 가지 박하종도 실험하고 있어요. 향이 아주 좋아서 말이죠. 이것은 체리토마토이고 이건 미니 가지인데 맛이 정말 부드럽죠. 저기 위에는 딸기가 있는데 우리가 거의 다 먹어버렸어요. 그리고 더 위에 있는 커다란 잎사귀는 미니 호박인데, 그것도 정말 부드러워요."

그녀는 샐러드잎을 따기 시작했다. "조화가 잘 이루어져 있어요. 이건 겨자처럼 맵고 저건 정말 부드러워서 같이 먹으면 좋아요."

그녀의 발명품은 폭발적인 반응을 얻었다. 1년 만에 전 세계에서 1만 3000명이 넘는 사람들이 그녀의 웹사이트에서 재배 방식을 배웠다. 겨울이 길고 어두운 핀란드에서 결성된 그룹은 그녀의 발명품에서 힌트를 얻어 조명 시스템을 개발했다.

물론 그녀를 비판하는 목소리도 있다고 했다. "슈퍼마켓에서 그냥 상추를 하나 구입하는 게 당연히 싸게 먹혀요. 많은 사람들이 나한테 그런 말을 합니다. 집에서 상추를 키우면 전기료가 많이 나온다고요. 하지만 그들은 상추가 우리 손에 들어올 때까지 에너지가 얼마나 들어가는지 생각을 못하는 것이지요. 포장에 쓰이는 플라스틱, 트랙터와 저온 냉장이 가능한 트럭에 들어가는 기름 등등." 하지만 라일리에게 가장 중요한 것은 정신적인 변화였다. "자신이 직접 먹는 음식을 재배하는 사람은 그 음식을 존중할 줄 알게 된답니다. 우리는 도시에 살면서 농촌과는 완전히 떨어져 있어 생각 없이 낭비하는 것이지요."

디자이너인 라일리는 규칙적으로 학생들의 방문을 받았다. 뉴욕에서 그녀의 정원을 구경하는 것은 흔히 기본적인 무언가를 경험한다는 뜻이었다. "도시에 사는 많은 아이들은 상추가 어디에서 나는지도 몰라요. 대부분의 아이들은 창문 정원에 열광하지만, 여기서 나는 채소를 먹으려고는 하지 않죠. 그들은 이렇게 말하고는 합니다. 포장되지 않은 것은 절대 먹어서는 안 된다고 엄마가 말했어요."

라일리는 진지해졌다. "이런 아이들은, 항상 누군가 그들의 음식을 준비해주는 세계에서 성장하고 있답니다. 스스로 뭔가를 재배한다는 것은 너무나 비정상적인 발상인 거예요. 이건 정말 수치라고 생각해요. 농업은 인간 진화에서 기본 요소였는데 말입니다. 이제 그런 생각은 말끔히 사라져버렸어요."

그 사이 라일리는 상추를 모두 딴 다음 씻어서 말리고 식초와 식용유를 넣었다. "이런 푸른색 채소는 아무리 빨라도 수확한 지 사흘이나 나흘 뒤에 구입할 수 있답니다. 트럭으로 운송하는데 그만큼 시간이 걸리죠. 이 시기가 되면 잎사귀들이 서서히 말라죽어가요. 그래서 우리가 보통 구입하는 상추들은 이미 대부분의 영양소와 비타민을 잃어버린 상태랍니다." 그녀는 미소 지었다. "예를 들어 내가 여기 이 오그라기양배추에서 잎을 한 장 뜯어요. 이 안에 모든 영양소가 들어 있어요. 그야말로 살아 있는 잎이죠." 그녀는 잎사귀를 입안에 넣고 아삭아삭 씹었다. "맛있어요, 신선하고요."

참으로 공감할 수밖에 없는 발명품이었다. 대중적으로 쓸모가 있지는 않겠지만, 뭔가 길을 제시해줄 수는 있다. 미국에서는 지난 몇 년 동안 기존의 산업 시스템을 겨냥하여 하나의 해결책을 발견해냈다. 바로 'Value Waste'인데, 이는 식품 쓰레기를 원천에서부터 파악하려는 시스템이다.

제일 먼저 이 시스템을 실험해본 곳은 캠던에 있는 루르드 병원이었다. 캠던은 필라델피아에서 문제가 많은 외곽 지역이다. 공공 분야에서 흔히 볼 수 있듯이 이 병원도 보조금이 많이 깎였다. 그래서 병원 관리자들은 비용을 절감할 수 있는 가능성을 모색하게 되었고, 이로 인해 'Value Waste'를 도입한 것이다.

주방에는 아침식사로 제공한 음식의 찌꺼기들이 운반되었다. 바퀴 달린 접수대 위에 접시들이 차곡차곡 쌓여 있었다. "예전에 우리는 음식 찌꺼기를 곧장 쓰레기통에 비워버렸습니다. 그런데 요즘은 우선 저울에 달아요." 주방을 관리하는 주방장 앤드루 스컬런이 설명했다. 이런 식으로 과잉 식품은 컴퓨터로 순식간에 파악해서 곧장 주방 팀으로 전달하고, 그러면 주방에서는 필요한 음식량에 맞춰 요리한다는 얘기다.

"만일 아침을 담당하는 요리사가 되돌아오는 음식 찌꺼기를 매일 아침 재어보면, 스크램블 에그 두 판이 남아돈다는 사실을 재빨리 알아차릴 수 있고, 그러면 다음 날에는 양을 줄일 수가 있는 거죠." 스컬런은 스스로도 의심했으나 성공을 목격하자 비로소 확신했다고 한다. "모든 직원들의 태도가 달라졌는데, 자신들이 무엇을 하는지 그제야

| 왜 음식물의 절반이 버려지는데 누군가는 굶어 죽는가 |

의식하게 되었기 때문입니다. 무엇보다 우리는 작년에 식품 구입비를 거의 4만 달러 절약할 수 있었어요. 쓰레기를 저울에 다는 방법을 통해서 말입니다."

루르드 병원은 이 일로 매우 구체적인 결과를 얻게 되었다. 즉 1년 만에 쓰레기가 3분의 1 줄어든 것이다. 미국에 있는 다른 구내식당과 카페도 이 발상을 받아들였고, 사기업은 음식물 낭비를 추적하는 시스템을 개발해서 린패스(Leanpath)라는 상표를 붙여 시장에 내놓았다.

물론 이로써 미국 사람들이 모범적인 환경주의자가 된 것은 아니다. 큰 주방은 지금도 예전처럼 쓰레기를 처리한다. 즉 보조원 한 명은 접시에 든 내용물을 커다란 통에 번개처럼 쏟아 붓고, 끊임없이 흘러내리는 수돗물로 모든 것을 씻어냈는데, 음식물 찌꺼기, 종이, 플라스틱 포장도 마찬가지였다. 나이프와 포크만은 자석으로 끌어올렸다.

스컬런은 우리를 쓰레기통으로 안내했다. 관에서 작고 알록달록한 플라스틱 조각이 졸졸 소리를 내며 흘러갔다. 그는 이것을 콘페티(색종이)라고 일컬었다. 바로 병원 주방에서 나온 찌꺼기였다. "예전에 우리는 이런 콘페티가 정말 많았습니다. 그런데 이제는 모두가 이득을 보고 있어요. 나는 행복하고, 지배인도 행복하죠. 왜냐하면 재료 구입 비용이 적게 들어가고 환경보호에도 도움이 되니까요. 주방에서 일하는 직원들도 불필요한 일을 덜 하니까 좋아합니다." 그의 말투에서는 자부심이 묻어났다.

계획적으로 물건을 구입하고 책임감 있게 영양을 섭취하기

우리 모두에게는 매일 식품이 필요하다. 그리고 식품 낭비를 절반으로 줄이는 대대적인 프로젝트에 매일 적극적으로 참여할 수 있다. 만일 우리가 모든 생명체들이 따르는 기본 원칙을 명심한다면, 참여하는 방법은 매우 간단하다. 즉 식량을 먹고 낭비하지 않으면 된다. 결국 식품을 버리기 위해서 공급하고 생산하는 비용이 너무 많이 들기 때문이다.

참여하기 위한 게임 규칙은 누구나 알고 있다. 그런 규칙은 단순하며 그리 힘들지도 않다. 즉 일주일 간의 식단을 짜고, 생선, 스파게티 혹은 고기를 먹는 날을 정해둔다. 슈퍼마켓에 가기 전에 냉장고와 찬장에 무엇이 있는지 살펴보고 구매해야 할 물품을 적고, 정말 당신이 필요한 물품만 구입한다. 너무 많이 구입하지도 말고 달콤한 덫(원 플러스 원)에 걸려들지 말아야 한다. 대신에 할인 상품의 유통기한을 주의해서 살펴야 한다. 채소와 과일은 신선한 주말시장 같은 데서 구입한다. 요리하기 전에 몇 인분을 할지 잘 정할 필요가 있다. 식사 때 남은 음식은 다음 날 출근할 때 챙겨 가서 먹도록 한다. 요리한 음식은 다시 데우고 남은 빵은 냉동한다. 남은 재료와 음식 찌꺼기로부터 새로운 요리를 만들어낸다. 이를테면 수프나 국을 만들고 얼려두어라.

| 왜 음식물의 절반이 버려지는데 누군가는 굶어 죽는가 |

한 달에 걸쳐서, 당신과 가족이 실제로 버린 양이 어느 정도인지 기록해보라. 그리고 다음 달에 누가 더 잘하는지 시합을 해보라. 이 시합에서 지는 사람은 남은 재료로 코스요리를 만드는 벌칙을 주도록. 당신이 모범을 보임으로써 음식을 남기지 않고 다 먹을 수 있게 아이들을 독려하는 것도 좋은 방법이다. 주말에 아이들과 함께 유기농 주말농장을 방문하여, 손으로 흙도 만져보고 당근이나 감자를 직접 수확해보도록 하라.

만일 당신이 이런 아이디어 가운데 몇 개를 규칙적으로 실행에 옮긴다면, 손쉽게 식품 쓰레기를 짧은 시간 안에 10퍼센트 이하까지 줄일 수 있다. 이로써 당신은 당신의 건강을 챙기고 돈을 아끼며 환경에도 좋은 일을 하는 것이다. 나아가 기후변화라는 문제를 어느 정도 제어할 수 있게 된다. 매일 유기농 시장에서 구매하거나 채식주의자 혹은 완전채식주의자(Vegan)가 되지 않고도, 친환경적으로 소비할 수 있다. 공식은 이렇다. 고기는 적게 먹고, 자연적으로 재배한 제품을 선호하고, 지역 상품을 구입하고 계절 과일과 채소를 이용한다. 하이델베르크 에너지 및 환경 연구소(ifeu) 연구원들은 이산화탄소 배출을 줄일 수 있는 식습관에 관해 충고한다.

1. 간접적인 에너지 소비를 줄인다
- 비행기로 바다를 건너오거나 외국에서 수입한 신선한 식품은 사지 않는다. 대신에 지역 산물을 더 소중히 여겨야 하는데, 이렇게 함으로써 농산품 운반으로 인한 이산화탄소 배출을 줄일 수 있고 지역의 가치창출사슬을 지원할 수 있다.

- 온실에서 에너지를 많이 투입하여 생산되는 채소보다 계절 채소를 구입한다.
- 냉동식품보다 신선한 제품을 선호한다.
2. 생태학적으로 견딜 수 있는 소비 패턴은 다음과 같은 행동을 장려한다
    - 양은 적지만 품질은 더 좋은 고기를 소비한다. 고기와 다른 동물성 제품을 곡물, 과일과 채소로 대체함으로써 이산화탄소 배출량을 줄일 수 있다.
    - 물건을 구입하러 갈 때 친환경적인 교통수단을 이용한다(대중교통 및 자전거 이용, 자동차 함께 타기).
    - 가능하면 레스토랑에서 먹는 횟수를 줄여야 하는데, 소량을 특별히 만들어야 하는 음식은 특히 많은 에너지가 필요하다.
3. 생태학적으로 견딜 수 있는 제품의 패턴은 다음 행동을 장려한다
    - 생태학적으로 생산할 수 있는 방법에 주의를 기울여야 한다. 무엇보다 인공비료의 투입을 줄일 수 있기 때문이다. 이는 이산화탄소 배출에는 별 효과가 없지만, 전반적인 생태환경을 고려하면 큰 역할을 한다.
4. 가계에서 직접 사용하는 에너지 소비를 줄인다/적절하게 한다
    - 효율적인 가정용품을 사용한다(에너지등급에 유의한다).
    - 에너지를 의식하고 요리하기. 즉 빨리 요리되는 냄비를 사용하고, 냄비 두껑은 닫고 요리하며, 예열을 피하고, 불필요한 여분의 손실을 피한다.
    - 친환경 전기를 사용한다.[39]

지역적으로 접근하기

이미 몇 년 전부터 지역의 경기순환은 구조가 약한 지방의 발전에 중요한 도구로 논의되어왔다. 이는 굳이 개발도상국이나 지중해 지역에만 한정되지 않는다. 독일도 마찬가지이다. 좋은 예가 유기농 전문 재배 지역 뢴이다. 과거에 헤센 주, 바이에른 주와 튀링겐 주 사이에 있

| 왜 음식물의 절반이 버려지는데 누군가는 굶어 죽는가 |

었던 이 지역은 독일이 재통합된 이후에 경제적으로 완전히 고갈된 상태였다. 관광, 요식업, 축산업과 생태학적 농업을 집요하게 촉진함으로써 이 지역은 놀랍게 발전했다. 이 지역의 오스트하임에서 만드는 비오나데(Bionade: 무알콜 음료)는 독일 전역에서 잘 팔리고 있다.

또 다른 지역과 도시에서는 해당 지역에서만 사용할 수 있는 돈과 교환 집단을 통해 성공적인 프로젝트가 생겨났다. 그사이 독일에서는 스물일곱 가지 상품권통화가 생겨났는데, 이름을 들으면 옛 시절이 떠오르는 통화도 있다. 이를테면 키엠가우어, 도나우탈러, 아이펠마르크와 탈렌트 등이다.[40]

지방과 지역을 다시 생각한다는 발상은 결코 보수적인 애국주의로부터 나오지 않았다. 이는 세계화된 시장에서 나오는 산업 제품과는 반대될 뿐 아니라 자원을 절약하는 아이디어로 이해할 수 있다. 지역성이란 지속가능한 경제를 뒷받침하는 본질적인 원칙이다.[41] 이를 통해 지역에서 식품을 생산하고 가공하는 사람들이 일자리를 얻고 지역 농부는 농업을 일구고 지역적인 문화경관을 유지한다. 생산자, 판매자, 소비자 사이의 거리가 짧고 이로 인해 재료와 에너지 소비가 줄어듦으로써 지역의 경기순환은 환경에 부담을 덜 주고 식품 쓰레기를 줄이는 데 이바지한다.

지역에서 생산되고 가공되어 시장에 나오는 제품을 선호하는 사람은 품질 좋고 신선한 제품을 사게 되며, 사회적 대화를 촉진하고, 식량과 소비와 새로운 관계를 맺을 수 있는 기초를 닦는 셈이다. "식량의 지역성과 관련해서 결정적으로 중요한 것은 정확히 어디서 생산되었는가가 아니라 생산자와 소비자의 신뢰이며, 제품의 투명성과 추적 가능성도 중요하다." 라이프치히에 있는 라이프니츠 지리연구소[42]의 울리히 에어만 박사는 이렇게 적는다. 소비자는 생산자와 직접 접촉함으로써 생산과정을 더 잘 이해할 수 있고 여기에 기울인 노동을 소중하게 여길 줄도 안다. 들판에서 수확하는 일이 얼마나 힘이 드는지 그리고 어린 싹을 자라게 하는 일이 얼마나 많은 애정을 기울여야 하는지를 알거나 적어도 예감하는 사람은, 구운 감자와 양고기 스테이크 그리고 채소를 쓰레기통에 버리기 전에 두 번은 더 고민할 것이다. 결국에는 가치의 존중, 경제, 생태학과 사회적인 책임감의 공평한 상호작용이 중요하다.[43]

전국을 무대로 하는 행동연합이 주최한 '지역의 날'은 추수감사절에 지방에서 치르는 행사로, 이날을 통해 지역의 경제 순환을 의식할 수 있어야 한다. "더 멀리 생각하는 사람은 가까운 곳에서 구입한다" 혹은 "세계화된 세계에 뿌리를 내리고"라는 슬로건을 내걸고 이 행사는 지역의 경제적 활기와 진취적 정신을 소개하며 이들의 연계와 협력을 촉진한다. 주최자들은 자신들의 행동을 비판적인 사회운동으로 이해한다. "다양한 구조와 생태학적으로 움직이는 소규모 영업자 및 중간 규모 영업자의 중요한 장점은, 그들의 행동은 다국적기업 연합과는 반대로 무엇보다 생태학적, 사회적, 윤리적인 기준을 통해 결정된다는 것이다. 이런 기준은 사회가 작동하는 데 결정적으로 중요하다. 환경이 견딜 수 있는 순환경제가 새롭게 평가되고 의미를 회복할 수 있도록, 우리는 아무런 방해를 받지 않는 세계화라는 프로세스를 바꾸거나 방향을 전환해야 한다."[44]

지역성은 중요한 소비자 트렌드이다. 이는 그사이 소매상들의 관심

| 왜 음식물의 절반이 버려지는데 누군가는 굶어 죽는가 |

을 끄는 데 성공했다. 몇몇 거대 슈퍼마켓 체인은—레베도 포함해서—지점에 지역의 계산대를 마련해두고 근처에 있는 농부와 도축업자, 낙농장, 맥주 공장, 빵집을 모집하고 운송거리를 짧게 해 온실가스 배출을 줄인다.[45] 지역에서 생산되는 제품들은 새로운 상표도 얻었는데, '바이에른에서 테스트한 품질' 혹은 '우리 지방 산물'이라는 뜻이다. 이런 상표는 물론 자발적인 것이며 단일한 표준을 따르지 않는데 소비자들로서는 무슨 의미인지 알 수 없다. 그래서 식량 및 농업 소비자보호부에서는 식품의 원산지와 가공지를 분명히 표시하라고 요구한다.[46]

뉘른베르크에서 나오는 '오리지널 지방 산(産)' 같은 진취적인 상표는 지역 상인과 제품에 대한 품질표시를 통해 가능하면 많은 상거래 체인, 중소 영업점을 강화하려 한다. 이런 발의는 소비자들에게 지역 상품을 구입함으로써 지역 농부들의 삶을 안정시킬 뿐 아니라, 지역의 다양한 종과 문화경관을 유지하고 환경보호에도 기여할 수 있다는 사실을 분명하게 해주려 한다.[47]

회원제로 구입하는 채소 상자와 채소 봉지

도시에서도 의식 있는 구매와 소비를 할 수 있는 가능성을 제공하는 것이 바로 채소 정기회원제이다. 즉 많은 유기농 가게, 건강식품점 혹은 직접 농부에게 물건을 받아 배달하는 서비스를 가리킨다. 유기농 농사를 짓는 농부들은 매주 채소 상자 혹은 봉지에 자연적으로 재배한 여러 가지 지역 제품을 담아두는데, 이들 제품 대부분은 인근에서 재배하고 수확한 것들이다. 상자와 봉지에 넣어둔 다양하고 신선한 채소와 과일은 미리 주문을 받고 돈도 받아 농부는 정확하게 계획하고 수

우리가 다음과 같은 일을 막기 위해서 할 수 있는 일

곡물 부족

 적당하게 구입하기

 육류는 적게 먹기

 적게 버리기

대량 사육

 의식 있는 소비

 양 대신 품질

 원산지 정보

 패스트푸드 멀리하기

식품 낭비

 자주 조금씩 구입하기

 지역 제품 및 계절 제품 구입하기

 유통기한=대체로 이 기간보다
더 오래 간다는 기준

| 왜 음식물의 절반이 버려지는데 누군가는 굶어 죽는가 |

확해서 판매하면 된다. 나머지는 신선하게 보관해둘 수 있는데, 수확하지 않고 땅 속에 그대로 두면 되는 것이다.

농부는 진열장에 남아 있거나 상인들이 반품하는 제품을 더 이상 고려할 필요가 없다. 따라서 채소 봉지는 슈퍼마켓이나 유기농 가게에서 파는 유기농 제품을 살 때에 비해 저렴하다. 제품은 매우 신선하다. 왜냐하면 과일과 채소는 막 수확한 것이기 때문이다. 주문을 규칙적으로 하기 때문에 지역의 생태학적 재배가 활성화된다. 대략 채소 100상자를 가져갈 고객이 있으면 1헥타르 땅을 생태학적으로 재배할 수 있다.[48] 이 밖에도 포장 쓰레기를 막을 수 있는데, 채소와 과일은 포장하지 않고 커다란 종이봉지에 싸서 두거나 재활용이 가능한 상자로 배달되기 때문이다.

소비자는 규칙적인 배달에 익숙해져야 한다. 사람들은 계절 채소 종류를 알게 되고 요리를 할 때도 융통성을 발휘해야 할 것이다. 이 말은, 겨울에 망각하고 있었던 아메리카방풍(미나리과), 근대, 클레이토니아(생으로 먹으면 상추 같고, 삶아 먹으면 시금치와 비슷하다—옮긴이) 혹은 사탕무를 잘 만들어 먹어봐야 하기 때문이다. 다른 한편으로 채소 정기회원제는 새로운 요리에 관한 레시피를 풍부하게 제공한다. 채소를 어떻게 만들어 먹어야 할지 모르는 사람은 매주 제공되는 레시피에서 좋은 힌트를 얻을 수 있다.

적은 게 많은 것

슈퍼마켓 찌꺼기는 돼지 사료로 주고, 빵은 태우고, 식품은 바이오가스로 발효시키고, 음식은 비료로 만든다. 이 모든 조치는 두 번째 혹은 세 번째로 좋은 해결책에 불과하다. 가장 좋은 해결책이란 우리가 실제로 필요한 만큼 식량을 생산하는 것이다. 오늘날 시장을 지배하고 있는 산업 기준에서 과연 그렇게 할 수 있을까?

내가 전 세계를 두루 돌아다니면서 가장 인상적이었던 사실은, 산업화된 농업으로 인해 생기는 불편함을 전 세계에서 볼 수 있었다는 점이다. 독일과 프랑스는 물론 미국, 일본과 카메룬에서도 마찬가지였다. 사람들로 하여금 대안을 찾게 만드는 불편함이었다.

쾰른에 있는 우리 집 앞에서도 그런 일을 볼 수 있다. 도시 외곽에 있는 땅에서 '정원의 행복'이라는 단체가 주도하여 농산물을 재배한다. 이런 아이디어를 낸 사람들은 에브게니 이바노프와 그의 아내 카트린이었다. 원칙은 단순하다. 그들은 땅을 빌려서 다양한 채소를 기른다. 콩, 브로콜리, 근대 등등. 인터넷을 통해 이런 목적으로 땅을 임차한 사람이 한 필지씩 분할하여 다시 빌려줄 사람을 찾는 경우를 볼 수 있다.

참으로 기발한 아이디어다. 그렇게 하면 나처럼 경험이 없는 도시인들도 4월부터 11월까지 채소를 수확할 수 있다. 유기농 종자를 어디에서 얻는지 그리고 파종은 언제 해야 제일 좋은지를 몰라서 쩔쩔 맬 필요가 없는 것이다. 또한 나는 언제든 제초할 수 있다! 적게 제초하면 적게 수확하면 된다.

어느 6월의 토요일 오후, 밭을 가로질러 가는 길 위에 자전거가 여러 대 서 있었다. 각 필지에는 울타리가 아닌 철사가 둘려 있었다. 그 안에 물뿌리개와 함께 급수소가 있었고, 모두가 사용할 수 있는 정원용 도구들이 들어 있는 상자가 있었다. 나는 밭에서 어머니 두 사람을 만났는데, 우리는 유치원 때부터 아는 사이였다. 안야 비어비트와 슈테피 틸레였다.

"다다기 양배추가 자라는 모습을 보기 위해 나는 어른이 되어야 했나봐." 안야가 웃으면서 말했다. "아이였을 때는 알지 못했거든. 그런데 이제야 알게 되었어. 그러니까 버터를 넣어서 먹으면 진짜 맛이 끝내줘." 그사이 슈테피는 토마토를 작은 나무판에 묶고 있었는데, 실이 없어서 토마토 줄기로 나무판에 고정하고 있었다. 매우 독특한 방법이기는 했으나 결국 성공했다.

그들은 각기 딸 안네와 파울라를 데리고 왔다. 아이들은 벌써 빨갛게 잘 익은 작은 토마토를 먹고 있었다. 나는 물었다. 너희들은 왜 여기에 오니? 파울라가 대답했다. "모든 걸 살 필요가 없잖아요. 또 채소에 농약을 뿌리지 않거든요." 그러자 아이들의 어머니들도 덧붙였다. "친구를 규칙적으로 보는 것도 좋기 때문이지. 많은 사람들은 토요일이면 대형 슈퍼마켓 같은 데 가서 엄청난 진열장 속을 헤매고 다니지만, 우리는 토요일이면 밭에 나와서 필요한 것을 가져갈 수 있거든. 시간도 얼마 안 걸리고 말이야."

"나는 이 반 필지에 1년에 115유로 지불하고 있어." 슈테피가 끼어들었다. "그 대신에 약 9개월 동안 채소를 충분히 먹을 수 있지. 게다가 직접 수확을 하면 맛도 더 좋다니까." 어머니로서 그녀는 다른 장점도 누릴 수 있었다. "아이들이 여기에서 장난감 없이 잘 놀아서 보기 좋아. 여기 오면 처음에는 잠시 불평하지만, 조금만 지나면 뭔가를 하면서 잘 놀고, 집에 돌아갈 때쯤에는 항상 행복한 얼굴을 하고 있거든." 실제로 우리가 이야기를 나누는 동안, 얀네와 파울라는 꽃다발 두 개를 만들었다.

안야는 기뻐했다. "그사이 아이들이 얼마나 많은 채소를 알게 된 줄 알아? 콩은 나무에서 자라는 게 아니며, 또 익혀야 먹을 수 있다는 것도 알게 되었어. 아이들이 새로 알게 된 사실이 한둘이 아니지 뭐." 헤어질 때 그녀는 나에게 근대 한 묶음을 선물했는데, 내가 제일 좋아하는 채소였다. 오후의 햇살을 받아서 빨간 엽맥이 녹색 잎 안에서 밝게 빛났다.

'여자 농부'인 카트린 이바노프-빌로우는 원래 같으면 오래전에 일을 끝냈다. 연초에 한 번 파종하면 끝났다. 그런데 이제는 새로 농사를 시작한 사람이 채소와 잡초를 구분하지 못하면 충고를 해주기 위해서 밭에 나왔다. 또 종자를 구매하려 할 때도 밭에 나왔다. 많은 사람들은 주로 딸기를 심는다고 했다.

그녀에게는 생산뿐만 아니라 더 중요한 사안이 걸려 있다는 사실을 느낄 수 있었다. "우리의 정원을 가꾸는 행복한 사람들은 모든 채소에 열광해요. 비록 어떤 채소는 구부러지고 비뚤게 자라거나 심지어 딱지가 나 있어도 말이죠. 사람들은 슈퍼마켓에서 완벽한 채소를 찾지만, 여기서는 전혀 다르게 보죠."

직접 재배하면서 보는 눈이 달라졌던 것이다. 직접 오이를 재배해본 사람은, 오이가 항상 동일하게 자라지 않는다는 점을 알게 된다. 그리고 슈퍼마켓의 구매 정책이 많은 쓰레기를 양산한다는 사실을 파악할 수 있다. 공식은 간단하다. 만일 음식에 대해서 더 많이 배우고 알게 되면, 우리는 쓰레기를 덜 만들게 된다는 것. 이는 또한 류지현의 생각이기도 하다. 그녀는 '냉장고에서 음식 구하기(Save food from the fridge)'라는 예술 프로젝트를 시작했다. "나는 먹는 걸 좋아해요. 이 말은, 제가 식품에 주의를 기울이고 있으며, 버리는 걸 좋아하지 않는다는 의미죠."

한국 출신의 디자이너인 그녀는 갤러리의 하얀 벽에 수수께끼 같은 오브제를 걸었다. "이건 예술을 위한 예술이 아니에요. 즉 부엌에서 매일 필요한 물건이라는 뜻이죠." 류지현은 그렇게 설명했다. 모든 것은 다음 질문을 하면서 시작되었다고 한다. 냉장고가 없었을 때, 사람들은 채소를 어떻게 보관했을까? 그녀는 나이 든 분들, 특히 농부들의 지식이 구전되고 있는 시골에 사는 분들에게 물어보았다.

"이런 전통적인 지식을 나는 학자들에게 맞는지 확인해달라고 부탁했고, 그런 다음에 마침내 현대적인 디자인으로 빚어낼 수 있었어요." 류지현의 말이다. "대도시에 사는 우리는 대부분 서늘하고 어두운 창고가 없어요. 나는 냉장고 없이 채소를 보관할 수 있는 공간을 설계해야만 했답니다."

보통 아무 생각 없이 냉장고 밑칸에 넣어두는 당근을 그녀는 사랑스럽게 모래가 있는 통에 넣었다. 파와 마찬가지로. "우리는 보통 당근이나 파를 가로로 보관하죠. 가로로 놓아두면 그런 채소들은 에너지를 많이 잃어버려요. 왜냐하면 자랄 때의 상태로 회귀하려 하는데, 바로 수직 방향이죠. 나는 이 채소들을 똑바로 세워두기 위해 모래를 이용합니다. 하지만 동시에 습기도 조절하기 위해서죠."

그녀가 방문했던 농부들도 그렇게 했다. 그런 방식으로 뿌리가 있는 채소들을 몇 주씩 싱싱하게 보관했다. 류지현도 작은 유리 깔때기를 모래 위에 꽂아두고 물을 부었다. 이렇게 습기는 직접 뿌리에 닿고 통의 가장자리로 흘러가지 않았다.

매우 아름다운 광경이었다. 하지만 이는 미학적인 측면 때문만은 아니었고, 채소를 눈에 보이게 하는 것도 중요했다. "사람들은 냉장고 안에 있는 것은 볼 수 없잖아요. 이렇게 하면 우리는 매일 채소를 눈으로 볼 수 있고, 무엇이 들어 있고, 무엇이 아직 더 익어야 하는지, 또 무엇은 곧 먹어야 하는지를 쉽게 알아볼 수 있답니다."

그녀가 알아낸 바로는, 어떤 채소들은 바깥보다 냉장고 안에서 더 빨리 상했다. 예를 들어 호박과 가지의 경우에는 8도 이하에서 껍질이 얼고 상한 곳이 생겼다. "생물학적으로 보면 이것들은 채소가 아니라 과일이에요. 오이와 토마토 역시 그런데, 이런 채소들은 냉장고에 넣어두지 않는 편이 더 좋답니다."

이런 채소들은 약간의 습기가 필요하기 때문에, 한국인 여성 디자이너는 밑에 커다랗고 평평한 유리쟁반이 달린 컨테이너를 디자인했다. "나는 여기에 매일 물을 조금씩 부어줘요. 마치 꽃에 물을 주듯 말이죠." 류지현은 암스테르담에 살고 있다. 우리의 네델란드 동업자인 불교 채널 'Boeddhistische Omroep Stichting'이 우리에게 그녀를 주목하라고 했다. 이 방송은 처음부터 우리의 프로젝트를 지원했는데, 삶의 기본을 존중하는 태도는 불자들에게 가장 중요한 목표에 속하기 때문이다.

우리는 세계의 모든 종교에서, 유대인의 탈무드에서 기독교의 성경을 거쳐 이슬람교의 코란에 이르기까지, 음식을 존중하고 식품을 낭비하지 말라는 원칙을 찾아볼 수 있다. 하지만 류지현은 종교적인 동기에서 출발하지 않았고 교육을 받을 때 당연한 원칙으로 배웠다.

현재 그녀는 네델란드 농부, 이탈리아 농부 그리고 한국 농부에 관해 조사한 내용으로 책을 쓰고 있다. 우리의 부엌에서는 무의미한 습관이 자리 잡고 있다고 한다. "많은 사람들은 달걀을 냉장고에 보관합니다. 왜 그렇게 하냐고 물으면 이렇게 대답해요. 냉장고에 달걀을 넣을 자리가 있으니까. 하지만 내가 시골에 살았을 때, 아무도 달걀을 냉장고에 넣어두지 않았거든요."

현재의 학문은 농부들이 지켜온 오래된 전통이 맞다는 점을 인정한다. 즉 냉장고 속에 넣어둔 달걀은 바깥에 내놓을 때보다 더 오래가지 않는다. 만일 달걀이 살모넬라균에 오염돼 있다면, 이 박테리아는 달걀 껍질에만 있어서 달걀을 깰 때 음식에 들어간다. 그리고 달걀을 익히지 않는 요리, 그러니까 날달걀이 들어가는 요리가 위험하다. 그리고 박테리아는 달걀이 냉장고에 들어 있든 그렇지 않든 여름에는 온도가 높기 때문에 몇 시간 만에 충분히 증식한다.

심지어 냉장고에 달걀을 넣어둘 때 단점도 있다. "주변에 있는 냄새가 달걀에 모두 배게 되죠." 차게 보관하든 그렇지 않든, 달걀이 얼마나 오래갈지는 아무도 모른다. 유감스럽게도 찍혀 있는 유통기한은 정확하지 않다. 그래서 류지현은 작은 물통을 달아놓았다. 사람들은 여기에서 달걀을 시험해볼 수 있다. 즉 달걀이 싱싱하면 물에 가라앉고, 표면으로 둥둥 뜨면 날달걀을 먹어서는 안 된다.

하지만 내가 제일 좋아하는 발명품은 사과와 감자를 함께 두는 선반이었다. 사과는 에틸렌이라는 가스를 방출한다. 나는 이미 오래전부터 알고 있었지만, 어쨌거나 사람들은 사과를 다른 과일과 동일한 통에 두면 안 된다. 왜냐하면 사과에서 나오는 에틸렌 때문에 다른 과일들이 너무 빨리 익고 상해버리니까.

내가 모르는 내용도 있었다. "감자는 완전히 반대거든요." 영리한 한국 여성이 나에게 설명해주었다. "만일 감자를 사과와 함께 보관하면, 에틸렌 덕분에 감자에 싹이 천천히 나게 되요." 때문에 그녀는 선반의 감자들 위에 사과를 올려놓았다. 에틸렌 가스는 어두운 통에 들어 있는 감자에서 싹이 나지 않도록 방해하는 것이다.

많은 농부들은 사과를 이미 수백 년 전부터 감자 옆에 놓아두곤 했다. 이런 지식은 거의 다 잊혀졌지만 말이다. 오래된 지식과 새로운 디자인을 결합함으로써 류지현은 우리와 촬영을 마친 뒤에 폭발적인 인기를 얻었다. 우리의 페이스북에 올라오는 소식들이 이를 증명해주고 있다.

이는 물론 나의 직업에 속하지 않지만, 그녀의 발명품들은 널리 전할 필요가 있다고 생각되어 나는 부엌가구를 생산하는 사람에게 말했지만 성공을 거두지 못했다. 어쩌면 멍청한 생각이었는지 모르겠다.

왜냐하면 냉장고를 만들면 더 많은 돈을 벌 테니 말이다. 그런데 최근에 스웨덴에서 꽃가게를 하는 상인이 연락을 해왔는데, 그녀는 채소 선반을 대량생산해서 상품화하려는 사람이었다.

이제 변화가 일어날 정도로 성숙해졌다. 많은 개별 소비자들의 행동을 통해 일어날 변화 말이다. 우리가 구입하기로 결정한 모든 상품이 낭비하는 시스템을 가져온다는 사실을 파악하게 된 소비자들에 의해 변화가 일어날 시기가 되었다. 그리하여 우리의 소비 스타일과 관련해서 점점 더 많은 운동이나 발의가 일어나고 있다. 이 가운데 가장 최근에 일어난 운동은 '당근 모임'이라고 하는데, 이는 번개 모임과 당근이 합쳐져서 생겨난 말이다. 번개 모임이란 즉흥적으로 인터넷을 통해 조직된 모임이고, 당근은 포상의 상징이다. 사람들은 본보기를 약속하는 상점에 상을 줘야 한다고 주장한다.

과잉생산에 관한 주제를 이야기해보는 것도 좋다는 생각에, 나는 쾰른에 있는 당근 모임 그룹과 얘기를 나누었다. 그들은 막 채소가게에서 최초의 행동을 성공리에 끝마친 순간이었다. 200명이 넘는 사람들이 토요일에 이 가게로 몰려가 모든 물건을 다 샀던 것이다. 왜냐하면 가게 주인이 이날의 총매상을 에너지 절약 조치를 위해 기부하겠다고 약속했기 때문이다.

환경을 위해 구매하는 행동은 식품 낭비라는 우리의 주제와 완벽하게 맞아떨어졌다. 즉 나는 당근 모임 회원들에게 신속하게 목적을 설명했다. 하지만 쓰레기로 모범을 보여줄 수 있는 상점을 어떻게 찾는단 말일까? 다큐멘터리를 찍기 위해 혁신적인 슈퍼마켓을 찾아 헤맸지만 실패했다. 그래서 맥줏집에 앉아서 브레인스토밍을 한 뒤 마침내 선택을 하게 되었다. 빵집이 가장 적당했다. 사실 빵을 버리면 가장 많은 에너지를 낭비하므로 우리가 촬영하기에 딱 좋았다.

당근 모임 회원들은 떼 지어 주변으로 퍼져 나가더니 도시 전체에 있는 빵집에 문의했다. 가장 신뢰를 주는 사람은 제빵 기술자 카를 하인츠 슈바이처로, 쾰른 에렌펠트에 두 개의 지점을 가지고 있었고 가장 정직해 보였다. "나는 약간 적게 계획을 잡고 모자라면 오후에 더 굽는 방식으로, 가능하면 덜 버리려고 노력합니다." 그는 솜씨 좋게 기다란 널빤지 위에 반죽을 펼쳐놓았다. "지난 몇 년 동안 우리는 상당히 힘들었는데, 선반에는 항상 판매하는 양보다 더 많은 빵을 올려놓았기 때문입니다."

"조심하세요!" 그는 널빤지를 갑자기 번쩍 들어 올리더니 오븐 속에 밀어 넣었다. 당근 모임 회원들을 위해 슈바이처는 그날의 총매상을 빵을 굽는 새로운 오븐에 투자하겠다고 약속했다. "빵 굽는 오븐은 에너지를 마구 삼키는 물건이거든요." 쾰른의 당근 모임에 소속된 파비안 후버가 설명했다. "제빵 기술자 슈바이처 씨는 우리가 물어본 제빵 기술자들 가운데 환경을 위해 가장 많은 돈을 투자하겠다고 약속했습니다."

당근 모임은 세 번이나 제빵 기술자에게 물었고, 마침내 그는 결정을 내렸다. "그 빵집은, 저녁이 되면 이미 제품을 분류하고 게다가 모든 빵이 다 구비되어 있지 않더라고요. 그래서 눈에 띄었죠. 그리고 제품이 다 떨어지자 판매원들은 고객들에게 비슷한 제품을 아주 적극적으로 권유했습니다." 후버가 덧붙였다. "우리는 훨씬 더 큰 체인을 가지고 있는 지점에도 물어봤어요. 남은 빵이 어떻게 되는지 자신들도

　　　　　| 왜 음식물의 절반이 버려지는데 누군가는 굶어 죽는가 |

모르겠다고 하더군요. 일단 지점은 남은 빵을 본점에 돌려보내야만 하고, 이 빵은 어떻게 되는지 아무도 모른다는 대답이 돌아왔습니다."

제빵 기술자 슈바이처는 압박감을 잘 알고 있었다. "쓰레기를 적게 배출할 수는 있지만, 그렇게 되면 총매상이 더 이상 오르지 않습니다. 왜냐하면 새 제품이 있어야 새로운 고객을 얻을 수 있거든요. 이게 바로 메달의 다른 면이죠." 친절한 얼굴에 통통한 이 남자는 자신의 가게를 가득 채우고 입구 앞에서 플래카드를 펼치고 전단지를 나눠주는 젊은이들을 보고 기뻐했다. "환경에도 좋은 일이지만, 사업장을 가진 사람에게도 좋은 일이죠."

이 행동은 파티로 발전했다. 많은 사람들이 빵집 문 앞에 있는 벤치에 자리 잡고 케이티 세드나의 노랫소리에 귀를 기울였다. 그녀는 기타를 치면서 차량들이 늘어나거나 줄어들거나 간에 목소리를 조절하며 종소리 같은 목소리로 노래를 했다. 계산대에 늘어선 사람들의 줄은 점점 더 길어졌고, 당근과자가 이날 제일 많이 팔렸다.

대부분의 고객들은 인터넷을 통해서 방문했고, 젊은이들은 페이스북 세대로서 조직에 속하지는 않지만 정치적으로 행동하려는 사람들이었다. 하지만 당근 모임의 목표가 좋아서 단골손님도 방문했다. "예전에 우리는 전날 빵도 자주 먹었는데, 요즘에는 아무도 그렇게 하지 않거든, 거 참." 백발이 된 할머니가 그렇게 말했다. "나의 아버지는 항상 그렇게 말씀하셨다우. 음식을 버리는 사람은 죄를 짓는 거라고. 그래서 나도 아이들에게 그렇게 교육을 시켰지."

쓰레기 더미를 줄이려면 비용이 많이 드는 기술적인 해결책이 필요하지 않은 경우가 많다. 대체로 과거에 당연했던 일을 기억하는 것으로 충분하다. 예를 들어 많은 레스토랑에서는 얼마 전까지만 하더라도 고기에 곁들여 나오는 채소는 대접에 나왔다. 더 필요한 사람은 더 달라고 하면 되었다. 하지만 이제는 더 이상 그렇지 않고, 시골에서도 음식점 주인이 일정량씩 미리 계량해둔다. 그런데 이 양은 위가 큰 사람들만이 다 먹을 수 있을 정도로 많다. 우리의 위가 얼마나 큰지는 몇 년 전에 튀니스에 사는 내 친구 무라드가 나를 방문했을 때 알게 되었다.

튀니지는 기아로 힘들어하는 나라는 결코 아니다. 하지만 내가 무라드와 함께 쾰른에 있는 맥줏집에 갔을 때, 내 친구는 접시 위의 음식 더미를 보더니 거의 입을 닫지 못했다. "저렇게나 많이! 너희들은 저걸 어떻게 다 먹냐?" 나 역시 몇 달 전에 뉴욕에 갔는데, 그때 내 친구와 비슷한 반응을 보였던 기억이 났다. 거대한 1인분을 보고 놀랐던 것이다.

하지만 나는 그처럼 엄청나게 많은 양을 주는 트렌드가 바뀌기를 희망한다. 좋은 예가 바로 뮌헨의 '바이세 브로이하우스(Weisse Bräuhaus)'이다. 전통적인 바이에른의 음식을 생각하는 사람은 농업 노동자와 수공업자들의 식성을 고려한 푸짐한 양을 기대할 것이다. 이 전통적인 양조장이자 술집—이로부터 그 유명한 상표 '슈나이더 바이세(Schneider Weisse)'가 나온다—도 몇 년 동안 그런 콘셉트를 따랐다. "그리고 나서 우리는 현대의 식습관에 맞는 분량을 정했답니다." 사장 오트마 무첸바흐의 말이다. "동시에 우리는 적은 양일 경우에는 돈을 더 적게 받았죠." 이는 매일 음식을 먹는 손님의 수는 동일했지만 바비큐용 새끼 돼지를 두 마리 적게 도축했다는 의미다.

음식물 쓰레기를 줄이는 것은 환경에도 유용할 뿐 아니라, 회사에도 처리 비용이 적게 들어 좋다. 즉 음식물 찌꺼기가 30퍼센트가량 줄었다. 2010년 이 양조장은 뮌헨 시(市)로부터 환경수익상을 받았다.

이런 본보기가 많은 추종자를 얻지 못한다면, 개인적으로 나는 이런 구호를 외치고 싶다. 즉 우리는 모두와 나눌 수 있다. 1인분의 양이 많다면 두 사람이 두 접시에 나눠 달라고 주문할 수도 있고 혹은 나머지는 싸 갈 수도 있다. 미국 레스토랑은 '개를 위한 봉지'를 아주 당연하게 받아들이는데, 물론 항상 개한테 주지 않을 수도 있지만 말이다. 나머지 음식을 주인한테 싸달라고 하는 게 왜 부끄러운 일일까? 우리가 돈을 다 낸 음식 아닌가.

어떤 사람들은 지극히 당연하다고 보는 반면에, 또 어떤 사람들은 '아이, 더러워!'라고 한다. 왜 사람들은 이토록 다양하게 반응하는 걸까? 어떤 사람들은 유통기한이 지난 요구르트를 보고 즉시 쓰레기통에 던져버린다. 또 어떤 사람들은 요구르트 두껑을 열어서, 안을 들여다보고, 냄새를 맡거나 맛을 본다. 냉장고 앞에서 흔히 많은 부부들이 다툰다. 버려야 한다느니, 아직 버리지 않아도 된다느니 하면서. 이렇게 서로 다른 태도는 보통은 서로를 잘 이해하던 사람들을 갈라놓는다.

음식에 대한 입장은 교육을 통해 계속 전달된다. 이 입장은 우리의 깊은 곳에 자리 잡고 있어서 어른이 되어도 거의 바뀌지 않는다. 지금까지 주로 가난한 사람들에게 음식을 제공하던 베를린 타펠은 어린이 요리교실을 마련했다. 저소득층 아이들뿐만 아니라 모든 아이들을 위한 요리교실이었다. "왜냐하면 모든 계층에 지식이 부족하기 때문입니다." 베를린 타펠을 세운 자비네 베르트의 말이다.

티모 슈미트가 요리교실을 운영했다. 그는 베를린 크로이츠베르크에 있는 초등학교에서 가르쳤다. "우리 요리교실의 목표는, 아이들에게 건강한 식품에 대한 의식을 심어주는 것입니다. 원래는 상인들 혹은 생산자들이 팔 수 없어서 버릴 식품을 가지고 말이죠."

3학년 아이들은 종종걸음으로 바삐 돌아다녔고, 각자 하나의 과제를 가지고 채소를 씻거나, 요리할 물을 가지러 가거나 응유를 휘저었다. "요리는 재미있어요. 벌써 배가 고픈걸요. 우리는 지금 응유를 준비하고 있고요, 감자를 껍질째 찌고 있어요. 그리고 지금 저는 채소를 잘게 썰고 있어요." 여덟 살 셀리나가 말했다.

"아이들이 직접 해보면 어떻게 요리를 하는 줄 알게 되죠." 슈미트는 잘 알고 있었다. "아이들은 대부분 요리는 어른들의 일이라고 알고 있어요. 그래서 요리에 관심이 별로 없죠. 그런데 스스로 연습해보고 싶어 해요. 결국 하나도 어렵지 않다는 걸 알게 되죠." 아이들은 가슴팍에 명찰을 달아두고 있었다. 칸이라는 이름의 남자애는 응유를 맛보다가 코에 묻혀버렸다. 그러자 모두가 함께 웃었다.

직접 요리를 한다는 것은 많은 아이들에게 특별한 체험이었다. 국수를 삶은 물이 끓자 슈미트는 가스 불을 낮추고 칸에게 국수를 물에 넣어달라고 부탁했다. "많은 가정에서는 인스턴트 음식을 데워 먹을 경우가 많습니다. 아이들은 집에서 신선한 재료로 어떻게 요리하는지 더 이상 배우지 못하는 거죠. 여기 베를린에서는 이미 두 세대가 배우지 못하고 있습니다. 이 아이들의 부모들만 하더라도 요리하는 법을 모르죠." 슈미트는 잠시 말을 중단하고 칸에게 국수를 저으라고 말했다. "기억해보면, 우리 부모님은 나에게 부엌일을 많이 가르쳐주신 것 같아요. 하지만 이 아이들은 부모님들로부터 배울 가능성이 없습니다."

| 왜 음식물의 절반이 버려지는데 누군가는 굶어 죽는가 |

소년 한 명이 호박을 자르고 있었다. 그의 이름은 알리였고, 여덟 살이었다. 나는 시험 삼아 물어보았다. 이거 이름이 뭐라고? "잊어버렸어요." 호박이야. "예, 호박." 이거 먹어본 적 있어? "아뇨, 아직 한번도 안 먹어봤어요." 나는 계속해서 물어보았다. 너희 집에서는 뭘 먹어? "파스타, 감자." 오랫동안 생각하더니 마침내 또 대답을 했다. "감자튀김요."

한 가지는 분명했다. 알리는 요리를 매우 재미있어했다. 그리고 상당히 배고파했다. 접시에 가득 담아 먹고 나더니 두 번이나 더 먹었으니까 말이다. 그럼에도 불구하고 마지막에는 음식이 남았는데, 스물다섯 명의 아이들이 참여했으니 어쩔 수가 없었다. "우리는 모든 것을 철저히 준비하려고 신경을 써요. 그래도 마지막에 남은 음식은 나눠줍니다. 집으로 가는 길에 무숙자와 펑크 록 연주자들을 많이 보는데, 그들에게 남은 음식을 주면 매우 좋아해요. 음식에 아무런 하자가 없거든요." 슈미트가 말했다.

요리 과정의 목표는, 아이들이 "영양을 섭취하는 행위가 사람들에게 뭔가 본질적인 일"임을 배우는 데 있다. 그런 의미에서 베를린 타펠은 박애정신을 매우 강조하는 다른 곳의 무료급식소와는 다르다. "'시티 하비스트'—미국에서 무료급식소의 선구자라 할 수 있는—라는 고전적인 아이디어는 빈곤층을 도와줌으로써 과잉생산을 퇴치하고자 했습니다." 베를린 타펠의 설립자이자 회장인 베르트가 설명했다.

하지만 무료급식소는 자신들이 앉아 있는 나뭇가지를 톱질하는 것은 아닐까? 무료급식소는 결국 과잉으로부터 먹고 사니까 말이다. 베르트가 웃었다. "과잉은 넘쳐나고 또 넘쳐납니다. 그러니 우리에게도 충분하다는 말이죠." 많은 공장과 슈퍼마켓은 무료급식소의 숫자를 보고 그제야 자신들이 얼마나 많이 버리는지 주의를 기울이게 된다. "대기업의 이사진들이 우리에게 얘기하기를, 그들은 예전에 버리는 양이 별로 없다고 생각했답니다. 그런데 우리가 몇 톤의 음식을 가져가는지 보고를 받게 되면 비로소 어떻게 하면 버리는 양을 줄일 수 있을지 고민하기 시작합니다. 결국 그건 모두 돈이잖아요."

공동으로 심고 수확하기

자신만의 농부를 임차하기

미국에 있는 조합 '농업 지원 커뮤니티(CSA)'는 독일의 채소 상자보다
한 걸음 더 나아간다. 여기에서는 사용자와 생산자 사이에 장기적인
파트너십의 구축이 중요한 문제이다. CSA는 중간상인을 거치지 않고
농부가 직접 시장에 내놓는 방식을 취한다. 이 모델은 단순하기는 하
지만 매우 현명하다. 즉 소비자공동체—대체로 단체나 소비조합의 형
태를 띠는데—는 매달 정해진 금액을 1년 동안 그 지역의 농장에 지불
하고 농장으로부터 식품을 공급받는 것이다. 이를 통해 폐쇄적인 경제
사이클이 만들어지는데, 이는 참여한 모두에게 이득을 선사하고 부수
적으로 환경에도 좋다. 농장 경영자는 시장에 내놓는 비용을 절약할
수 있다. 생존이 보장되기 때문에 시장에서 일어나는 사건에 종속되지
않고 재정 위험 없이 지속적이고 친환경적으로 농사를 지을 수 있다.
소비자는 매주 신선한 식품을 받을 수 있다. 그들은 무게를 달거나 돈
을 지불하지 않고 필요한 만큼 농산물을 많이 가져가도 되는데, 매달
15~20유로를 지불함으로써 수확물을 가져갈 권리가 있기 때문이다.
조합은 생산자와 직접적인 관계를 맺었기에 생산에 영향을 미칠 수 있

다. 양측은 의논해서 어떤 종류의 과일과 채소를 재배할지를 결정하면 된다. 필요한 만큼만 재배하고 수확함으로써, 식품 쓰레기가 나오지 않고 포장할 필요도 없게 하려는 것이다.

이런 조합의 기원은 1960년대 독일과 스위스에서 생겨나던 인간 중심의 농업인데 당시의 몇몇 공동체는 유기 비료만 주는 재배를 적극 지원했던 것이다.[49] CSA의 구상은 1980년대 중반에 미국에서 발전했고, 독일인 트라우거 그로와 스위스에서 이민을 간 얀 반더 투인이라는 유기농 농부들을 중심으로 이 운동은 발전했다. 이 두 사람은 루돌프 슈타이너의 결합형 경제라는 아이디어의 영향을 받았다. 그사이 미국에서는 이런 조합이 2500여 개 이상이나 생겼다.

독일에 최초로 생긴 CSA는 함부르크 근처에 있는 데메터 플랜트 부시베르크 농장이었다. 1988년에 미국을 본보기로 삼아 경제공동체가 만들어졌다. 이 농장은 350명 혹은 90가구에게 식품을 제공할 수 있다. 농장은 소비자들에게 과일과 채소뿐 아니라, 곡물, 빵, 우유 및 유제품, 육류와 소시지도 공급한다. 참여자들은 직접 어떤 식품이 필요한지 결정할 수 있다. 이들은 자신의 능력에 따라 1년간 돈을 지불하면 된다. 이런 발상으로 소득이 많은 회원이 소득이 적은 회원의 부담을 덜어줌으로써 소득이 낮은 가구도 친환경 식품을 먹을 수 있게 된다. 회원들이 지불하는 돈은 농업을 진흥시키는 기부금으로 간주하지 개별 식량에 대한 가격으로 간주하지 않는다. "식품은 무료입니다. 그것들은 가격이 없고 다만 가치만 돌려받았지요." 프로젝트를 소개할 때 사람들은 그렇게 말했다.[50]

독일어권에서는 CSA가 미국에서처럼 널리 퍼져 있지는 않지만 점점 주목을 받고 있다. 독일에서는 부쉬베르크 농장 외에 공동체의 지원을 받는 농장은 소수이며 크기도 다양하다. 그러니까 일곱 가구에서 200가구에 식품을 제공할 수 있는 농장들이 있다. 유명한 곳은 브란덴부르크에 있는 농장공동체 뢰프니츠, 슐레스비히 홀스타인 주 남쪽에 있는 카텐도르퍼 농장, 뤼네부르크에 있는 탕셀 농장, 뮌스터란트에 있는 정원사 농장 엔트룹, 카이저스라우테른에 있는 슈미트 농장, 베를린에 있는 젊은 GbR/사자 정원, 그리고 칼스 농장, 뤼벡에 있는 홀러그라벤 농장, 카셀에 있는 가스트베르크, 오스나브뤼크에 있는 농장 펜테이다.

미국에서는 CSA 운동이 그사이 엄청난 성공을 거두어서 최근에 '어업 지원 커뮤니티(Community Supported Fisheries)'가 탄생하는 데 기여했다. 메인과 매사추세츠의 어부들이 이 그룹을 조직하였고 소비자 공동체의 지원을 받아 지속가능한 어업을 할 수 있다.

직접 수확하는 프로젝트 발견

이를테면 '정원의 행복' '농부정원' '나의 수확'[51]같이 직접 수확을 하는 프로젝트가 늘어나는 현상은 많은 사람들의 욕구를 보여준다. 즉 자신의 식품을 얻는 길을 좀더 좁히고 더욱더 강렬한 관계를 맺으려는 욕구 말이다. 그들은 어떤 계절 동안 외곽 지역에 있는 화단이나 농지 일부를 유기농 농부에게 빌린다. 보통 농업주는 땅을 잘 준비하고, 다양한 채소를 20~30줄 심고 이 땅을 분양지로 분할한다. 임차인은 5월과 10월 사이에 땅에 물을 주고, 건초를 깔아주고, 덮어주고, 잡초를 뽑고, 해충을 제거해야 한다. 이 모든 일은 자연적인 농사법의 원칙에 따라야 한다. 나중에 임차인은 직접 스무 가지 이상의 유기농 채소를 수확할 수 있다.

장점은 분명하다. 소비자들은 자신의 노동을 통해서 식품의 가치를 인정하는 법을 배운다. 사람들은 필요할 때마다 수확함으로써 식품을 폐기하지 않고 포장은 완전히 사라진다. 직접 수확한 농산품은 취미 정원가들에게 너무나 소중해서 감히 버릴 수가 없다. 그들은 오래전에 잊어버린 저장법을 이용하는데, 이를테면 과일과 채소를 졸이거나 익히고 냉동시켰다가 주변의 친구와 이웃에게 나누어준다. 쾰른에 있는 '정원의 행복'같이 비교적 소규모 프로젝트에서는 시즌이 끝날 때 수확하는 마지막 날에 모든 분양지를 모두가 이용하게 해서 어떤 농산품도 밭에서 썩지 않게 한다. 그런데도 밭에 수확하지 않은 채소가 남아 있으면, 울타리를 허물고 누구든 가져가게 한다.

도시 정원 만들기

의식적으로 식생활을 실천하는 많은 사람들은 슈퍼마켓에서 유기농 제품을 사는 것으로 만족하지 않고 식품과 직접적인 관계를 맺으려 한다. 즉 자신이 사용할 식물을 친환경적으로 재배하는 일은 도시에서 시작되었다. 점점 더 많은 그룹이 뒷마당에 텃밭을 만들고, 과일과 채소를 기르기 위해 지붕이나 폐쇄된 공장 지역을 이용한다. 좋은 예를 꼽는다면 베를린 크로이츠베르크에 있는 모리츠 광장의 '공주들의 정원'이다. 한때 콘크리트 건물 사이에 있는 노는 땅이었던 곳이 이제는 6000제곱미터 크기의 경작지로 돌변했다. 충분한 땅이 없는 곳에서는 플라스틱 상자, 컨테이너 그리고 흙이 잔뜩 들어 있는 커다란 자루가 화단이 되고 반쪽 플라스틱 병은 식물과 싹이 자라는 장소가 된다. 오래되고 드문 종류―파란색 감자에서부터 먹을 수 있는 꽃까지―를 심어서 생물의 다양성을 후원하기도 한다.

스스로 식품을 공급하는 것은 프로젝트의 한 측면에 불과하다. "만일 사회복지의 도시 농업에 관해서라면 우리는 지방에서 신선하고 건강한 채소를 기후에 맞게 재배하는 법만을 말하지 않는다. 오히려 대안으로 선택한 도시에 있는 정원을 교육 장소로 이해하고, 사회적 약자의 주거지 상황을 개선하고 활성화하는 수단으로 받아들이는 것이다."[52] 프로젝트는 이렇게 서술한다. '공주들의 정원'은 두 명의 정규직 정원사와 이웃에 사는 150명가량의 자발적인 회원들이 가꾸어간다. 이 프로젝트는 화단을 빌려주는 개인들의 재정 지원을 받고 있다.

프로젝트 발의자들은 도시 농업이라는 아이디어를 쿠바에서 가져왔다. 이곳에서는 '도시 농업'이라는 이름으로 이미 1990년대에 채소 재배를 다시 시작했다. 경제위기의 악영향을 완화하기 위해서였다. 이외에도 여러 지역에서 공동체의 도시 정원이라는 아이디어가 널리 퍼지고 있다. 미국과 캐나다에서는 1970년대부터 '커뮤니티 정원(Community gardens)'이 존재했는데, 그때 최초의 행동주의자들은 뉴욕, 토론토 혹은 시애틀의 버려진 구역에 녹색 땅을 일구기 시작했다.[53] 뉴욕의 고층 빌딩 옥상에서는 감자와 강낭콩이 자라고, 가축 우리에서는 토끼들이 뛰어다닌다. 또 양봉가는 꿀벌을 기르는 데 전념한다. 심지어 파리의 프로젝트 이웃 정원(Jardins partagés)은 시(市)의 행정 지원을 받고 있다. 시는 땅을 무료로 사용하도록 내놓고 필요한 조건들, 그러니까 울타리나 수도 등을 갖추어준다. 그러면 땅을 사용하는 사람은 친환경적 기준에 따라 재배하고 다른 시민들도 자유롭게 정원에 들를 수 있게 할 의무를 진다.

왠지 잠자는 듯했던 독일 도시의 슈레버 정원은 몇 년 전부터 젊은 부부와 가족을 통해 인기를 누리고 있다. 독일의 대도시에서는 다양한 문화에 기반을 둔 정원 프로젝트가 성공을 거두고 있는데, 이런 프로젝트에서 독일인들은 이민자들과 함께 땅을 손질하고, 커피를 마시고 파티를 한다. 많은 학교는 자체 정원을 마련하고, 요리를 가르치고 전 세계가 식량으로 연결되어 있다는 점을 가르친다. 베를린 노이쾰른에 있는 '아이들의 정원(Kid's Garden)'[54] 같은 프로젝트는 아이들에게 식량은 어디에서 오는지, 또 얼마나 많은 노동을 투여해 재배하고 생산하는지를 가르쳐준다.

정치적인 영향력의 장으로서 소비를 파악하기

정치적 혹은 비판적 소비라는 생각은, 각자는 자신의 구매 결정을 통해 사물을 바꿀 수 있는 권력을 갖게 된다는 확신을 바탕으로 한다. 소비자로서 우리는 인권침해 및 환경파괴와 관련 있는 생산 사이클과 판매 사이클을 벗어날 수 없다. 소비재 생산은 폭넓은 생태학적 · 사회적인 결과를 가져온다. 우리는 구매와 소비 행동을 바꿈으로써 생태학적 발자국을 작게 만들 수 있을 뿐만 아니라 농업에 종사하는 사람들의 사회적 조건을 향상시키는 데도 도움을 줄 수 있다. 따라서 소비는 정치적인 행동이 된다. 비판적인 소비의 목표는, "세계의 나머지 인구가 그 때문에 괴로워하지 않고 심지어 이득을 얻을 수 있도록 살고 구매하고 계속 움직이는 것이다."[55]

이 생각은 새로운 것이 아니다. 초기 환경운동이 일어났던 1970년대와 1980년대에 나왔고, 최초의 유기농 가게와 제3세계 가게에서 명백히 표현되었다. 정치적 소비로 발전하게 된 계기는 무엇보다 '공정무역'이라는 발상이었다. 이로써 사람들은 부당한 세계무역 구조를 저지하고자 했다. 독일에서는 공정무역이 교회의 청년 모임에서 발전했는데, 1970년에 그들은 기아를 반대하는 행진을 하면서 정부의 개발정책을 비판했다. 이런 맥락에서 1971년에 '행동 제3세계 무역' 운동이 나왔고, 1975년에 마인 강에 접한 프랑크푸르트에서 '제3세계 가게를 위한 연구회'가 설립되었다. 이 조직은 당시 열 개였던 독일의 월드숍(Worldshop: 공정무역 제품만 판매하며, 선진국과 후진국의 무역 관계가 더 공정해질 수 있도록 노력한다―옮긴이)의 상부조직이었다. 오늘날 이 월드숍은 500개가 넘고, 규모가 큰 공정무역-수입 하우스인 게파(gepa), 두프(dwp), 엘 푸엔테(El Puente), 그리고 본부가 쾰른에 있으며 공정무역의 인장을 찍어주는 트랜스 페어(TransFair)가 있다. 3만 개 이상의 슈퍼마켓, 유기농 가게, 백화점, 드로거리(약 처방이 필요 없는 약, 화학제품 등을 파는 가게―옮긴이), 월드숍 및 전문점에는 그사이 공정무역 인장이 찍혀 있는 제품이 진열돼 있다. 2010년에 공정무역 제품 거래 규모는 3억 유로가 넘었는데 이는 2003년과 비교해보면 여섯 배나 많은 양이다.

공정무역은 동업자 구조를 구축한다. 이런 구조는 제품을 공평한 조건으로 생산하고 수입하도록 보장해준다. 이는 후진국에서 제품을 생산하는 사람들의 사회적인 권리를 지켜준다. 예를 들어 공정무역은 커피에 최소가격보장제를 도입함으로써 세계시장 가격의 요동에도 흔들리지 않고 항상 그 가격 이상을 유지하도록 해준다. 나아가 협동조합 형태로 생산하는 사람들은 공정무역 보상금까지 받을 수 있다. 생산자들은 이 보상금을 어떤 프로젝트에 사용할지를 스스로 결정한다. 대부분 물 공급, 학교와 유치원 혹은 건강관리 시설의 개선에 보상금을 사용한다.

공정무역 제품을 의식적으로 구입함으로써 독일 소비자들은 생산자의 삶의 조건과 노동조건에 긍정적인 영향을 미칠 수 있다. 이것이 공정무역이라는 발상의 기본 생각이다. "모든 소비자는 구매 행동을 통해 세계무역에서 공정한 노동조건과 삶의 조건이 가져야 할 가치를 함께 결정한다. 오로지 소비자들의 행동 덕분에 공정한 무역이 가능한 것이다. 공정하게 거래된 제품을 공정무역으로 구입하는 사람들이 많을수록, 세계무역은 더욱더 공정해질 것이다."[56]

하지만 공정무역이라고 해서 순전히 재정적인 도움만이 중요한 것은 아니다. 정치적인 차원에서 좀더 많은 정의를 실천하고, 우리의 소비 행동이 다른 나라 사람들의 삶의 조건에 영향을 미칠 수 있다는 의식을 강화하는 것도 중요하다. 이로써 공정무역은 정치적, 비판적 혹은 전략적 소비를 위한 디딤돌을 놓았다. "많은 영역에서 공정무역은 선구자적인 일을 해놓았고 시민들에게 비판적인 소비를 위한 의식을 불러일으켰다. 많은 사람들이 제품이 어떻게 생산되는지를 유심히 주시하면서부터, 점점 더 많은 회사들이 사회복지 기준을 유지하려고 주의를 기울이고 있다."[57]

실제로 비판적인 소비는 오래전부터 대학생들이 운영하거나 교회

| 왜 음식물의 절반이 버려지는데 누군가는 굶어 죽는가 |

에서 운영하는 월드숍과 개발정책을 위한 조직만이 관심을 기울이는 분야가 아니다. 슈퍼마켓과 백화점에 가면 커피, 차, 초콜릿, 원당(原糖), 바나나, 오렌지같이 공정하게 거래된 식품들을 드물지 않게 볼 수 있다. 이들 제품의 60퍼센트 이상이 유기농으로 재배된 것들이다. 젊은 패션 디자이너들은 천연 방식으로 공정하게 거래된 옷의 가치를 인정하고 보석 디자이너들은 공정하게 거래된 금과 보석을 인정해준다. 의식 있게 영양을 섭취하고 사회적 책임을 인식하며 옷, 가구 혹은 전자제품을 구입하는 것이 세계를 개선할 수 있다는 사실을 아는 비판적 독일 소비자는 12~20퍼센트인 듯하다.[58] "전략적인 소비자들은, 초기에 환경운동을 벌였던 행동주의자들이 그렇게 외쳤다가 조롱을 받았던 바와 동일한 요구를 한다. 즉 참으로 진지하게 세계를 구하고자 한다. 물론 그들은 매우 실용적으로 행동함으로써 환경보호론자와 구분된다. 전략적인 소비자들은 정치적 · 윤리적 문제를 일상에서 의무적으로 실천하려고 노력하며, 이를 쾌적한 삶에 대한 자신들의 상상과 일치시키기 위해 애쓴다."[59]

솔선하기

발의와 캠페인은 특히 과잉사회에서 책임 있는 소비사회로 넘어가는 과정의 매우 흥미로운 출발점을 발견했다. 여기에서 몇 가지를 소개해 보겠다.

슈퍼마켓 발의

슈퍼마켓 발의는 개발, 환경과 농업 분야의 노동조합 스물네 개와 비정부단체가 결성한 연합이다. 이들은 분명한 목표를 가지고 결성되었는데, "슈퍼마켓의 구매력이 오용되는 것을 제한하고 막기 위해서였다".[60] 발의자들에 따르면, 독일과 유럽연합 회원국들의 경우에 점점 줄어들고 있는 소매상이 슈퍼마켓 체인점들에 의해 지배됨으로써 이른바 '슈퍼마켓 파워'가 생겨났다. 시장이 점점 몇 군데로 집중됨으로써 공급업체들이 슈퍼마켓에 종속되는 경향이 더 늘어났고, 불공정한 구매도 더 늘어났다. 독일에서는 여섯 군데의 대규모 체인점 에데카, 레베, 리들, 알디, 메트로(Metro)와 텡겔만(Tengelmann)이 시장의 90퍼센트를 점유한다. 이 가운데 절반은 할인매장이다.

이는 독일 식품시장을 세계에서 가장 치열한 경쟁터로 만들고 있으며 가격 수준은 매우 낮게 유지된다. 시장점유율을 높이려는 투쟁과 강한 경쟁 압박으로 인해 슈퍼마켓 체인점은 끊임없이 제품의 가격을 낮추고 있다. 이렇게 하기 위해 슈퍼마켓은 공급자와 생산자에게 가격을 낮추도록 압박하며 불공정한 계약을 맺도록 강요한다. 예를 들어 공급업자들은 공급업체 목록에 들어가서 제품을 공급해도 된다는 이유로 수수료를 지불해야 한다. 또한 공급업체는 자사의 제품을 좋은 자리에 진열하려면 선반을 임대하는 비용을 지불해야 한다. 만일 공급업체가 가격 및 공급 조건을 충족하지 못하면, 공급업체 목록에서 제외되고 의심스러운 경우에는 생산자로서 자국에서는 물론 개발도상국에서도 쫓겨날 수도 있다. "식품은 이제 더 이상 제품에 비해서 가격이 저렴한 편이 아니라, 그냥 싸다고 해야 한다. 싼 제품은 싸게 생산할 수밖에 없다. 생산자, 공급업자와 노동자들을 희생시켜야만 싼 가격이 나올 수 있다." 슈퍼마켓 발의자들은 그렇게 말한다. "비록 소비자들이 이런 과정에 아무런 영향력을 행사할 수 없다손 치더라도— 이미 연구를 통해서 그런 결과가 나왔지만—그래도 많은 사람들은 특정 제품을 구입함으로써 영향을 미칠 준비가 되어 있을 것이다."[61]

2010년부터 슈퍼마켓 발의는, 정치권이 책임을 떠맡고 슈퍼마켓의 구매력을 부정적으로 이용하지 못하게 감독하여 소비자들을 보호해 주도록 강력하게 요구한다. 이 밖에도 독일을 비롯한 유럽 그리고 생산국가에 이르는 전체 공급 사이클이 사회복지에 이바지하고 환경 기준을 따르도록 정치적인 조치를 취하라고 요구한다. 공정무역 발상과는 달리 이 운동은 소비자의 책임에서 정치적인 결정권을 가진 사람들에게 중심을 옮긴다. 이에 따라 정치인들은 법적인 조치를 마련해야 한다는 요구를 받고 있다.

2011년 4월에 슈퍼마켓 발의는 CorA 네트워크[62]와 협력하여 투명한 캠페인을 벌이기 시작했다. 발단은 독일 수상 안겔라 메르켈이 보여준 서명 행동이었다. 이에 서명한 사람들은 제품 생산 정보를 공개하는 의무를 기업에 부과하자고 정부에 요구했다. 이 보고에는 기업구조, 공급업체와 생산지, 노동권과 인권 유지 같은 정보가 포함되는데, 노동권과 인권 유지 항목에는 급여 수준, 노동시간 준수와 임산부와 산욕부를 위한 보호법 준수에 관한 내용이 들어간다. 환경에 관한 정보에는 자원 소비 및 에너지 소비, 이산화탄소 배출량, 위험한 성분의 사용, 쓰레기 방지를 위한 구상이 들어간다. 제품이 공급되는 전체 사이클에서는 생태학적이고 사회적인 최소한의 법적 기준을 도입해야 한다고 한다.

캠페인 '나의 농업'

"우리는 이제 지긋지긋하다!" 2011년 1월 말에 베를린에서는 2만 2000여 명이 지금까지 가장 큰 규모로 유럽 농업정책을 반대하는 시위를 벌였다. 그들은 농업시장 조항을 개혁하기 위한 협상에서 방향을 전환해달라고 요구했다. 구체적으로 말하면 유전자기술, 대량 축산업, 덤핑 식품 수출에 반대했다. 대신 자원을 보존하고 시골풍의 생태학적 농업의 지원과 확장을 주문했다. 120개 이상의 단체, 시민 발의와 '하나의 세계 그룹(Eine-Welt-Gruppe)'이 이와 같이 항의했다.

많은 단체, 이를테면 생태학적 재배협회 바이오랜드(Bioland)와 데메터(Demeter), 농촌에 적합한 농업 주식회사와 생태학적 식품경제회는 아타크(attac), 옥스팜, 세계를 위한 빵, EED, 월드숍 상부조직, 나부(Nabu), IMF 그리고 캠페인 네트워크 캠팩트(campact)와 협력해서 국제적 캠페인 나의 농업(Meine-Landwirtschaft.de)을 창립했다. 그들의 말은 이러하다. "유럽의 농업정책 개혁은 우리 모두에게 중요하다. 우리는 이를 위해 공동으로 책임을 떠안고, 목표를 세우고 관철시키며 실질적인 대안을 발견하고자 한다. 우리는 농업과 음식에서 더 많은 민주주의를 원한다. 결정은 너무나 중요해서 로비스트들에게만 맡겨둘 수 없다. 함께 합시다, 여러분!"[63]

이 캠페인은 인터넷에서 함께하자는 행동 '나의 선택'을 출발시켰다. 여기서 모든 납세자가 매년 유럽 농업정책의 재정을 위해 기부하는 100유로가 새롭게 분배된다. 예를 들어 지역의 다양성과 시장화를 위해, 공정한 무역을 위해 그리고 공정한 가격과 건강하고 고급스러운 식품을 위해 각각 분배된다.

고기가 없는 하루

일주일 중에 도시 전체가 고기를 먹지 않는 하루를 보내자는 아이디어는 2008년 벨기에의 헨트(Gent)에서 일어났다. 인도의 기후 전문가이자 노벨평화상 수상자이며 유엔 정부간기후변화위원회(IPCC) 의장인 라젠드라 파차우리(Rachendra Pachauri)는 채식주의자 단체인 EVA의 초대를 받아 헨트에 갔다. 그는 육류 소비와 기후에 관한 주제 발표를 했다. 파차우리의 슬로건 '고기를 줄이면, 줄어드는 온난화(Less meat, less heat)'가 청중들을 설득시켰다.[64] "만일 모든 벨기에 사람들이 1년 동안 매주 하루만 고기를 전혀 먹지 않는다면, 1년 동안 100만 대의 자동차가 벨기에 거리에서 사라지는 것만큼 온실가스 방출이 줄어드는 효과가 발생할 것입니다." 파차우리가 설명했다.[65] 이런 계산에 따르면 헨트에서만 24만 명의 주민이 일주일에 하루만 고기 및 육류를 전혀 섭취하지 않는다면, 매년 자동차 1만 8000대가 뿜어대는 이산화탄소를 방출하지 않는 효과가 있다는 뜻이다.

2009년 5월에 헨트에서는 채소의 날이 공식 도입되었다. 'Donderdag-Veggiedag'. 이는 고기 소비를 금지한다거나 목요일에는 고기를 전혀 판매 또는 제공하지 말아야 한다는 뜻이 아니다. 규칙적으로 매주 하루는 고기를 포기해달라고 요구할 뿐이다. 실제로 이날은 모든 공공 구내식당, 유치원과 학교의 구내식당에서 채소로 된 식사만 나간다. 레스토랑도 채소 메뉴를 우선 제공함으로써 이런 캠페인에 자발적으로 동참한다.

독일에서는 브레멘 시가 헨트의 뒤를 이었는데—브레멘 시민재단의 자극에 힘입어—역시 목요일을 채소의 날로 공포했다. 다양한 연구소와 협동하고, 시장 옌스 뵈른젠(Jens Böhrnsen)의 후원 그리고 브레멘 시정부 환경과에서 지원한 5000유로 덕분에 시민재단은 채소의 날을 광범위하게 실천할 수 있었다. BUND(독일 환경과 자연보호 연맹), 브레멘의 에너지합의, 교회의 구제 사업과 슬로푸드 브레멘 같은 재단과 단체 외에도 이 발의는 학교, 유치원, 병원, 회사 및 공장의 구내식당과 유스호스텔로 빠르게 번져나갔다. 그리하여 이들은 매주 식단에서 하루는 채소의 날로 정했다. 시민대학은 채소로 할 수 있는 요리 과정을 개설해두었다.

채소의 날은 익숙한 식습관과 소비 습관을 의문시함으로써 지속적이며 환경을 의식하는 소비 양식을 유도한다. 만일 독일 전역에서 일주일에 한 번 고기를 포기한다면, 1년에 600만 대의 자동차가 내뿜는 온실가스를 배출하지 않게 된다는 결과가 나온다. 채소 먹는 날을 통해 규칙적으로 우리의 식습관이 기후변화에 영향을 준다는 사실을 기억할 수 있어야 한다. "규칙성은 대중성을 만들어내고, 식사를 향유하는 동시에 이성적으로 하게 하며, 시민 공동체 의식으로 '기후 보호'라는 작은 걸음을 내딛는 효과를 줄 수 있다. 이런 의식은 알려져서 습관을 만들어낸다. 새롭고, 건강하며, 환경을 보호하는 습관 말이다. 채식주의자, 동물보호자와 환경보호론자들이 보기에 긍정적인 효과가 아닐 수 없다."[66]

이 밖에도 규칙적으로 채소를 먹는 날짜가 정해짐으로써 구내식당,

| 왜 음식물의 절반이 버려지는데 누군가는 굶어 죽는가 |

대학 식당 혹은 레스토랑에서는 알아서 메뉴를 정할 것이고, 손님들도 그들을 믿고 맡기게 된다. 매주 육류를 포기하는 대신 지역 상품을 소비해야 하는데, 브레멘 사람들은 주로 지역에서 생산되는 채소, 감자, 곡물과 과일을 선호한다. 또한 종에 맞게 키우는 축산과 자연적인 농업, 기존 방식보다 이산화탄소를 훨씬 적게 배출하는 방식은 공공연하게 그런 주제를 논의하는 가운데 후원을 받아야만 한다. "유기농식품을 원하는 트렌드는 지역 제품과 계절 상품을 존중함으로써 생겨나고 더 짧은 경로라는 식도락의 철학을 후원한다. 동시에 환경을 보호하고, 건강을 후원해주는 철학을."[67]

브레멘의 출발은 좋았다. 물론 다음 해에 적극적인 참여는 눈에 띄게 식어버렸지만 말이다. 브레멘의 뒤를 이어 비스바덴, 슈바인푸르트 그리고 하노버가 채소의 날을 도입했다. 이에 관한 보고는 아직 없다. 프라이부르크도 오랜 준비 끝에 2011년에 도입하고, 쾰른에서도 채소의 날을 발의했다.[68]

당근으로 보수를 주기

전략적인 소비의 새롭고도 독창적인 형태가 '당근 모임'이다. 이 운동은 2008년 샌프란시스코에서 일어났다. 번개 모임은 서로 모르는 사람들이 무리 지어 공개된 장소에서 특이한 일을 하는 반면에, 당근 모임 사람들은 구매로 어떤 영향력을 행사하기 위해서 모인다. 개별 상인은 그날의 매상 가운데 어느 정도를 이를테면 에너지를 절약하는 조치에 투자하겠다고 약속한다. 가장 많이 제공하겠다고 말하는 가게가 당근 모임의 주인이 되는 것이다. 이 운동의 조직원들은 그러면 인터넷(이메일, 페이스북 혹은 트위터)을 통해, 모일 모시에 어느 가게에서 가능하면 구매하라고 호소한다. 그러면 대체로 수백 명의 구매자들이 몰려오는데, 이때 음악가, 텔레비전팀과 기자들도 함께 따라온다.

이런 행동이 성공을 거둘 수 있었던 이유는 출발점을 바꾸었기 때문이다. 즉 소비자로서 이미 사회복지와 환경의식을 가지고 행동하는 생산자나 상점의 손을 들어주는 대신에, 재정적인 자극을 통해 환경친화적으로 행동하도록 상점 주인들에게 동기를 부여하는 것이다. 또한 거부하는 원칙도 거꾸로 정했다. 즉 자신들의 원칙에 부합하지 않는 상점을 피하는 게 아니라, 그런 상점이 바뀔 자세가 되어 있으면 상을 주는 것이다. "당근 모임은 상점 주인들에게 이미지와 인지도를 높일 수 있는 기회를 제공한다. 그 밖에도 하루에 아주 많은 현금장사를 할 수 있게 해준다! 그러므로 상점 주인은, 경쟁 상점에 비해 장점을 갖게 된다는 사실을 분명히 알 수 있다. 우리도 목표를 달성하게 된다. 즉 '시장에서의 성공과 실패'를 사회적 책임과 환경의식과 연결하려는 목표를 이루는 것이다."[69] 베를린의 당근 모임 회원은 이렇게 적었다.

독일에서는 당근 모임이 2009년 6월 13일에 최초로 베를린 비너 가(街)에 있는 물티쿨티 상점에서 열렸다. 주인은 매상의 35퍼센트를 투자하여 더욱 에너지 효율적으로 상점을 개조하겠다고 약속했다. 이런 개조를 위해 당근 모임의 행동주의자들은 상점 주인에게 에너지 관련 전문가를 소개해주었다. 3시간 만에 400명의 구매자들 덕분에 상점은 보통 때보다 세 배 많은 2000유로의 매상을 올렸다. 주인은 이로부터 700유로를 투자하여 타이머, 온기를 달아나지 않게 해주는 호일, 에너지 절약 전구를 설치했고, 5년 동안 친환경 전기를 공급하는 회사로부

| 왜 음식물의 절반이 버려지는데 누군가는 굶어 죽는가 |

터 에너지를 공급받기로 계약을 맺었다.

바젤, 빌레펠트, 뮌헨, 빈, 본, 취리히, 프랑크푸르트, 쾰른을 비롯한 독일, 오스트리아와 스위스의 다른 도시에서 당근 모임이 잇따라 일어났다. 에너지를 절약하는 조치를 끌어낼 뿐 아니라 당근 모임은 언론에 영향을 많이 미친다. 그리하여 지속성이라는 주제는 텔레비전뿐 아니라 지방 언론에서도 등장하게 되었다. 이 행동은 지속적인 소비 의식을 갖게 해주고, 소비자들은 자신의 구매 행동을 통해서 긍정적인 변화를 불러올 수 있다는 사실을 분명히 보여준다.

쓰레기통 뒤지러 가기

정치적 소비라는 주제가 떠오르면 우리는 정치적인 동기를 가진 소비 거부도 잊어버려선 안 된다. 유럽과 북미에서는 많은 사람들이 슈퍼마켓 컨테이너에서 식품을 모으는 행동에서 낭비하는 사회의 메커니즘으로부터 벗어날 수 있는 가능성을 본다. '컨테이너른' 혹은 '덤프스터'는 독일과 오스트리아의 좌파 행동주의자들에게 널리 퍼져 있다. 이른바 국민요리(Volx-Küchen)는 흔히 쓰레기통에서 주워온 식품으로 요리를 한다.

쓰레기통을 뒤지는 사람들은 여러 가지 식품을 찾아냄으로써 한 달에 몇 백 유로는 절약할 수 있다. 하지만 밤중에 슈퍼마켓 뒤뜰에 있는 컨테이너를 뒤지는 동기는 재정적인 이유 때문이 아니다. 오히려 컨테이너 뒤지기는 식품을 낭비하는 행위에 대한 항의이자 이런 낭비에 조금이나마 반대할 수 있는 가능성으로 봐야 한다. 정치행동주의자 한나 포디히는 이렇게 묘사한다. "나는 가난해서 이렇게 하는 게 아니라,

역겹기 때문에 쓰레기통을 뒤진다. 이런 표현을 해서 참으로 미안하지만, 어쨌거나 이 세상에는 굶고 있는 사람들이 엄청나게 많다. 그럼에도 얼마나 많은 식품이 수익을 내기 위해 그냥 버려지는지 …… 물론 나는 슈퍼마켓 컨테이너를 뒤지긴 하지만 기아를 막을 수 있는 일을 적극적으로 하지는 못한다. 하지만 이렇게 하지 않으면 음식물을 사먹어야 할 것이다. 그러니 이런 식의 행동도 뭔가 효과가 있을지 모른다. 그러니까 내가 식품을 구입하면 그로 인해 새로운 수요가 생길 테니까 말이다."[70]

'쓰레기통에 다이빙하기'라는 표현은 미국에서 유럽으로 넘어왔을 것이다. 1980년에 '폭탄이 아니라 음식(Food not Bombs)'이라는 단체가 처음으로 매사추세츠에서 공개적으로 주운 식품들로 요리를 함으로써 정치적인 행동을 보여주었다. 이로써 평화를 위해 활동하는 사람들은, 한편으로 과잉을 다른 한편으로 전쟁과 기아를 만들어내는 사회를 반대한다는 점을 분명히 보여주려 했다. 그사이 5대륙에는 '폭탄이 아니라 음식' 조직이 1000개 이상 생겨남으로써 전 세계적인 운동이 되었다. 이 운동은 시장과 생산자들이 팔지 못하는 식품들을 가져와 공개된 장소에서 채식주의자 혹은 엄격한 채식주의자들이 먹을 수 있는 요리를 만들어 나눠준다.

프리건 운동도 미국에서 소비 광기에 반대하는 운동으로 발전했다. 예를 들어 맨해튼에서는 밤중에 공개적으로 '쓰레기 관광(Trash Tours)'을 조직하여, 경험자가 새로 온 사람에게 쓰레기를 뒤지는 방법을 가르쳐준다고 한다.

프리거니즘은 그사이 유럽으로도 번져나갔다. 컨테이너 뒤지기는

｜ 왜 음식물의 절반이 버려지는데 누군가는 굶어 죽는가 ｜

소비를 비판하는 사람들이 가장 흔히 실천하는 행동이며, 식품을 구입하지 않고 공짜로 얻으려 함으로써 과잉사회와 낭비사회를 거부하는 것이다. 프리건스들은 가능하면 돈 없이 살려 하고, 소비하지 않고 돈이 안 드는 대안을 구축하려 한다. 실천 방안으로는 컨테이너 뒤지기 외에 교환 통화 사용이나 자유로운 거주 프로젝트가 있다.

쓰레기통을 뒤지는 일은 점점 인터넷을 통해 조직되고 있다. 독일에서는 containem.de, 오스트리아에서는 freegan.at라는 사이트가 컨테이너를 뒤지는 행동에 관해 유용한 충고를 하며, 정치적인 배경에 관한 글들을 발표하고, 밤에 여러 도시에서 행동할 그룹의 조직 및 연락처를 제공한다.[71]

쓰레기통을 뒤지는 사람들은 오로지 모아온 식품들로만 사는데, 컨테이너에 한 가지 식품만 아주 많고 다른 식품은 적을 때가 자주 있다. 그래서 몇몇 도시에서는 발견한 식품을 서로 교환하는 행사도 한다. 베를린에는 2007년부터 메일 목록이 있었는데, 이를 통해 함께 쓰레기통 답사하기를 약속할 뿐 아니라 주운 물건을 서로 나눌 수 있다. 빈에서도 1998년에 '채소 및 과일공동체'라는 것이 결성되었는데, 이 조직은 거리와 도시의 관할구역을 잘 분류하고 쓰레기통에서 주운 식품을 모두 중앙으로 가져와 나누는 것을 목표로 한다.

독일에서는 낯선 쓰레기통을 뒤지는 일이 절도에 해당된다. 독일 법에 따르면 쓰레기는 쓰레기차에 실려서 소각장까지 갈 때까지 슈퍼마켓의 소유물이다. 게다가 많은 슈퍼마켓 경영자들은 낯선 사람들이 자신들의 쓰레기통을 뒤지는 것을 곱게 보지 않는다. 그래서 슈퍼마켓 뒤뜰에 있는 쓰레기통을 잠가두거나 쇠창살 안에 넣어두는 경우가 많다.

오스트리아와 스위스의 법은 다르다. 즉 이곳에서는 쓰레기가 '주인 없는 물건'으로 간주되어 가져갈 수 있지만, 쓰레기를 가져가기 위해 자물쇠를 부수거나 출입금지구역에 들어가서는 안 된다. 또한 쓰레기를 가져가기 위해 다른 물건을 파손하거나 소란을 피워서도 안 된다.[72] 법이 이렇게 정하고 있어서 오스트리아에서는 컨테이너 뒤지기가 공개 항의로 받아들여진다. 쓰레기통에서 주운 식품들은 공개적으로 요리해서 나눠주는데, 이렇게 하여 식품 낭비의 문제점을 고발하는 것이다. 이와 달리 독일에서는 컨테이너 뒤지기는 오히려 '조용한 항의'[73]로 끝난다.

음식의 가치를 인정하고 향유하기—슬로푸드

지금까지 시민이 주도적으로 펼치는 여러 가지 운동을 묘사했는데 마지막으로 음식을 향유하라는 처방을 내리고 달팽이를 상표로 사용하는 그룹을 소개하겠다. 1986년에 이탈리아에서 최초로 맥도날드 지점이 생기자 이에 항의하는 의미에서 스파게티를 먹은 행동이 바로 슬로푸드의 시발점이었다. 즉 패스트푸드 대신에 슬로푸드. 이는 오늘날 100여 개 국가에서 지역 상품의 보존과 음식문화, 그리고 다양한 종의 유지를 위해 의연하게 일어난 운동이다. 슬로푸드는 책임 있는 농업과 어업, 종에 적합한 축산, 전통적인 식품업을 장려하고 지역마다 자랑할 수 있는 맛을 유지할 수 있도록 지원한다. 독일에 있는 여든 개의 지역 그룹—'컨비비언(Convivien)'이라고 한다—은 생산자, 상인, 소비자를 서로 연결해주고 식량의 품질에 관한 지식을 나눈다.

슬로푸드의 정신적인 아버지이자 오랫동안 회장을 역임한 사람은 예순두 살 된 이탈리아의 정치학자 카를로 페트리니다. 그는 자신의 의도를 다음과 같이 서술한다. "나는 요리의 역사를 알고 싶었다. 식량이 어디에서 오는지를 알고 싶었다. 내가 먹는 것을 재배하고, 가공하고 요리하는 사람의 손을 상상하고 싶었다."[74] 1989년 12월 9일에 국제 슬로푸드 운동을 설립하면서 작성한 문서에는 다음과 같이 적혀 있다. "우리 모두는 바이러스의 침공을 받고 있다. 바로 '패스트 라이프(Fast Life)!'라는 바이러스이다. 우리의 삶의 형태는 전복되었고, 가정이라는 존재가 이런 일을 당한다. 그 무엇도 '패스트푸드 운동'에서 발을 뺄 수가 없다. 그러나 호모사피엔스는 자신을 파괴하는 속도로부터 자유로워져야 하고 자신에게 알맞은 삶으로 돌아가야만 한다. '패스트 라이프'로 인해 전 세계가 위협받지 못하도록 감각과 쾌적함을 보호하는 게 중요하다. 효율성을 정신없이 바쁜 것과 혼동하는 사람들─침묵하는 대다수가 그렇다─에 반대해서, 우리는 향유와 쾌적함을 제시하며, 이는 편안하고도 엄청난 삶의 기쁨으로 표현된다. 당장 식탁에서 슬로푸드로 시작해보자. 패스트푸드를 통해 진행되고 있는 천박화에 대한 답으로 우리는 특색 있는 지방 음식이 얼마나 다양하고 맛있는지를 발견할 것이다."[75]

슬로푸드 회원들은 비정치적이고, 돈을 잘 버는 미식가 혹은 유복한 은퇴생활자로 알려져 있는데, 굳이 슈퍼마켓에서 구매할 필요가 없는 사람들이라는 평을 받기도 한다. 사회적 책임보다 맛있는 음식이 우선이며, 과잉과 낭비는 안중에도 없다고들 한다. 하지만 페트리니는 슬로푸드 회원들은 전혀 그렇지 않다고 한다. "낭비를 반대하는 투쟁은 우리의 가장 중요한 목표 가운데 하나여야만 한다. ……음식을 낭비하지 않는다는 것은, 우리가 살고 있는 지구를 소중히 여기고 사람들을 존중한다는 뜻이다. 낭비하지 않는 것은 관대한 사람들이 살고 있는 사회의 전제조건이다. 물론 자선을 베풀기 위해서가 아니라, 상대를 배려해야 한다는 점을 의식하기 때문이다. ……품질이란 모두를 위해 필요하다. 비록 현실에서는 비싸지 않게 나눠가지게 될지라도 말이다."[76]

여기에 더 이상 보탤 말이 없다.

〈쓰레기 맛을 봐〉 ─ 영화에서 운동으로

영화에 감동하면, 사람들은 무엇보다 제작진들에게서 제일 먼저 이를 감지할 수 있다. 결과는 정말 믿을 수 없을 정도였다. 즉 카메라 팀에서부터 실습생들에 이르기까지 모두들 이구동성으로, 〈쓰레기 맛을 봐〉를 촬영하는 동안 자신들의 행동이 바뀌었다고 얘기했다. 예를 들어 필름 편집을 담당한 비르기트 쾨스터(Birgit Köster)도 마찬가지였는데, 그녀는 신랄한 말도 잘하지만 성격이 정열적인 사람이었다. 얼마 전에 채소가게에 갔다가 이미 시들어버린 포도 한 꾸러미가 그녀의 동정심을 불러일으켰다. 그래서 포도를 좀 싸게 살 수 있는지를 물어보았지만, 판매원은 거절했다. 비르기트는 그러면 포도는 어떻게 되는지 물어보았고, 대답을 듣자―버린다는 대답―불같이 화를 냈다. 그녀는 채소가게 주인을 불러 큰 소리로 따졌다.

하지만 나는 대부분의 동료들로부터 부엌에서 다르게 행동한다는 얘기를 들었다. 나는 개인적으로 구입할 물품을 미리 적어두거나 냉장고 앞에서 결정을 내리는 일이 무척 어렵다. 오늘은 뭘 요리하지? 이는 무엇을 요리하고 싶으냐가 아니라, 무엇부터 처리해야 하는지를 묻는 말이다. 그러면 창의성에 대한 의욕이 우선 생겨난다. 프로듀서인 아스트리드가 우리의 웹사이트에 소개해둔 찌꺼기로 음식을 만드는 요리법으로 재료를 조합할 수 있다.

찌꺼기로 만드는 요리법. 이 말은 어쩔 수 없이 요리는 하지만 정말 맛이 없을 것처럼 들리기도 한다. 하지만 돌이켜보면 절대로 그렇지 않고, 오히려 정반대였다. 나와 아내는 구매 계획을 짜는 데 너무 몰두했기 때문에, 구매하는 식품의 질과 보관 방법에 대한 관심이 치솟았다. 예를 들어 이탈리아 사람들처럼 버섯을 말려두는 것은 아주 좋은 아이디어인데, 이탈리아 쌀 요리를 할 때 넣어 먹으면 좋다.

나는 훌륭한 포도주를 좋아하지만, 식사 때 한 병을 다 마시기는 어렵다. 그래서 진공펌프로 포도주 안의 공기를 뽑아내고 닫아둘 수 있는 병마개를 구입했더니 포도주는 오래갔다. 샴페인의 경우 펌프로 공기를 병 안에 넣어두면 파티 때 남은 샴페인을 더 오랫동안 보관할 수 있다.

그렇듯 우리집 부엌에서도 몇 가지가 변했다. 즉 파는 냉장고 옆에 있는 화분에 세로로 세워둔다. 뮈슬리를 사는 대신 곡물가루를 먹는다. 그리고 냉동실에는 남은 찌꺼기를 넣어둔 봉지가 여럿 있다. 솔직히 말하면, 아직도 완벽하게 해내진 못하고 있다.

이와 반대로 요리는 제대로 하고 있다. 큰아들 레오가 요리하는 걸 너무 좋아해서 심지어 막내 딸 셀리나에게도 전염시키고 있기 때문이다. 아이들은 물론 나의 최근 프로젝트인 고기를 적게 먹는다는 계획에 제동을 걸고 있다. 그래서 나는 고기를 적게 산다. 5인 가족이 먹을 스파게티 소스에 500그램은 너무 많으므로 절반을 넣게 한다. 그리고 고기가 들어가지 않는 다른 요리도 점점 더 많이 등장한다. 만일 아이들 가운데 한 명이 요리를 하면, 다른 녀석들이 맛보는 걸 좋아한다. 레오는 널따란 중국식 프라이팬에 채소를 요리하는 것을 좋아해서 나는 이 프라이팬으로 할 수 있는 요리법이 담긴 책을 사주었다. 만일 우리가 식습관을 바꾸려 할 경우 좋은 음식을 먹고 싶은 욕구는 가장 중요한 원동력이 된다.

〈쓰레기 맛을 봐〉는 애초부터 영화 그 이상이었다. 인터넷에서는 극장에서 상영되기 2년 전부터 소개되었다(웹사이트: www.tastethewaste.com). 당시에는 '.de'가 음악 출판사 것이었는데, 형편없는 가수들만 소개하는 바람에 그사이 이 도메인을 우리에게 팔았다.

처음에는 웹사이트에 우리 팀 직원들이 직접 대부분의 글을 올렸지만, 2010년 10월에 텔레비전으로 첫 방송이 나간 뒤에는 돌변했다. 갑자기 네덜란드, 독일, 스칸디나비아 국가에서 글들이 서서히 올라왔는데, 이들은 〈신선한 채로 쓰레기통에〉가 처음 방영되었던 국가들이었다. 이것은 우리 프로젝트가 준비했던 최초의 필름이자 우리 영화의 선구자 역할을 한 방송으로 각국에서 평균 이상의 시청률을 올렸다.

독일 제1국영방송인 ARD에서 비교적 늦은 시간대인 23시 30분에 방영되었음에도 불구하고, 120만 명이 시청했고 입으로 전해지는 바람에, 13만 명 이상이 일주일 동안 ARD에서 제공한 방송을 인터넷으로 봤다. 비교를 한번 해보겠다. '범행 장소'(Tatort: 과거 우리나라의 〈수사반장〉이나 미국 드라마 CSI와 비슷한 수사물 시리즈이다—옮긴이)는 그 주에 18만 번 클릭했다. 인터넷에서 세운 기록으로 인해, ARD가 그로부터 나흘 뒤에 재방을 내보내기 위해 즉흥적으로 일요일 오후 시간대를 비웠는데, 이때도 120만 명이 시청했을 정도로 기염을 토했다. 그런 재방 결정은 아주 짧은 시간에 성사되는 바람에 널리 홍보할 여유가 없었음에도 불구하고 말이다.

이와 병행해서 우리는 자체 인터넷 방송을 내보냈는데, 우리의 유튜브 채널을 통해서 2만 회나 다운로드되었다. 특히 수천 개의 다른 웹사이트가 방송을 복사해 가서 우리는 정말 기뻤다. 우리 웹사이트 www.tastethewaste.de는 점점 국제 토론장으로 발전하고 있는데, 처음 방송을 내보낸 지 7개월 만에 10만 명 이상이 방문했다.

이 주제는 불이 붙었다. 하지만 영화를 찍은 나로서 무엇보다 기쁜 일은, 시청자들이 이메일과 전화로 보여준 감정적인 반응이었다. 하지만 가장 활발한 토론이 이루어졌던 곳은 우리의 페이스북 그룹으로, 전 세계에서 1000명 이상이 참여한다. 단 한 한 건의 부정적인 의견조차 없었고, 오로지 칭찬뿐이었다. 직업상 매일 버려야 하지만 양심의 가책을 느끼는 전문가들도 마찬가지였다. 수많은 요리사들이 우리에게 의견을 알렸고, 심지어 슈퍼마켓의 점장도 낭비를 멈추는 일이 얼마나 어려운지를 설명해주었다.

본보기 아이디어를 내놓는 경우도 있었다. 예를 들어 네덜란드의 슈퍼마켓 체인점인 점보였다. 즉 유통기한이 이틀 남았거나 이보다 더 짧은 제품을 진열장에서 발견하는 모든 고객은 이 물건을 그냥 가져갈 수 있게 하는 아이디어다. 이는 정반대 시각을 제공한다. 다시 말해, 고객들은 항상 가능하면 유통기한이 긴 물건을 찾는데 반해, 이제 가능하면 유통기한이 짧은 제품을 찾고 있는 것이다.

또 제빵 기술자도 있었다. 그는 지금까지 남은 빵을 쓰레기 소각장으로 보냈는데 지금은 가축 사료를 만드는 공장을 찾고 있다고 전해주었다. 그런가 하면 근처 슈퍼마켓의 쓰레기 컨테이너를 어떻게 하면 잘 털 수 있는지를 가르쳐준 가정주부도 있었다. 이 슈퍼마켓은 물론 컨테이너를 자물쇠로 잠가두었다고 했다. 이런 경우와 관련해 조언을 얻으려면 쓰레기통을 뒤지는 사람들의 웹사이트에 가면 되는데, 물론 대부분의 충고는 불법이다.

쓰레기통을 뒤지는 사람들에게는 별 상관 없는 일이다. 그들은 법적인 문제를 각오한다. 참으로 놀랍게도 품위 있는 제1방송 ARD가 그런 행동에 동참해주었다. 〈신선한 채로 쓰레기통에〉는 NDR(북독일방송)이 함부르크에서 개최한 전국 기자회견에 소개되었고, ARD의 〈주제가 있는 주〉라는 프로그램에서 '음식은 삶이다'는 주제로 소개되었다. 나는 언론의 대표자들을 위해 특별히 깜짝 놀랄 일을 고민해보았는데, 바로 '쓰레기 뷔페'였다. 하지만 NDR 방송국의 구내식당 요리사는 내 계획에 동참하지 않겠다고 했는데, 식품을 가지고 장난치는 것 같아서 싫다는 얘기였다.

나는 프레드릭(쓰레기를 뒤지는 사람으로 이 책의 초반에 내가 이야기했다)과 최고의 요리사 밀렌코 가브릴로빅(Milenko Gavrilovic)에게 도움을 요청했다. 함부르크 사람들은 가브릴로빅이 레스토랑 '아이젠슈타인'과 '마르세유'의 주인이라는 점을 잘 안다. 프레드릭은 알토나(Altona: 함부르크 서쪽 끝에 있는 구역이다—옮긴이)에 있는 어느 슈퍼마켓의 쓰레기통에서 채소를 가져와서 '마르세유' 레스토랑의 주방에 가져오기로 했다. 여기에서 최고의 요리사는 우선 채소들을 깨끗하게 씻었다. 다음 날 그 재료들로 탁월한 뷔페를 만들었다. 즉 꽃배추와 감자 샐러드, 토마토와 양고기 치즈 샐러드 그리고 자두 과자였다. 하지만 내가 제일 좋아하는 요리는 밀감크림을 얹고 응유를 속에 넣은 롤 파이였다. 마침 그날 쓰레기통 컨테이너에는 밀감이 엄청 많았고, 그래서 가브릴로빅은 밀감을 가지고 천재적인 방식으로 과일크림을 준비했던 것이다.

음식은 한눈에 맛있어 보였다. 음식의 출처를 아무도 의심하지 않도록 우리는 뷔페 옆에 비디오를 두어 밤중에 쓰레기통을 뒤지는 모습을 보여주었다. 도발적이기는 했지만 아무도 비디오를 보고 놀라지 않았다. 모두들 우리가 쓰레기통을 뒤져 준비한 뷔페를 맛보았고, 북독일 방송국 구내식당의 요리사인 팀 멜처도 와서 맛을 보았다.

그로부터 얼마 후에 나는 쓰레기통을 뒤지는 사람과 미식사를 연결하는 두 번째 기회를 얻었다. 베를린에서 슬로푸드는 '테라 마드레(대지와 어머니의 날)'를 열었다. 이 행사를 위해서 요리를 준비해야만 했다. 나는 피르코에게 요청했는데, 우리는 2년 전에 그녀와 함께 영화를 찍은 적이 있었다. 그녀는 '젊은 음식 운동'의 비결을 가르쳐주겠다며 승낙을 했다. 밤중에 컨테이너를 뒤지러 갈 때 슬로푸드 독일의 회장을 맡은 우르술라 후드손(Ursula Hudson)이 참여하는 바람에 순풍에 돛을 단 셈이었다.

다음 날 웜 카트(Wam Kat)가 합류했는데, 그의 검정색 티셔츠에는 이런 글귀가 새겨져 있었다. "음식은 정치적 행동이다." 그는 고어란트(Gorland: 니더작센 주에 있으며 근처에 유명한 핵쓰레기장이 있다—옮긴이)에서부터 하일리겐담(Heiligendamm)에 이르기까지 시위를 펼쳤던 수천 명을 위해서 거대한 냄비로 이미 요리를 한 적도 있었다. 이 행사장 요리사는 베를린 학교환경센터에서 문제를 발견했다. 가스레인지가 너무 작아서 자신이 가져온 냄비를 올릴 수가 없었다. 하지만 카트는 이에 굴하지

| 왜 음식물의 절반이 버려지는데 누군가는 굶어 죽는가 |

않고, 정원에서 불을 피우기로 결정했다. 눈이 하얗게 내린 12월에 말이다.

학생들은 카트의 명랑한 성격에 완전히 매료되었다. 그는 오랫동안 독일에서 살았지만, 말투에는 여전히 네덜란드 억양이 배어 있었다. 늘 농담을 던지면서 학생들에게 어떻게 하면 채소를 요리할 수 있는지를 보여주었다. 그러는 중간에도 열일곱 살 된 학생들의 기본 지식을 시험해보기도 했다. 이게 뭐야? 그가 덩이줄기를 하나 높이 들고 물었다. 베를린 학생들 서른 명 가운데 그것이 샐러리임을 아는 학생은 딱 한 명뿐이었다.

하지만 카트는 기가 꺾이지 않았다. "오늘날 대도시는 이렇습니다. 젊은 친구들이 어떻게 그걸 알겠어요?" 항상 머리에 털실로 짠 모자를 쓰고 있어서 카트는 괴짜로 보였다. 하지만 그의 요리 기술은 그야말로 환상이었다. 나는 엄청나게 큰 솥이나 많은 샐러드에 어떻게 양념을 하는지 가르쳐준 카트에게 감사의 말을 했다.

내 영화를 보고 나자 학생들은 놀라서 이런 질문들을 던졌다. 그들은 장면들이 위조되지 않았는지, 혹은 연출되었는지, 진짜인지 아니면 가짜인지 알고 싶어 하면서, 오늘날 텔레비전의 다큐멘터리 프로그램을 비판적으로 시청하는 사람들의 면모를 과시했다. 오후가 되어 대조적인 프로그램이 소개되었다. 즉 슬로푸드는 저녁 때 고급 호텔 인터컨티넨탈을 호출했다. 거기에서는 주방장 알프 바겐칭크(Alf Wagenzink)가 매일 수천 명의 손님들을 위해서 요리를 했다.

이 호텔에서는 매일 몇 톤에 달하는 식품을 손질한다. 그렇게 큰 주방에서 쓰레기는 어떻게 줄일 수 있을까? 주방장은 세련된 방법으로 이를 해결하고 있었다. 즉 사람들이 보통 버리는 브로콜리의 굵고 짧은 줄기로 채소 카르파초(carpaccio: 쇠고기나 참치 등 날고기와 날 생선을 얇게 썰어서 소스를 친 요리이다—옮긴이)를 만들었다. 주방장은 조식 뷔페에서 남은 치즈를 부드럽게 만들어 이로부터 생긴 두꺼운 액체를 분수대 모형에 따라 흘러내리게 했다. 이렇게 해서 생긴 분수대 모양 치즈는 아이들 생일 때 볼 수 있는 초콜릿 분수에서 힌트를 얻었다.

"가장 중요한 것은 쓰레기를 버리지 않도록 미리 계획을 세우는 것입니다. 우리 호텔에는 언제 어느 정도의 양을 구매해야 하는지 계획하는 부서가 있어요. 그러면 벌써 효과가 나타납니다." 바겐칭크가 설명했다.

인터컨티넨탈 주방장은 또한 국회에 우리가 전할 메시지가 잘 전달되도록 도와주었다. 나와 오스트리아의 쓰레기 연구원인 펠리치타스 슈나이더 양과 함께 그린피스가 개최한 '국회의 저녁'에 등장했다. 그는 냄새로 손님들을 설득시켰다. 작은 딱지가 앉은 사과는 흠이 없고 맛도 없는 그래니 스미스보다 훨씬 더 맛있을 수 있다고 말이다. 그는 또한 18세기에 나온 오래된 사과 품종을 보여주었고, 보라색 당근도 보여주면서 언제라도 오렌지색 평범한 당근보다 더 선호한다고 말했다.

'냉혹한 사실과 향유'를 혼합해서 발표하자 강당에 모여 있던 국회의원들과 학자들이 관심을 보였다. 이 저녁 행사는 '식량, 농업과 소비자보호' 협의회 의장인 한스 미카엘 골트만(Hans-Michael Goldmann, 자민당 소속)과 '환경, 자연보호와 핵안전' 협의회 의장인 에바 불링 슈뢰터(Eva Bulling-Schröter, 좌파당 소속)가 열었다. 비록 두 사람은 정치적으로 서로 다른 당파에 속하지만, 음식물 쓰레기 문제는 중요한 사안이므로 의회에서 다뤄야 한다는 점에는 의견을 같이했다.

독일에는 아직 식품 낭비의 양과 원인에 대한 연구가 전무하다는 사실이 드러나자, 그로부터 며칠 뒤에 첫 번째 조치가 내려졌다. '식량 및 농업 소비자보호부'의 장관에게 국회 차원에서 질의가 들어갔다. 이에 대한 대답은 오래 기다릴 필요가 없었다. 즉 아이그너(기독교사회당 소속)는 2010년 크리스마스 전에 연구를 위탁할 것이라고 밝혔다.

이보다 더 신속한 반응을 보인 쪽은 뒤셀도르프에 있는 공산당과 녹색당이 연합한 주정부였다. 〈신선한 채로 쓰레기통에〉가 방영된 지 몇 주 뒤인 2010년 11월에 노르트라인 베스트팔렌 주의 소비자 장관 요하네스 렘멜이 회의를 소집했다. 그는 상인들 및 농부들과 함께, 어떻게 하면 쓰레기를 줄일 수 있을지에 관해서 논의했다. 그리고 회의는 1년에 적어도 두 번 열기로 했다.

우리의 영화가 중앙정부 차원에서는 물론 주정부 차원에서도 정치적인 발의를 불러일으켜서 나는 매우 기쁘다. 하지만 실제로 뭔가 변하려면 지속적으로 공적인 압박을 가해야만 할 것이다. 그래서 우리는 개발단체와 환경단체가 서로 연합할 수 있도록 노력했다. 그린피스와 슬로푸드는 이미 시초부터 있었다. 베를린 타펠, 세계기아원조와 기독교개발봉사단(EED)이 여기에 합류했다.

2011년 베를리날레는 우리에게 또 다른 파트너를 초대할 수 있는 계기를 선물했다. '미식가의 영화관'(Kulinarisches Kino: 베를린 영화제 가운데 맛을 다루는 영화를 심사하는 파트로, 슬로푸드의 파트너이기도 하다—옮긴이)이 우리 영화 〈쓰레기 맛을 봐〉를 선별함으로써 베를린영화제에 선보일 수 있는 영광을 주었기에, 우리는 이 기회를 잘 이용하고자 했다. 베를리날

레의 집행위원장 디터 코슬릭(Dieter Kosslick)과 '미식가의 영화관' 위원
장인 토마스 스트룩(Thomas Struck)은 처음부터 정치적인 입장에서 출발
했다. "음식을 향유하고 삶의 기쁨을 누리는 것은 환경과 공평한 노동
조건, 그리고 무역조건에 대한 책임과 떼어놓을 수 없습니다."

우리 작품은 공식 프로그램에서 두 번이나 상영되었다. 첫 상영은 2월
12일에 그로피우스 건물(Gropius-Bau: 베를린 크로이츠베르크 구역에 있는 전시
장이다—옮긴이)에서 학급 세 반과 언론 대표자들 앞에서 행해졌다. 상영
이 끝나자 반대편 천막에서 또 상영되었다. 천막 안에 있는 식탁은 이
미 파티장처럼 잘 장식돼 있었고, 일부 학생들이 영화가 상영되는 동
안에 이미 주방으로 갔다. 미식가 잡지가 '2011년 올해의 요리사'로
선발한 미카엘 호프만(Michael Hoffmann)을 도와주기 위해서였다.

그는 베를린에 있는 자신의 레스토랑 '마르고'를 위해 채소를 직접
재배한다. 그리고 이번에는 채소가 메뉴판에 등장했다. 물론 학생 요
리사들은 어떤 채소인지 몰랐는데, 베를린 타펠에서 가져오는 데다 그
날 누가 식품을 기부하는가에 따라서 달라지기 때문이었다. 요리사들
은 메뉴판을 환상적으로 장식했다. 즉 '우연히 얻은 채소에 이탈리아
소스를 얹은 로또', 후식으로는 '달콤한 놀라움'이 나왔다. 찌꺼기 식
품으로 만드는 요리는 정말 변화무쌍했다!

이어진 토론장에서 열세 살 된 학생들이 대안을 찾았다. 그리고 우
리 영화의 제목 '쓰레기 맛을 봐'의 번역에 문제가 있음을 알아냈다.
영어로 'waste'는 두 가지 뜻이 있는데, 바로 쓰레기와 낭비다. 하지만
독일어는 그렇지 않다는 것이었다. 그래서 내 아들 오스카가 독일어로
'슈멕 덴 드렉(Schmeck den Dreck)'이라는 제안을 하자 모두들 한바탕 크

| 왜 음식물의 절반이 버려지는데 누군가는 굶어 죽는가 |

게 웃었다.

〈타게스슈피겔〉지는 우리 영화를 '쓰레기 스릴러물'이라고 일컬었고, 〈베를리너차이퉁〉은 '버린 재료들로 만든 별 하나짜리 메뉴'라는 제목으로 기사를 실었다. 〈타게스차이퉁〉은 이렇게 보도했다. "잊혀지지 않는 장면들이다. 쓰레기통을 뒤지면서 생기는 역겨움은 곧 분노로 바뀌게 된다."

두 번째 공식 상영은 1000여 명 이상의 관객들이 모인 세계 문화의 집에 있는 영화관에서 진행되었는데, 베를린 사람들은 이곳을 과감하게 '임신한 굴'이라고 일컬었다. 영화가 끝나자 어떤 여성 관객이 내 손에 10유로를 쥐여주었다. "이 돈을 베로니크에게 주세요. 그녀를 도와주고 싶네요." 그래서 나는 파리에서 만났던 베로니크를 위한 기부금 구좌를 만들어야겠다는 생각이 들었다.

세 번째 상영은 우리 스스로 했다. 식품 낭비를 반대하는 캠페인에 관심을 가진 모든 단체를 초대해서 영화를 보여주기 위해서였다. 그래서 우리는 크로이츠베르크 구역에 있는 빙하극장의 2개 관을 모두 빌렸다.

영화가 끝난 뒤에 우리는 100명 이상의 손님들과 함께 근처에 있는 마르크트할레 9번지로 이동했다. 역사적인 건물이 있는 이곳에서 우리는 토론을 하기 시작했고, 서독방송의 안드레아 에른스트(Andrea Ernst)가 사회를 봤다. 관심이 폭증하는 바람에 무대 위는 사람들로 가득 차게 되었다. 그린피스의 위르겐 크니르쉬, 슬로푸드의 우르술라 후드손, 베를린 타펠의 슈테판 부흐하임, 독일소매상협회의 카이 팔크, 세계기아원조의 볼프강 야만, 기독교개발봉사단의 슈티크 탄츠만, 소비자발의의 라우라 그로스 그리고 제빵 기술자 롤란트 쉬렌이었다.

셀 수도 없는 화분과, 커다란 상자와 재활용한 우유봉지가 특별한 분위기를 빚어냈다. '공주들의 정원'은 그처럼 움직이는 용기들로 식물들의 겨울나기를 수행했다. 로버트 쇼와 마르코 클라우젠은 따뜻한 계절에 도시의 노는 땅을 그렇게 녹색으로 가득 채웠다. 오늘 '시티 가드닝'의 선구자들은 주방에서 행사 요리사인 카트를 도와주었다. 카트는 채소 카르파초가 들어간 감자요리와 약초 소스를 선보였다.

재료의 일부는 베를린 타펠에서 제공했고, 나머지는 카트가 직접 가져왔다. 베를린 주변 지역에서 농사를 짓는 그의 파트너 농부가 수확하고 남은 찌꺼기들인데, 시각적으로 보면 약간 문제가 있어서 시장에 내다 팔 수 없어 버려야 하는 것들이었다. 나중에는 디아네 그레이스 켈리가 뜨거운 음악을 선보였지만, 깜짝 놀랄 라이브를 선보이는 뮤직밴드 더 비즈가 방해를 놓았다.

베를린 영화제 기간에 개막을 알리는 이런 파티는 식품 낭비에 반대하는 우리 협회가 탄생하는 계기가 되었다. 그로부터 한 달 뒤에 협회는 본에 있는 세계기아원조에서 최초로 협조 모임을 열었는데, 비디오 회의를 통해서 베를린과도 연결했다. 새로운 파트너도 들어왔다. 즉 독일 자연보호단체, 소비자센터, 세계를 위한 빵, 독일학자연맹, 타펠 연합, 그리고 베를린과 뒤셀도르프 시에서 이런 일을 담당하는 많은 공무원들도 합류했다.

오스트리아에서는 식품 낭비를 반대하는 캠페인을 벌여서 이미 대대적인 성공을 거두고 있다. 이곳에서는 지역의 쓰레기 처리 시설이 캠페인을 벌이는 경우가 드물지 않다. 지금까지 나는 독일에서 비슷한

| 왜 음식물의 절반이 버려지는데 누군가는 굶어 죽는가 |

발의를 찾아보았지만 허탕이었다. 그래서 슬로푸드가 매년 슈투트가르트에서 개최하는 '좋은 취향을 위한 박람회'에서 '루트비히스부르크 쓰레기 활용조합'을 만나게 되어 정말 기뻤다. 조합장인 안네테 폰 톤은 처음에는 열다섯 가구와 함께, 나중에는 마흔다섯 가구와 함께 부엌의 식품 쓰레기를 어떻게 하면 줄일 수 있는지를 시범 삼아 보여주었다. 그녀는 유럽연합이 발의한 '그린 쿡(Green Cook)'하고도 일한다.

이 주제는 국제적으로 점점 더 큰 반응을 얻고 있다. 2011년 5월에 국제식량기구는 연구를 하나 발표했다. 이에 따르면 식품에 따라 전 세계에서 낭비되는 양은 20~75퍼센트에 이른다는 것이다. FAO 연구원들은 전 세계에서 버려지는 식품 쓰레기를 매년 12억 톤으로 추정하는데, 그야말로 상상조차 할 수 없는 양이다. 선진국에서는 대체로 소비자들이 낭비를 하는 반면에, 개발도상국에서는 금방 수확을 한 뒤에 식품이 가장 많이 상한다. 창고와 사회간접시설이 부족하기 때문이다. 포장산업은 이를 새로운 사업 분야로 인지하고 뒤셀도르프에서 열리는 '인터파크(interpack)' 박람회에서 '세이브 푸드'를 설립했다. 왜냐하면 여기서는 포장을 너무 많이 해서 탈이지만, 가난한 나라의 생산자들의 경우에는 포장을 하지 않거나 제대로 포장을 하지 않아서 식품이 상해버리기 때문이다.

곧 독일의 슈퍼마켓도 식품 낭비를 반대하는 캠페인을 벌일 것이라고 나는 확신한다. 추수감사절은 기독교에서 가장 오래된 주제 중 하나인 식품을 소중하게 여기는 행동과 관계가 있다. 더 많은 사람들에게 호소하기 위해 여러 사회단체와 함께할 수 있다면 나는 더 이상 바랄 게 없다.

〈쓰레기 맛을 봐〉는 이 책과 마찬가지로 여러분들을 당황하게 만들기를 나는 바란다. 하지만 이 책을 체념한 채 덮어버리거나 어찌할 바를 모르는 기분으로 영화관을 떠나는 사람이 아무도 없기를 희망한다. 왜냐하면 우리 모두는 집안일을 하면서 행동을 바꿀 수 있고, 아주 작은 변화도 도움이 되기 때문이다. 이때 삶의 기준을 눈곱만치라도 상실할 필요가 없다. 이런 방식으로 기후와 기아처럼 전 세계의 묵직한 문제에 직면해 체념하여 등을 돌리는 사람들이 다음과 같이 생각하기를 원한다. 나는 무엇을 할 수 있을까? 가장 아름다운 일은 우리들 각자 뭔가를 할 수 있다는 것이다.

당황스러운? 역겨운? 끔찍한? 이 책과 영화를 읽고 본 느낌에 어떤 형용사를 붙이면 가장 적절한지 사람들은 모른다. 객관성을 유지하기란 거의 불가능하다. 《왜 음식물의 절반이 버려지는데 누군가는 굶어 죽는가》는 전 세계에서 식품을 낭비하는 사례를 담은 사전이라 할 수 있다. 그러니까 우리 삶의 기초에 존경심을 보이지 않고, 자연과 환경을 남용하는 행위를 고발하며, 선진국을 열망하는 나라와 개발도상국에 사는 수백만 명을 희생시키는 중진국과 선진국의 삶의 방식이 어떤 영향을 미치는지 폭넓게 보여주는 책이다. 발렌틴 투른과 슈테판 크로이츠베르거는 이런 주제를 참여의식을 가지고 멋지게 다뤄주었다. 너무나 감사드린다!

식품에 관한 스캔들, 산업화된 생산으로 인한 부정적인 측면, 무의미한 낭비에 관한 묘사는 흔히 사람들의 흥분을 유발하지만, 결국 변화를 끌어내기는 힘들 때가 많다. 흥분은 빨리 끓어오르다가 성과 없이 가라앉아버리니까 말이다. 온갖 종류의 상품이 과도하게 제공되는 바람에, 결국 낭비와 남벌, 파괴가 이어지고 과체중과 국민 질병이 늘어난다. 이제 이런 일을 멈추고 그린피스가 주장하는 대로 해보자. 기다리는 게 아니라 행동하자!

유럽에서 버려지는 식품이면 전 세계에서 굶주리는 사람들을 두 끼나 먹일 수 있다. 이는 정말 미친 짓이다. 개발도상국의 현실을 직접 본 사람도 미쳐버리기에 딱 좋다. 1990년대 중반에 나는 과테말라를 둘러보고 있었다. 이 나라는 녹색 오아시스로, 풍요로운 계곡에는 온갖 채소들이 재배되고 있었는데 이런 고급스러운 채소는 미국에 수출한다고 했다. 산비탈에는 커피농장이 있었는데, 이 역시 수출한다고 했다. 하지만 국민 대다수는 가난하게 살았고, 들판을 맨발로 돌아다니며 살충제 통을 어깨에 메고 다녔다. 노동자들은 너무나 오랫동안 일을 하다 보니 손과 발은 물집투성이였고 굶주린 채로 집으로 돌아갔다. 그들이 재배한 채소는 미국으로 가지만 식품이 아니라 장식품으로 이용되었다. 과테말라의 지방에서는 커피조차 마실 수가 없었다. 모두 외국으로 가는 것이다. 다음번에 우리가 카페라테를 마시면, 이 나라를 생각하게 될까?

선진국에 사는 우리들은 의지할 데 없는 처지가 아니다. 정보를 얻을 수 있고 의식 있게 구매할 수도 있다. 압력을 행사할 가능성도 있으며 이로써 변화를 가져올 수도 있다. 우리가 어떻게 먹고 식품을 어떻게 다루느냐는 의심할 바 없이 정치적인 행동이 되었다. 우리가 의식하든 그렇지 않든, 우리의 사적인 결정은 사람과 환경에 긍정적이든 부정적이든 막대한 영향을 미친다. 그래서 우리는 식습관을 가차 없이 시험해봐야 한다. 즉 후회와 양심의 가책 없이 어떻게 하면 진정으로 향유할 수 있을까?

식품을 적절하게 다루는 일은 전 세계의 환경문제와 밀접한 연관이

| 왜 음식물의 절반이 버려지는데 누군가는 굶어 죽는가 |

있다. 그린피스는 40년 전부터 환경문제를 완화시키기 위해 전 세계적으로 캠페인을 벌이고 있다. 예를 들어 기후변화를 막자는 캠페인이 있다. 즉 온실가스(메탄, 이산화질소와 이산화탄소)의 17~32퍼센트가 농업 때문에 방출된다. 다량의 비료를 투입하는 산업화된 농업과 늘어나는 육류 생산은 기후변화를 촉진한다. 토양의 잠식과 부식, 새롭게 재배지와 초원을 얻기 위해 자행하는 원시림의 남벌과 음료수 오염은 고려하지 않더라도 말이다. 만일 우리가 전 세계적으로 온도 상승을 2도 이하로 유지하려면, 2015년부터 온실가스 배출을 줄여야만 한다! 친환경적이며 지속적인 농업을 확장하는 것은 기후보호에 적극 기여하는 행동이며, 육류 소비를 개인적으로 줄이는 것도 마찬가지이다.

심각한 문제가 바로 우리의 생선 소비이다. 생선이 식탁에 올라오면, 남은 신선한 생선이 더 이상 쓰레기통에 신속하게 들어가지 않는다. 이런 재난은 이미 오래전에 시작되었다. 잡어의 80퍼센트는 다시 바다에 버려진다. 유럽의 경우에는 상업적인 목적으로 어획해도 되는 생선 가운데 거의 90퍼센트를 과도하게 어획한다. 대구 열 마리 가운데 아홉 마리가 처음으로 산란도 하기 전에 잡혀버린다. 어종 가운데 30퍼센트가 더 이상 잡히지 않는다. 물론 지금은 그런 종의 어획을 중지했을 수도 있지만 말이다. 하지만 우리는 언제라도 생선을 먹는 데 익숙해져 있다. 산업계의 대답은 이러하다. 그물의 크기를 키우고, 과잉 어획한 양을 개발도상국 해안, 예를 들어 서부 아프리카의 해안에 있는 강물에 '수출'하자고 한다. 이는 그 지역의 기아 사태를 더욱 악화시킬 뿐이다. 그린피스는 해양보호구역을 전 세계적으로 40퍼센트로 늘리자고 요구한다. 우리는 국제적인 협약과 법을 통해서만 그런 목표를 달성할 수 있다. 만일 합의를 지키지 않으면 엄하게 징벌해야 할 것이다. 우리는 파괴적인 어획자들, 너무 많은 어획량, 불법적인 어획을 반대하고 진정한 해양보호구역을 구축하자는 캠페인을 전 세계에서 벌이고 있다. 그리고 우리의 고문들은 소비자들이 어떤 생선을 먹어도 되는지를 충고해준다.

우리의 지구는 결과를 생각하지 않고 기분 날 때마다 마음껏 이용하는 할인매장이 아니다. 모든 사람은 건강한 환경, 깨끗한 음료수, 충분히 건강에 좋은 식량 그리고 교육과 공정한 삶의 기회를 누릴 권리가 있다. 우리는 이성적인 삶을 영위함으로써 이에 기여할 수 있다. 장을 보러 갈 때, 빵을 먹으면서 혹은 요구르트를 저을 때 그런 점을 생각해보라. 그리고 행동하라!

브리키테 베렌스(그린피스 운영자)

우리는 다음 분들에게 특별히 감사드린다.

영화와 텔레비전

안겔라 바그너, 안드레아 에른스트와 유타 크룩(WDR방송), 디르크 노이호프와 파트리시아 슐레징어(NDR방송), 바베트 M. 반루(BOS), 악셀 아르뇌(EBU), 페터 지메스와 아만다 토이니센(Documentary Campus Masterschool), 슈테판 빈클러와 미리암 플뤼거(W-Film Distribution)

조직

마를리스 린데케와 율리아 지베르스(GIZ), 우르술라 후드손과 안드레아 렌케르트-회르만(슬로푸드 독일), 프란치스코 마리와 슈티크 탄츠만(EED), 위르겐 크니르쉬와 마틴 호프슈테터(그린피스), 볼프강 야만(세계 기아원조), 헬무트 뢰쉬아이젠 박사(DNR), 게르트 호이저(독일 타펠 연합), 자비네 베르트와 슈테판 부흐하임(베를린 타펠), 요하네스 퀴스트너(세계를 위한 빵), 안드레야 세그레(Last Minute Market)

책과 영화에 관한 조사 및 텍스트

카린 드 미구엘 베센도르프, 다니엘라 바움, 브리타 돔브로우, 페터 되리, 토마스 하르트만, 라우렌 미토른, 카롤린 노켈, 세바스티안 엥브록스, 이본느 밀케

그래픽

실비아 카우츠, 율리아 콘토르

영화를 위한 조사

포히 탐바 느소(카메룬), 수잔네 슈테펜(일본), 한스-귄터 크라우트(일본), 슈테판 뮐러(미국), 라파엘레 베니스티(프랑스)

미식가적 충고

윔 카트, 알프 바겐칭크, 밀렌코 가브릴로빅

창의적인 지원

페트라 치우벡, 외르크 베버, 마틴 블록, 귄터 발라프

쓰레기를 뒤진 사람들

한나 포디히, 피르코 벨, 프레데릭과 크리스토프, 로베르트와 게르하르트

그리고 인터뷰에 응해서 자신들의 경험과 예측으로 우리를 도와주었던 모든 분들에게 진심으로 감사한다.

1부 소비의 광기와 폐기하는 사회

1. 2010년 8월부터 2011년 1월까지 FAO의 의뢰를 받은 스웨덴 '푸드와 바이오테크놀로지 연구소'에서 진행한 연구. 2011년 5월 11일 언론 보도와 결과를 정리했다. 2011년 5월 16일 뒤셀도르프에서 진행된 국제회의 SAVE FOOD에서 "전 지구적 식품 손실과 음식물 쓰레기(Global Food Losses and Food Waste)"라는 주제로 발표했다.

2. 같은 자료.

3. 같은 자료.

4. FAO-2011년 5월 11일의 연구 개요.

5. Gemeinsame Pressemitteilung von WWF Deutschland und Heinrich-Böll-Stiftung, 16.05.2011, Agrarexperte Matthias Meissner.

6. 같은 책.

7. 다음을 인용함. Ein Drittel der Lebensmittel landet laut WWF im Müll, Der Freitag, 21.01.2011.

8. 2011년 1월 19일 〈다우존스 뉴스(Dow Jones News)〉의 보고이다.

9. Martin Fritz, Sushi für die Mülltonne, Frankfurter Rundschau, 03.03.2009 참조.

10. Lundqvist, J., C. de Fraiture and D. Molden, Saving Water, From Field to Fork. Curbing Losses and Wastage in the Food Chain, SIWI Policy Brief, SIWI 2008.

11. Bommert, W., Kein Brot fuer die Welt. Die Zukunft der Welternährung, Riemann Verlag, München 2009, p. 156.

12. Agrar-Koordination, Der Futtermittel Blues 2.0, Beitrag von Ursula Gröhn-Wittern, Jubiläumsausgabe, Hamburg, Mai 2011.

13. Bommert, W., Kein Brot fuer die Welt, S.161.

14. 3개 조직의 공동 언론 발표: Erschütternd hohe Essensverschwendung gefährdet Wasser- und Landressourcen, Mai 2008.

15. Bundesvereinigung der Erzeugerorganisationen Obst und Gemüse e. V. (BVEO), Position zu EU-Vermarktungsnormen / UNECE-Normen, www.bveo.de

16. Österreichisches Lebensministerium, Entwurf Bundesabfallwirtschaftsplan 2011, Kapitel 3.9.2, p. 68.

17. 같은 책.

18. Elmadfa, I. u. Freisling, H., Osterreichischer Ernährungsbericht 2003. 1. Aufl., Wien 2003.

19. Informationsdienst Wissenschaft, Pressemitteilung der Jacobs University, 20.04.2011.

20. 같은 책.

21. Georg Etscheit, Unser täglich Brot, www.sueddeutsche.de, 20.07.2008.

22. Handelsverband HDE, Pressemitteilung: Handel reduziert Lebensmittelabfälle, 16.05.2011.

23. 같은 책.

24. 자체 문서실: Interview mit Carsten Zerch, Marktleiter des Sozialmarkts des Wiener Hilfswerks. 혹은: Claudia Dannhausen, Der Ladentisch darf niemals leer sein, www.diepresse.com, 08.04.2011.

25. Schneider, F., u. Scherhaufer, S., Aufkommen und Verwertung ehemaliger Lebens-mittel. am Beispiel Brot und Gebäck, Studie im Auftrag des Bundesministeriums für Wirtschaft, Familie und Jugend, Wien, Oktober 2009 참조.

26. Lebensmittel auf dem Müll, www.rp-online.de, 22.12.2010; Unser täglich Brot, www.sueddeutsche.de, 20.07.2008 참조.

27. Eva Quadbeck을 인용함. Lebensmittel auf dem Müll, www.rp-online.de, 22.12.2010.

28. 다음에서 인용함. Unser täglich Brot, www.sueddeutsche.de, 20.07.2008.

29. Presseinformation der EU-Kommission: Die krumme Gurke ist wieder da: "unförmiges" Obst und Gemüse ab dem 1. Juli wieder im Handel, 30.06.2009.

30. 같은 책.

31. Schneider, F.: Aufkommen und Verwertung ehemaliger Lebensmittel 참조.

32. WRAP, The food we waste, Food Waste Report v2 참조.

33. Interview mit Ilse Aigner, Bild-Zeitung, 09.05.2011.

34. Cofresco Frischhalteprodukte, Die Toppits SAVE FOOD Studie, Zentrale Daten und Fakten sowie Pressemitteilung, 04.05.2011.

35. Stuart, T., Für die Tonne. Wie wir unsere Lebensmittel verschwenden, Artemis & Winkler Verlag, Mannheim 2011, p. 106 참조.

36. 다음과 비교하라. Unser täglich Brot, Süddeutsche Zeitung, 19.07.2008, und Restlos glucklich, Der Tagesspiegel, 04.01.2009.

37. Maskierter Müll, Der Spiegel, Nr. 30/2010, p. 66.

38. 같은 책, p. 67.

39. Statistisches Bundesamt, Erhebung über Haushaltsabfälle, Ergebnisbericht 2008, erschienen April 2010.

40. Witzenhausen-Institut für Abfall, Umwelt und Energie GmbH im Auftrag des Hessischen Ministeriums für Umwelt, ländlichen Raum und Verbraucherschutz, Optimierung der biologischen Abfallbehandlung in Hessen, Witzenhausen, März 2008 참조.

41. 같은 책, p. 45.

42. Briesen, D., Das Gesunde Leben. Ernährung und Gesundheit seit dem 18. Jahrhundert, Campus Verlag, Frankfurt 2010, pp. 273~275 참조.

43. Goris, E., Unser klaglich Brot. Gute Ernährung kommt nicht aus der Tute, Droemer Verlag, München 2007, p. 215.

44. 같은 책, p. 207.

45. Bundesanstalt für Landwirtschaft und Ernährung / Bundesministerium für Ernährung, Landwirtschaft und Verbraucherschutz, Statistisches Jahrbuch 2010, Kap. D Ernährungsweise, 4010500, Tabelle 206.

46. 같은 책, 4010800, 일람표 208.

47. Bundesministerium für Ernährung, Landwirtschaft und Verbraucherschutz, Pressemitteilung, 17.05.2006.

48. Nationale Verzehrsstudie II, Ergebnisbericht Teil 2 (Lebensmittelverzehr, Nährstoffzufuhr, Supplementeinnahme), Max Rubner-Institut. Bundesforschungsinstitut für Ernährung und Lebensmittel, Karlsruhe 2008.

49. Reto U. Schneider, Preiskampf in der Bückzone, NZZ Folio 11/2006 참조.

50. 같은 책.

51. 같은 책.

52. 같은 책.

53. SGS Institut Fresenius Verbraucherstudie 2010, Lebensmittelqualität und Verbrauchervertrauen, Pressemitteilung, 21.07.2010.

54. Bode, T., Alles aus Zucker. Wie die Nahrungsmittelmultis unsere Kinder mästen, in: Blätter für deutsche und internationale Politik 12/2010, pp. 43~45 참조.

55. Der Spiegel 36/2010, p. 98.

56. Lönneker, J., Hungersnot im Schlaraffenland, www.rheingold-online.de/veroeffentlichungen/artikel

57. 같은 책.

58. 같은 책.

59. 자체 문서실: Interview mit Stephan Grünewald.

60. SGS Institut Fresenius Verbraucherstudie 2010, Lebensmittelqualität und Verbrauchervertrauen, Pressemitteilung, 21.07.2010.

61. Hirschfelder, G., Herrenschokolade, Damenkränzchen, "Lady-Pint". Geschichte und Struktur geschlechtsspezifischer Ernährung, Vortrag, 12. aid-Forum im Wissenschaftszentrum Bonn, 06.05.2009.

62. 자체 문서실: Interview mit Gunther Hirschfelder.

2부 우리의 소비 태도가 초래하는 전 세계적인 결과

1. 2010년 10월, ARD 방송의 '식사가 삶이다(Essen ist Leben)'는 주제로 마련된 프로그램 오프닝에서 클라우스 퇴퍼가 한 연설. 출처: www.welthungerhilfe.de/toepfer-ard-hunger.html

2. Stephan Kaufmann, Der ABCD-Komplex, Berliner Zeitung, 30.06.2008.

3. Trummer, P., Pizza Globale. Ein Lieblingsessen erklärt die Weltwirtschaft, Econ Verlag, Berlin 2010, p. 58.

4. 다음 자료를 참조하라. Laura Koch, Bauern können sich gegen Hunger versichern, Spiegel Online, 02.04.2011.

5. Trummer, P., Pizza Globale, p. 78 참조.

6. 같은 책.

7. 같은 책, p. 83.

8. 양식장을 제외하고. 오늘날 생선의 43퍼센트는 잘 통제된 양식장에서 기른 것이다.

9. 모든 자료는 그린피스에서 얻었다. Kurzinfo Überfischung, "Die Jagd auf den letzten Fisch", Hamburg, 8/2008.

10. alverde 02/2011, p. 67.

11. Greenpeace, Kurzinfo Überfischung.

12. Wuppertal Institut, Studie "Zukunftsfähiges Deutschland in einer globalisierten Welt", Fischer Verlag, Oktober 2008, p. 118. www.zukunftsfaehiges-deutschland.de

13. Davies, R.W.D., S.J. Cripps, A. Nickson u.G. Porter, Definition und Abschätzung des weltweiten Beifangs in der Meeresfischerei, deutschsprachige Zusammenfassung, WWF Deutschland, Frankfurt 2009.

14. 같은 책.

15. 같은 책.

16. WWF Deutschland, Beifang-Kampagne 2008/2009 "Meerestiere sind kein Müll!", Hamburg, Herbst 2008.

17. FAO, The State of World Fisheries and Aquaculture 2008, Rom. Zit. n. Stuart, T., Für die Tonne, p. 171.

18. 위의 자료를 참조하라.

19. Clover, C., Fisch kaputt—Vom Leerfischen der Meere und den Konsequenzen für die ganze Welt, Riemann Verlag, München 2005.

20. Kelle, W., Sterblichkeit untermaßiger Plattfische im Beifang der Garnelenfischerei, Meeresforschung 25, 1976, pp. 77~89. 또한 다음의 자료를 참조하라. Berghahn, R., M. Waltemath and A.D. Rijnsdorp, Mortality of fish from the by-catch of shrimp vessels in the North Sea, J. Appl. Ichthyol. 8, 1992, pp. 293~306.

21. EU-Kommission, Report of the Scientific, Technical and Economic Committee for Fisheries: Discards from Community Vessels, 2006.

22. Bundesministerium für Ernährung, Landwirtschaft und Verbraucherschutz (BMELV), Pressemitteilung, 30.04.2009.

23. BMELV, 언론 보도, 2009년 8월 19일.

24. BMELV, 언론 보도, 2011년 3월 1일.

25. BMELV, Gemeinsame Erklärung über Rückwürfe im Rahmen der Reform der Gemeinsamen Fischereipolitik, Brüssel, 01.03.2011.

26. Die Zeit, 26.08.2010, p. 25.

27. Stuart, T., Für die Tonne, p. 174.

28. www.klimaktive.de

29. 통계청(Destatis), 언론 보도 465번. 2009년 소비를 통해 1인당 이산화탄소 배출량은 7.5톤.

30. Öko-Institut, Grießhammer, R., u.a., Studie CO_2-Einsparpotenziale für Verbraucher, Freiburg, 12.07.2010.

31. IPCC-Report 2007, Bezugsjahr 2004.

32. 연맹 90/녹색당 연합의 질문에 대한 정부의 대답, 독일 국회 2006년.

33. www.fibl.org

34. Schulz, D., Die Rolle der Landwirtschaft beim Klimawandel—Täter, Opfer, Wohltäter, in: local land & soil news, Nr. 24/25, I/08, p. 12.

35. http://www.fao.org/ag/magazine/0612sp1.htm

36. Liebert, N., Vegetarier tun mehr fürs Klima, tageszeitung, 05.01.2007, Schulz, D., Die Rolle der Landwirtschaft beim Klimawandel 참조.

37. 비료거래상연합(IFA)이 제공한 수치이다.

38. Schulz, D., Die Rolle der Landwirtschaft beim Klimawandel.

39. Klimaretter Bio? Der foodwatch-Report über den Treibhauseffekt von konventioneller und ökologischer Landwirtschaft in Deutschland, basierend auf der Studie "Klimawirkungen der Landwirtschaft in Deutschland" des Instituts für ökologische Wirtschaftsforschung GmbH, August 2008, p. V.

40. Edel, A., Die Kuh ist kein Klima-Killer! Wie die Agrarindustrie die Erde verwustet und was wir dagegen tun können, Metropolis-Verlag, Marburg 2010, p. 39.

41. 같은 책, p. 23.

42. 같은 책, p. 24.

43. Wiegmann, K., u.a. (Öko-Institut), Ernährungswende—Umweltauswirkungen von Ernährung—Stoffstromanalysen und Szenarien, Darmstadt/Hamburg 2005.

44. WWF 2000.

45. Bundesverband der Deutschen Entsorgungs-, Wasser- und Rohstoffwirtschaft (BdE) 2006, Jacobs, Neller 2007.

46. ifeu-Institut im Auftrag des Umweltbundesamts, Die CO_2-Bilanz des Bürgers— Recherche für ein internetbasiertes Tool zur Erstellung persönlicher CO_2-Bilanzen, Heidelberg, Juni 2007, p. 75.

47. 이 주제에 관해 연구하여 나온 가장 낮은 수치와 가장 높은 수치이다.

48. 내셔널 지오그라픽 독일이 제시한 보고, 기고: Sieben Milliarden Menschen, Januar 2011, pp. 40~42.

49. Ziegler, J.의 보고, Das Imperium der Schande. Der Kampf gegen Armut und Unterdruckung, Goldmann Verlag, München 2005 (3. Aufl. 2008), p. 120.

50. Weingärtner, L., and C. Trentmann의 보고, Handbuch Welternährung, Campus Verlag, Frankfurt 2011.

51. www.un-kampagne.de 참조.

52. Deutsche Welthungerhilfe, International Food Policy Research Institute, Concern Worldwide Bonn/Washington/Dublin, Oktober 2010 참조.

53. Deutsche Welthungerhilfe, Hunger durch Überfluss, Pressemitteilung, 14.10.2010.

54. International Convenant on Economic, Social and Cultural Rights 1966년 12월 16일. 2010년 말까지 160개국이 이 협약에 서명했다. www.humanrights.ch/home/de/Instrumente/UNO-Abkommen/Pakt-1/idcatart_6050-content.html 참조. 또 www2.ohchr.org/english/bodies/cescr/ 참조.

55. Ziegler, J., Das Imperium der Schande, p. 119.

56. 같은 책, p. 17.

57. Chossudovsky, M., Global Brutal. Der entfesselte Welthandel, die Armut, der Krieg, Zweitausendeins Verlag, Frankfurt 2002, p. 115.

58. 자체 문서실: Interview mit Joachim von Braun.

59. proplanta의 보고, 2009년 2월 11일의 소식, www.proplanta.de

60. Deutsches Institut für Entwicklungspolitik, Brüntrup. M.의 기고: Warum hohe Nahrungsmittelpreise nicht nur schlecht für Entwicklung sind, 28.03.2011.

61. Trummer, P.의 인용, Pizza Globale, p. 168.

62. http://de.wikipedia.org/wiki/finanzmarktstabilisierungsfonds 참조.

63. Bass, H.H., Finanzmärkte als Hungerverursacher?, Studie für die Deutsche Welthungerhilfe, Bremen, März 2011.

64. Bass, H.H., Finanzspekulationen verschärfen den Hunger, Deutsche Welthungerhilfe, Brennpunkt Nr. 20, April 2011, pp. 2~3.

65. www.nerdcore.de/wp/2008/05/14/deutsche-bank-wirbt-mit-der-hungerkrise/ 참조.

66. Preisexplosion bei Lebensmitteln. Wer soll das noch zahlen?, tageszeitung, 28.01.2011.

67. 같은 책.

68. Schokofingers Superwette, Der Spiegel, 30/2010, 26.07.2010, pp. 62~63 참조.

69. sueddeutsche.de, Recht auf Ernährung, "20 Jahre fehlgeleitete Politik, 13.04.2010.

70. Ziegler, J., Wie kommt der Hunger in die Welt?, Goldmann Verlag, 4. Auflage, München 2009, p. 11.

71. Busse, T., Die Ernährungdiktatur, Blessing Verlag, München 2010, p. 96.

72. National Geographic Deutschland, Juli 2009, Das Ende des Überflusses, pp. 64~66.

73. EED(Evangelischer Entwicklungsdienst), Presse-mitteilung, 21.04.2011: G20 wollen Nahrungsmittelspekulationen beenden 참조.

74. WEED(World Economy, Ecology & Development), Pressemitteilung, 14.04.2011: Neue Rhetorik genügt nicht.

75. Weltagrarbericht, Teil Global, p. 422.

76. Bommert, W., Kein Brot für die Welt, p. 262.

77. Rettet den Regenwald, News, 26.07.2007.

78. 8년간 식량특별조사관으로 재직한 뒤 퇴임하면서 유엔 인권위원회 앞에서 한 장 지글러의 보고, 2008년 3월 11일.

79. Süddeutsche Zeitung, 12.09.2007.

80. tageszeitung, 16.07.2008.

81. Donald Mitchell, "Anote on Rising Food Price", Policy Research Working Paper 4682, The World Bank, July 2008.

82. 독일 환경부, 언론 보도 228/08, 독일 내각이 바이오 연료 촉진을 바꾸는 법을 의결하다, 2008년 10월 22일.

83. 법률 공보 3182.

84. www.regenwald.org

85. Mari, F., and R. Buntzel, Das globale Huhn. Hühner-brust und Chicken Wings— Wer isst den Rest?, Brandes & Apsel Verlag, Frankfurt 2007 참조. 또 다른 자료가 있다. Germanwatch e.V.,Verheerende Fluten—politisch gemacht. EU-Handelspolitik verletzt Recht auf Nahrung in Ghana—Die Beispiele Huhnchen und Tomaten, Bonn, Mai 2008.

86. 같은 책.

87. Mörderische Subventionen. Wie die Exportbeihilfen für Schweinefleisch den Hunger in Afrika verschlimmern, Report Mainz, 29.04.2009.

88. EED, Pressemitteilung: Exportwahn ohne Grenzen, 22.03.2011.

89. Paasch, A., Türöffner für Europas Exporte, welt-sichten, Magazin für globale Entwicklung und ökumenische Zusammenarbeit, Frankfurt, März 2011, p. 27 참조.

90. Economic Partnership Agreement.

91. FAO, Briefs on Import Surges. No. 5, Ghana: Rice, Poultry and Tomato Paste, Rom 2006.

92. FIAN Pressemitteilung: Globale Landnahme eskaliert, 12.04.2011 참조.

93. Benedikt Fuest, Die Schattenseiten des Bio-Landbaus, www.welt.de, 29.01.2011.

94. 같은 책.

95. Andreas Sentker, Brot allein macht nicht satt, Die Zeit, 07.01.2010.

96. www.grain.org

97. Zit. n. Land ist Leben—Der Griff von Investoren nach Ackerland, gemeinsames Dossier von Brot für die Welt, Evangelischem Entwicklungsdienst und dem Forschungs- und Dokumentationszentrum Chile-Lateinamerika, Beilage der Zeitschrift welt-sichten, 5/2011, Frankfurt, p. 5.

3부 과잉사회에서 책임 있는 소비사회로

1. 스웨덴 푸드 및 바이오 기술 연구소의 연구자들과 필리핀 대학의 연구자들, FAO 의 로버트 반 오터디크(Robert van Otterdijk)는 2011년 1월에 세이브 푸드 협의 회에 관련하여 기자회견을 열었을 때 그와 같이 발표했다.

2. Hodges, Rick, J.C., Buzby and Ben Bennett, Postharvest Losses and Waste in Developed and Less Developed Countries: Opportunities to Improve Resource Use, The Journal of Agricultural Science, 2011, 149 (S1), pp. 37~45 참조.

3. 노르트라인-베스트팔렌 주 환경부, 언론 보도, 2010년 10월 29일.

4. 노르트라인-베스트팔렌 주, 언론 보도, 2010년 12월 17일: 렘멜 장관이 요구하다. 식품에 대한 새로운 존중을.

5. Stuart, T., Für die Tonne, p. 353.

6. Reinhard Wolff, Dänemark beschließt Fettsteuer, tageszeitung, 21.03.2011 참조.

7. Reinhard Wolff, Teure Naschereien, tageszeitung, 27.06.2009 참조.

8. www.focus.de/finanzen/news/ernaehrung-deutsche-werfen-einen-berg-von-lebensmitteln-weg_aid_625393.html

9. www.foodproductiondaily.com/Packaging/DEFRA-rejects-media-reports-of-plans-to-scrap-Best-before-labels

10. www.frauenhofer.de/presse/presseinformationen/2010-2011/16/keine-chance-fuer-gammelfleisch.jsp

11. www.foodproductiondaily.com/Supply-Chain/Smart-RFID-sensors-promise-cheaper-food-and-less-waste

12. Parfitt, J., M. Barthel and S. Macnaughton, Food Waste within Food Supply Chains: Quantification and Potential for Change to 2050, Phil. Trans. R. Soc. B 2010 365, P. 3065-3081.

13. Kader 2005, Increasing Food Availability by Reducing Postharvest Losses of Fresh Produce.

14. www.wissh.org. 소장 케네스 마르쉬(Kenneth Marsh)는 연설가로 2011년 4월에 뒤셀도르프에서 열린 세이브 푸드 회의에 참석했다.

15. Tristram Stuart, http://www.zeit.de/wirtschaft/2011-03/hunger-ernte-verluste

16. www.mri.bund.de/en/de/institute/sicherheit-und-qualitaet-bei-obst-und-gemuese/forschungsprojekte/mit-waerme-gegen-pilze.html

17. FAO 11/2009, Post-harvest losses aggravatehunger, www.fao.org/news/story/en/item/36844/icode/

18. Michael Hülsmann and Verena Brenner, Logistikexperten der Jacobs University Bremen, http://www.idw-online.de/pages/de/news419416

19. www.foebud.org/rfid

20. www.elpro.com

21. West Africa Agricultural Productivity Programm(WAPP), http://web.world-bank.org

22. SAVE-FOOD 회의에 관한 언론 보도, 2011년 5월.

23. 같은 자료, 개요.

24. Berghofer, E., The value of food,Vortrag auf der 3.Boku Waste Conference, 15..17.04.2009 in Wien.

25. The impact of plastics on life cycle energy consumption and greedhouse gas emissions in Europe, Summary Report, June 2010, www.plastics-europe.org

26. www.naku.at

27. DUH-Hintergrundpapier: Biologisch abbaubare Kunststoffe, 15.03.2011.

28. D'Monte, D., Watching our Wasteline, http://infochangeindia.org:80/Environment/ Eco-logic/Watching-our-wasteline.html/

29. 두 가지 예는 모두 다음 자료에서 나옴. Stuart, T., Waste—Uncovering the Global Food Scandal, London 2009, p. 205.

30. 같은 책, p. 266.

31. 같은 책, p. 278.

32. T. 스튜어트와의 인터뷰에서 인용했음, 위의 책, p. 272.

33. 자체 문서실: Interview mit Gunther Hirschfelder.

34. www.bemlv.de/DE/Ernaehrung/Wert-Lebensmittel/RegionaleVielfalt/node.html

35. www.presseportal.de/pm/81065/2037572/cofresco_frischhalteprodukte_gmbh_co_kg

36. www.facebook.com/Toppits.de

37. 베를린에서 2007년 6월 14일과 15일에 열렸던 제318회 문화장관회의에서 KMK 와 BMZ가 언론에 공동 발표함.

38. Rompa, R., Globales Lernen, Hunger in der Welt. und unsere Ernährung, Buch Verlag Kempen, Kempen 2011.

39. ifeu-Institut im Auftrag des Umweltbundesamts, Die CO_2-Bilanz des Bürgers— Recherche für ein internetbasiertes Tool zur Erstellung persönlicher CO_2-Bilanzen, Heidelberg Juni 2007, p. 77.

40. www.regiogeld.de

41. Rob Hopkins, Energiewende. Das Handbuch. Anleitung für zukunftsfähige Lebensweisen, Zweitausendeins, Frankfurt 2008 참조.

42. Dr. Ulrich Ermann, Dr. Sonja Hock. Regionale Wirtschaftskreisläufe. Impulsreferat beim ersten gemeinsamen Workshop der Modellregionen mit dem Thema "Handlungsansätze für die großräumige Zusammenarbeit von Stadt und Land", Nurnberg, 23. April 2008, www.raum-energie.de

43. Waldherr, G., Ruhe bewahren, Brandeins, 8/2007, www.brandeins.de/archiv/ magazin/fehler-kommt-ganz-darauf-an-was-man-daraus-macht/artikel/ruhe-bewahren.html 참조.

44. www.tag-der-regionen.de

45. www.rewe-rudel-bamberg.de/index.php/regionale-theke.html 참조.

46. www.bmelv.de/DE/Ernaehrung/Wert-Lebensmittel/RegionaleVielfalt/node.html

47. www.marketingverein-metropolregion.de 참조.

48. www.gemuesetuete.de 참조.

49. CSA의 스토리에 관해서는 다음을 참조하라. Steven McFadden, The History of Community Supported Agriculture, http://newfarm.rodaleinstitue.org/features/ 0104/csa-history/part1.shtml

50. www.buschberghof.de

51. 다음 사이트를 참조하라. www.meine-ernte.de 혹은 www.bauerngarten.net. 쾰른에 있는 정원의 행복과 같은 지역의 많은 조합은 www.gartenglueck.info 혹은 뮌헨의 약초정원(www.muenchen.de/Rathaus/plan/projekte/grueng/ 155578/krautgaerten.html).

52. http://prinzessinnengarten.net/wir/

53. www.communitygarden.org

54. http://kidsgardenberlin.wordpress.com/garten/

55. Romberg, J., and T.Ramge, Kritischer Konsum: kann Einkaufen die Welt verbessern?, GEO Magazin, Nr. 12/08. Der kluge Konsum..

56. Was ist Fairer Handel? www.fairtrade.de

57. 같은 자료.

58. J.Romberg and T.Ramge, Kritischer Konsum 참조.

59. 같은 책.

60. www.supermarktmacht.de

61. 같은 자료.

62. CorA 네트워크는 마흔아홉 개 시민사회 조직이 결합해서 생긴 단체로, 기업으로 하여금 인권을 유지하고 국제적인 사회기준과 환경기준을 지키도록 한다.

63. www.meine-landwirtschaft.de

64. www.veggiday.de/aktivitaeten/ausland-eu/5-aktivitaeten-eu-donderdag-veggiedag.html 참조.

65. 같은 자료.

66. www.veggiday.de/veggiday/projekt/46-argumente.html 참조.

67. 같은 자료.

68. Hannah Samland, Darf's ein bisschen vegetarisch sein?, tageszeitung, 07.02.2011 참조.

69. http://berlin.carrotmob.de/derzweite/das-prinzip

70. Poddig, H., Radikal mutig—Meine Anleitung zum Anderssein, Rotbuch-Verlag, Berlin 2009, p. 11.

71. 독일에서는 www.containern.de 사이트가 이 주제에 관해 서로 정보를 교환할 수 있는 가능성을 제공하고, 다른 그룹과 접촉할 수 있게 연결해주고, 가장 뒤지기 좋은 컨테이너에 관한 실제적인 조언도 해준다. www.selbstorganisation.org는 컨테이너들에게 가장 좋은 시장과 슈퍼마켓을 종합해서 알려주고, 함께 쓰레기통을 뒤지기 위한 약속 장소 역할도 해준다. 베를린에는 2007년부터 심지어 메일 목록이 있는데, 이를 통해 사람들은 컨테이너에 가거나 주운 물건을 교환하기 위해 약속을 할 수 있다(http://group.yahoo.com/group/container_berlin/). 오스트리아에서는 www.freegan.at가 프리건의 입문서를 제공하고, 법적인 상황이나 컨테이너를 뒤지는 사람들의 건강상 위험도 잘 설명해준다. 국제적으로는 사이트 www.trashwiki.org가 국가와 도시별로 가장 좋은 곳에 관한 개요를 제공한다.

72. www.dumpstern.de 참조.

73. 같은 자료.

74. 다음에서 인용했다. www.slowfood.de

75. 같은 자료.

76. Petrini, C., Stoppt die Verschwendung!, Kolumne im Slow Food Magazin, 03/2010, p. 9.

| 왜 음식물의 절반이 버려지는데 누군가는 굶어 죽는가 |